PHYSICS

基于
核心素养
培育的
初中物理
教学设计

李高建　乔　勇　等　编著

U0641250

山东教育出版社
·济南·

图书在版编目（CIP）数据

基于核心素养培育的初中物理教学设计 / 李高建等
编著. -- 济南：山东教育出版社，2024. 11. -- ISBN
978-7-5701-3366-6

Ⅰ．G633.72

中国国家版本馆 CIP 数据核字第 20244KX411 号

JIYU HEXIN SUYANG PEIYU DE CHUZHONG WULI JIAOXUE SHEJI

基于核心素养培育的初中物理教学设计

李高建 乔 勇 等 编著

主管单位：山东出版传媒股份有限公司

出版发行：山东教育出版社

地址：济南市市中区二环南路 2066 号 4 区 1 号　　邮编：250003

电话：（0531）82092660　　网址：www.sjs.com.cn

印　　刷：济南精致印务有限公司

版　　次：2024 年 11 月第 1 版

印　　次：2024 年 11 月第 1 次印刷

开　　本：710 毫米 × 1000 毫米　1/16

印　　张：31.25

字　　数：330 千

定　　价：78.00 元

（如印装质量有问题，请与印刷厂联系调换）印厂电话：0531-88783898

2022年山东省基础教育教学改革立项项目

"基于虚拟教研室的区域化智慧教研实践研究"（189）；

山东省初中物理特级教师工作坊建设阶段性成果；

首批山东省基础教育教研基地研究项目"教研工作机制创新研究与实践"

（区域类13号）；

山东省教师教育协同创新项目等阶段性研究成果

编委会

主　　编：李高建　乔　勇

编写人员：（以姓氏拼音为序）

毕研君　毕重丽　郎兴芳　陈婷婷　陈晓杰

程　杰　程文洁　崔丹萍　崔永珍　代丽丽

杜　静　段宗飞　顾红丽　郭宝江　韩凤瑶

何晓玲　李金玉　李万海　李　艳　林　芹

刘东林　刘福强　马先艳　潘书朋　秦　静

盛翠红　宋振伟　苏　峰　孙建智　孙　青

王佰顺　王豪豪　王金柱　王　静　王　锟

王　强　王秋华　王文章　王旭光　魏　艳

吴炳华　吴卫锋　许　东　许延霞　荀智超

袁文锋　杨海燕　杨　靖　杨　梅　张长胜

张广芹　张晓杰　赵　洁　赵　俊

前言

Foreword

新时代对"立德树人"提出了新的要求。新修订的义务教育课程方案和课程标准聚焦学生核心素养的发展，新课程标准结合义务教育物理课程特点和育人目标，确立了"物理观念""科学思维""科学探究""科学态度与责任"四个方面为物理学科核心素养。

为了切实推进新课程标准背景下的教学改革，山东省初中物理特级教师工作坊组织一线教学名师，深入研究，勤奋探索，编写了《基于核心素养培育的初中物理教学设计》一书。

本书旨在探讨以核心素养培育为基础的初中物理教学设计。为了适应快速变化的世界和不断进步的科技，我们急需培养具备自主学习和解决问题能力的学生。物理作为一门重要的学科，能引导学生理解自然规律和自然现象，并引发学生思考，提高提出问题和解决问题的能力。

本书将核心素养培育与初中物理教学有机地结合起来，旨在帮助教师设计和实施富有启发性和挑战性的物理教学活动。在这个过程中，学生将通过观察、实验、讨论和解决问题等多种方式积极参与学习，从而提高其科学素养和学科能力。我们相信，这种学习方式可以培养学生的批判性思维、合作能力、信息素养和创新能力。

本书的编写初衷是为教师提供一种新的教学思路和方法，促进初中物理教学的改革和创新。我们将介绍核心素养培育的理论基础、教学设计的原则和策略，以及与初中物理教学密切相关的实例和案例。同时，我们还将分享一些在教学实践中的经验和教学资源，以供读者参考和借鉴。

在编写本书的过程中，我们深入研究了国内外相关的理论和实践，结合自己的教学经验和思考，希望能为广大教师提供有价值的内容和思路。我们也希望这本书能成为教师培训机构和教学研究者的重要参考资料。

最后，我们要感谢所有对本书的撰写和出版提供支持与帮助的人们，没有你们的支持和鼓励，我们很难完成这个项目。我们也要感谢那些一直致力于教育事业的教师们，正是你们的辛勤付出，使得学生能够获得更优质的教育。

愿本书能为您的教学工作提供启示和借鉴，让我们一同努力，为培养出更有创造力的新一代贡献自己的力量。

祝您阅读愉快！

李高建　乔　勇

目录
Contents

1

有趣有用的物理 *

| 课型 | 新授课 | 教材版本 | 鲁科版 |

课标要求

《义务教育物理课程标准（2022年版）》P19：

知道物理学是对相关自然现象的描述与解释，物理学研究需要观察、实验和推理，体会物理学对人类生活和社会发展的影响；具有对运动和力、声和光、电和磁等知识的学习兴趣和严谨认真、实事求是的科学态度；关心我国古代和现代科技成就，为中华民族的科技成就感到自豪，逐步养成实现中华民族伟大复兴的责任感与使命感。

教材分析

本节是《义务教育教科书（五·四学制）物理八年级上册》（鲁科版）的"走进物理"部分第一节《有趣有用的物理》。

本节是学生打开物理学科大门的第一把钥匙，是学生学习自然科学知识的延伸。上好物理启蒙课的开篇，可以使学生有一个学习物理的良好开端。"有趣的物理"环节，设计了5组演示实验，以此来提高学生的兴趣；"有用的物理"环节，教材采用图文结合的方式选择万有引力与我们生活的密切联系来说明，并列举了力、热、声、光、电、磁等现象在生活中的应用，体现了新课程理念——从生活走向物理，从物理走向社会。

---

* 执教教师为程文洁（淄博市张店区第四中学教师，曾获淄博市首期教坛新秀，张店区学科带头人、优秀教师、教学能手、骨干教师等称号）。

《义务教育物理课程标准（2022年版）》提出了物理课程的目标：通过物理学视角认识自然，解决实际问题，初步形成科学的自然观；引导学生经历科学探究过程，学习科学研究方法，养成科学思维习惯，进而学会学习。这意味着教师需要激发并保持学生对自然世界的好奇心与探究热情。为了更好体现物理学科的趣味性和物理实验的可视性，我对教材实验进行了优化，利用生活中常见的物品设计了10组易拉罐演示实验和4组学生分组实验，极大地丰富了本节课的内容。

学情分析

八年级学生通过小学科学课对科技、生活中的物理现象有些了解，他们善于发问、善于质疑、好奇心强，但同时对物理这一门新学科有畏难心理，担心物理难以学好。

因此在教学中应充分考虑学生的兴趣特征，提出学生感兴趣的问题，演示一些新奇的物理现象，从而引起学生的注意，激发他们的求知欲和实验操作兴趣，为科学探究奠定基础。

教学目标

1. 物理观念：通过演示实验，了解物理学的研究内容。

2. 科学思维：通过观察实验，初步感受物理现象的奇妙。

3. 科学探究：经历科学探究的过程，培养观察能力和动手能力。

4. 科学态度与责任：体会科学是把双刃剑，提高环保意识，增强社会责任感。

教学重点

1. 通过观察演示实验，了解物理学的研究内容。

2. 通过观察与实验，使学生初步感受物理现象的奇妙。

教学难点

培养学生初步的观察能力和动手能力；初步体验探究的过程和方法。

教学流程

教学流程表

教学程序	教师活动	学生活动	设计意图及教学评价
导入新课	播放《物理学发展史》简介微课，引导学生思考：物理是一门什么样的学科？	观看视频并思考、回答问题。物理是一门研究力、热、声、光、电等现象的学科。	通过微课，使学生对物理这一门新接触的学科有了初步的认识，解释学生"物理是什么"的疑问。 从表述的完整性方面进行评价。
物理真有趣 活动一： 教师演示易拉罐系列实验	教师演示实验。 力学：引导学生猜想并演示两个易拉罐力学实验—— （1）装满水的易拉罐倒扣过来，纸片会不会掉落？ （2）滚下去的易拉罐能不能自动滚上来？ 热学：演示两个易拉罐实验——易拉罐酒精炮和空气压扁易拉罐。 	对可能出现的实验现象进行猜测，认真观察演示实验，体会物理学习的趣味性。	通过10组能产生强烈认知冲突的易拉罐演示实验让学生感受到物理学习的趣味性。 从课堂参与的积极性、猜想的合理性进行评价。

（续表）

教学程序	教师活动	学生活动	设计意图及教学评价
活动一：教师演示易拉罐系列实验	声学：演示两个易拉罐实验——声振小风车和看见声波。 光学：演示易拉罐小孔成像实验。 电学：演示易拉罐静电铃铛实验。 电磁学：演示易拉罐电动机和悬浮易拉罐实验。 	观察演示实验，体会物理学习的趣味性。	通过10组能产生强烈认知冲突的易拉罐演示实验让学生感受到物理学习的趣味性。 从课堂参与的积极性、猜想的合理性进行评价。

教学程序	教师活动	学生活动	设计意图及教学评价
活动二： 学生分组实验	介绍实验材料以及注意事项，引导学生独立进行实验操作。 实验1：易拉罐酒精炮 材料：易拉罐（底部扎孔）、打火机、酒精喷壶、一次性纸杯。 注意： （1）酒精喷2-3次即可，喷多有炸裂危险； （2）罐口不能对向人。 实验2：自制声振小风车 材料：一次性纸杯（底部扎孔）、铁丝、塑料片。 要求：通过声音驱动塑料片使其振动。 实验3：听话的易拉罐 材料：易拉罐、毛皮、橡胶棒。 要求：在不接触的情况下，能够控制易拉罐来回滚动。	学生按要求进行分组实验1 学生按要求进行分组实验2 学生按要求进行分组实验3 	通过3组学生分组实验让学生进一步体会物理学习的趣味性，并培养学生的动手操作能力。 侧重于实验过程中的动手操作能力进行评价。
物理真有用 活动一： 自主学习 活动二： 观察与实验	展示自主学习的相关要求。 任务：阅读课本3-4页内容。 要求： （1）时间3 min； （2）说出你的感悟。 教师进行演示实验。 演示实验1：电池原理 材料：木炭、锡纸、盐水。 介绍实验材料以及注意事项，引导学生独立进行实验操作。	认真阅读课本中对应的内容，体会物理学习的实用性。 观察演示实验，体会物理学习的实用性。	培养学生自主学习的能力。 从交流的条理性、完整性进行评价。

（续表）

教学程序	教师活动	学生活动	设计意图及教学评价
活动二： 观察与实验	学生分组实验：自制水果电池 材料：水果、锌片、铜片、导线、二极管。 要求： （1）自制水果电池并点亮二极管； （2）时间3 min。 教师进行演示实验。 演示实验2：无线充电原理 教师进行演示实验。 演示实验3：电磁弹射原理 	学生动手制作水果电池，并对实验进行展示、交流和改进。 观察演示实验，体会物理学习的实用性。	通过3组演示实验和1组学生分组实验让学生进一步体会物理学习的实用性，并培养学生的观察力和动手操作能力。侧重于实验过程中的动手操作能力、实验效果进行评价。 利用自制教具演示新科技——无线充电技术，使物理课具有新鲜感和时代感。 利用自制教具演示我国第三艘航空母舰中的电磁弹射技术原理，培养学生的民族自豪感。
学好物理有方法 活动一： 从物理学家身上找答案 活动二： 物理小魔术	教师展示三位物理学里程碑式的巨人及其成就，引导学生思考：我们该如何学好物理？ 教师演示物理小魔术。 魔术1：浑水变清（磁流体实验） 	思考并回答教师提出的问题，学好物理要善于观察、勤于动手、乐于动脑。	

（续表）

教学程序	教师活动	学生活动	设计意图及教学评价
活动二： 物理小魔术	魔术2：听话的糖果（浮沉子实验） 魔术3：扎不破的气球（弹性形变实验） 魔术4：徒手压扁桶（大气压实验）	学生观察小魔术，感受物理的神奇，同时尝试寻找现象背后的原因。	学生在物理学习过程中需要有目的地去观察实验现象，通过4个小魔术培养学生善于观察、勤于动手、乐于动脑的好习惯。 生活中哪有什么魔术，本质就是科学，强调学生要善于观察，用科学的眼光看待各种现象。 从勇于大胆猜想、课堂表现积极性方面进行评价。
总结本节知识，情感升华	引导学生谈谈本节的收获，鼓励学生发言。	学生说出本节的收获。	进一步落实本节的教学目标。

板书设计

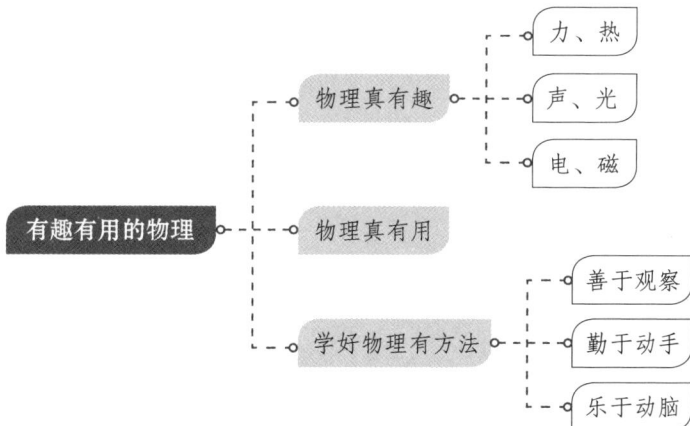

点评

程老师不仅注重对学生学习兴趣、探究能力、创新意识及科学态度与科学精神的培养，还注重将课程内容与学生生活、现代社会和科学发展相联系。在关注技术应用带来的社会进步和问题的同时，培养学生的社会责任感和正确的世界观。

——孙建智

（正高级教师，山东省特级教师，教育部新时代中小学学科领军教师培养对象，威海市教学能手）

2

温度 *

课标要求

《义务教育物理课程标准（2022年版）》P9：

1.1.2　了解液体温度计的工作原理。会用常见温度计测量温度。能说出生活环境中常见的温度值，尝试对环境温度问题发表自己的见解。

例1　尝试对温室效应、热岛效应等发表自己的见解。

P28测量类学生必做实验：

4.1.3　用常见温度计测量温度。

例3　用实验室温度计测量水的温度，用体温计测量自己的体温。

教材分析

本节是《义务教育教科书（六·三学制）物理八年级上册》（人教版）第三章第1节《温度》。

本节是本章知识结构的起点和核心。温度的测量作为预备性知识和学生学习本章所应具备的基本技能，是本节的重点内容。温度是热现象的初步知识，主要内容有温度的概念，温度计的原理、刻度规定、使用方法和体温计

---

* 执教教师为郭宝江（正高级教师，莒县洛河镇中心初级中学教师，全国优秀教师、山东省特级教师、齐鲁名师人选、日照市有突出贡献的中青年专家、日照名师）。其执教的《电流与电压电阻关系》获山东省物理优质课展评二等奖，《电磁继电器》获山东省农村远程教育工程优质课一等奖，《电磁铁》获山东省优秀多媒体课件比赛一等奖。

的特殊结构。本节内容的学习，能够很好地培养学生的观察能力、实验能力和动手操作能力。

学情分析

初中生的思维处于形象思维到抽象思维的过渡期，思维活跃，好奇心重，求知欲强，但动手能力较弱。八年级的学生刚接触物理，对物理现象的认识都是从生活现象开始的，学生对物态变化的认识大都属于生活层面的粗浅认识。他们对"科学探究"这种教学方法也是刚接触，缺乏必要的逻辑知识，他们注重感性，缺乏归纳现象的能力，实验探究能力还没有得到有效的培养，很多学生使用测量仪器不够规范。

教学目标

1.通过手指体验水温的不同，理解温度的概念，形成严谨的科学态度。

2.通过实例，了解生活环境中常见温度值，具有学用结合的意识。

3.通过观察和实验了解温度计、体温计的结构，会用温度计测量温度，掌握温度计的使用方法。

4.通过活动引领和问题导学，激发学习兴趣和对科学的求知欲望，乐于探索自然现象和日常生活中的物理道理。

教学重点

1.正确使用温度计测液体的温度。

2.培养学生的观察能力和实验能力。

教学难点

温度计的构造和使用方法。

教学流程

教学流程表

教学程序	教师活动	学生活动	设计意图及教学评价
新课引入	展示几幅银杏树一年四季变化鲜明的图片，让学生说出"冷热凉温"的感受，引出温度的定义，简洁直观。 问题1：一年四季的冷热程度一样吗？如何表示这种感觉？	观察图片，思考交流个人感受。	物理教学中，尽可能利用演示实验现象、教材中已涉及的物理现象、生活中的物理情境来唤起学生的回忆和想象，用学生已有知识和经验以及认知上的冲突导入新课的学习。
新课学习活动一：温度	任务一：体验温度 教师提供三杯冷热程度不同的水，学生分别将手指放入冷水和热水中一会儿，然后同时放入温水中，体验并思考：两只手对同一杯温水的感受一样吗？	学生体验，说明感觉不可靠。联系冬日暖阳、倒春寒、六月飞雪等情境加深对感觉不可靠的理解。	联系生活情境，让学生通过亲身体验感受到凭感觉判断冷热不可靠，进而引出测量温度的工具——温度计。

（续表）

教学程序	教师活动	学生活动	设计意图及教学评价
活动一：温度	任务二：自制温度计 教师提供废旧笔芯和小瓶。 问题2：先把装置放入热水中，管中液柱_____。再把装置放入冷水中，管中液柱_____。 （1）液柱（体积）发生变化的原因是什么？ （2）这种变化会一直持续下去吗？什么情况下停止？ （3）制作过程运用了怎样的物理学研究方法？ （4）自制温度计有哪些缺点，如何改进？ 通过改进自制温度计让学生自学摄氏温度，使学生了解温度计的刻度，并记住摄氏温度的0 ℃和100 ℃是怎样规定的。 任务三：了解常见的温度值 在某电视台的报道中，有主持人把温度读作一百度、负五度。你认为妥当吗？ 在大量有关珠穆朗玛峰的报道中，没有找到"珠穆朗玛峰温度"的信息。但是，有消息说"在营地的帐篷内，温度为-15 ℃" 神舟六号在太空中90分钟绕地球一圈，当它向阳时，表面温度高达100 ℃，当它背阴时，表面温度降至-10 ℃ 神舟六号返回舱再次进入大气层时，与大气发生剧烈的摩擦，表面温度高达1 600 ℃	学生动手自制温度计，并将小瓶分别放入冷水、热水中，观察管中水柱的位置。思考并回答温度计的测量原理。 总结自制温度计的缺点：没有刻度、体积太大、温度示数变化不明显、液体容易漏出等。 自学生活中常见的温度计和小资料。	通过实验使学生认识到液体温度计是根据液体热胀冷缩的规律来反映物体冷热程度的，从而理解温度计的工作原理。 通过给自制温度计标刻度进一步加深学生对摄氏温度的理解。 让学生选择记忆自己感兴趣的温度值，以此增强学生对自然界的好奇感，激发学习兴趣；了解航天科技的进步，增强民族自豪感。

（续表）

教学程序	教师活动	学生活动	设计意图及教学评价
活动二：使用温度计	温度计的使用方法	问题3：老师想要测量热水的温度，应选什么样的温度计？温度计使用之前有什么需要注意的事项？ 自学课本49页实验，分小组讨论温度计使用时有哪些注意事项。 读数：图中温度计a的示数为＿＿＿＿，读作＿＿＿＿，温度计b的示数为＿＿＿＿，读作＿＿＿＿。 a　　b	学生分组实验：用温度计测量温度并完成要求。 学生会选择合适的温度计并说出注意事项，展示测量结果。 会认：量程、分度值、零刻度； 会放：玻璃泡全部浸入液体中，不要碰容器底和壁； 会读：待液面稳定后读数，读数时玻璃泡不能离开液体； 会看：视线与液面相平。	通过让学生自学并交流体会温度计的正确使用方法，加深学生对温度计使用注意事项的理解。 分小组总结规律。
	体温计	问题4：老师给同学们演示一遍用体温计测量体温的过程，问学生在这个过程中有没有不规范或者错误的操作。 （1）体温计有什么用途？ （2）回答体温计的量程和分度值。 （3）体温计有什么特殊构造？能否离开人体读数？ （4）使用体温计前需注意什么？	学生自学课本的内容，交流、归纳，并将内容填充完整。 全班展示交流。	学生通过自学课本并观察真实体温计，了解体温计结构的巧妙之处，并了解使用时的特殊要求。培养学生动手操作，获取与处理信息，得出结论，进行交流、评估、反思的能力。

（续表）

教学程序		教师活动	学生活动	设计意图及教学评价
活动二：使用温度计	体温计	请同学们交流一下你们的实验结果及发现、归纳的实验结论以及对实验的改进意见。 问题5：某体温计的示数是38 ℃，粗心的护士仅消毒后就直接用它先后去测量37 ℃和39 ℃的病人的体温，则该体温计的示数分别是（　　） A. 37 ℃和39 ℃ B. 38 ℃和39 ℃ C. 37 ℃和38 ℃ D. 37 ℃和37 ℃	学生独立完成，分组讨论形成结果，分组展示。	培养学生学以致用的意识和严谨的物理思维。
盘点收获		教师针对学生的收获，及时给予针对性强的评价。	学生回顾本节课，说出自己最大的收获，与同学分享。	在交流的过程中达到共享与提示的目的。
课后拓展迁移应用		1. 周末用寒暑表记录一天中6点、9点、12点、15点、18点的室外温度。 2. 阅读《科学世界》"从温度计说起"，并思考：现代科技给人类带来了什么？		使学生在测量气温的过程中，增强运用所学知识解决实际问题的能力。通过阅读《科学世界》，引导学生关注人类生存的环境，培养学生关注科学技术、自然环境、人类生活和社会发展的意识。
课堂达标		布置任务：完成"动手动脑学物理"。	独立思考完成。	检验学习效果。
作业布置		1. 以下说法，你认为最符合实际的是（　　） A. 人的正常体温为35 ℃ B. 冰箱冷冻室的温度约为5 ℃ C. 盛夏中午室外温度可达38 ℃ D. 让人感觉最舒服的环境温度大约是37 ℃		

教学程序	教师活动	学生活动	设计意图及教学评价
作业布置	2. 图中有A、B、C、D四种测量水温的操作。请你评价这四种操作方法的正误。如果是错误的，指出错在哪里。 A：＿＿＿＿＿＿＿； B：＿＿＿＿＿＿＿； C：＿＿＿＿＿＿＿； D：＿＿＿＿＿＿＿。 A　B　C　D 3. 宇宙中温度的下限为−273 ℃（精确地说是−273.15 ℃），这个温度叫绝对零度。科学家提出了以绝对零度为起点的温度，叫热力学温度，用T表示。国际单位制采用热力学温度，这种温度的单位名称叫开尔文，简称开，符号是K。你能说出热力学温度与摄氏温度之间的换算关系吗？健康人体的温度约为37 ℃，如果用热力学温度应怎样表示？ 4. 粗心的护士小张仅对一支体温计消毒后，就直接用它给几个病人测体温，结果发现均是39 ℃，可是有的病人并不发烧，这可能是什么原因？护士测量体温之前为什么要甩动体温计？ 5. 请查阅资料，小组设计实践项目方案：自制温度计。		巩固知识，加深理解。

板书设计

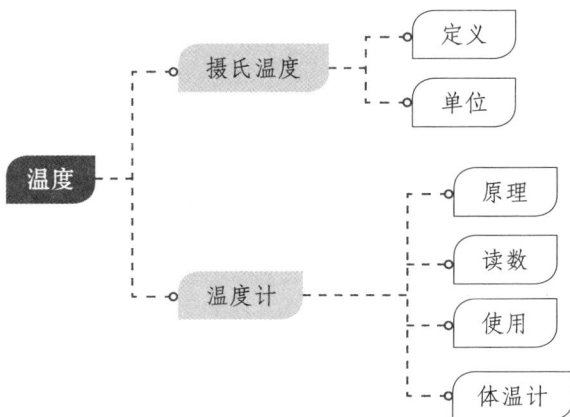

点评

郭老师利用演示实验、教材中涉及的物理现象和生活中的物理情境来唤起学生的回忆和想象，利用学生已有知识和经验以及认知上的冲突推进新课学习。学生经历问题、证据、解释、交流等过程，加深对新知识的理解和应用，体会科学探究精神，为物态变化的学习打好基础。

——孙建智

（正高级教师，山东省特级教师，教育部新时代中小学学科领军教师培养对象，威海市教学能手）

3

"温度与物态变化"单元复习 *

| 课型 | 复习课 | 教材版本 | 沪科版 |

课标要求

《义务教育物理课程标准（2022年版）》P9：

1.1.1 能描述固态、液态和气态三种物态的基本特征，并列举自然界和日常生活中不同物态的物质及其应用。

1.1.2 了解液体温度计的工作原理。会用常见温度计测量温度。能说出生活环境中常见的温度值，尝试对环境温度问题发表自己的见解。

例1 尝试对温室效应、热岛效应等发表自己的见解。

1.1.3 经历物态变化的实验探究过程，知道物质的熔点、凝固点和沸点，了解物态变化过程中的吸热和放热现象。能运用物态变化知识说明自然界和生活中的有关现象。

教材分析

教材中，首先通过学生熟悉的自然现象展示自然界中水的循环过程，让学生知道物态变化现象，学习温度计的使用。其次通过一系列实验，探究三

---

* 本课被评为山东省2018年度"一师一优课、一课一名师"活动"优课"。执教教师为刘福强（山东省济南汇文实验学校教师，国家级骨干教师，齐鲁名师，山东省物理课程专家，山东省初中物理省级工作坊主持人，济南市教学能手。曾获全国、省、市优质课一等奖，山东省教师素养大赛一等奖，山东省首届微课程大赛一等奖，山东省教学设计一等奖，山东省说课、模拟课一等奖）。

种物态相互转化的条件与特点，归纳物态变化过程中的吸热、放热现象。最后提出保护环境、合理利用和保护水资源的课题。

本节教学是章节复习课，是以知识梳理和深化、综合应用、探索提升为目的的一种课型。通过实验探究，对冰的熔化、水的沸腾实验进一步提升理解，从而深化认识和理解物态变化的条件和特点。经历科学探究的过程，体会科学探究的方法。

学情分析

通过之前的学习，学生基本掌握了六种物态变化的定义及对应的吸热、放热情况，对常见的自然现象和生活实例中出现的物态变化现象有一定认识。但是综合分析的能力欠缺，对"白气""霜"的认识还不够清晰，对晶体熔化实验和水沸腾实验还未达到课标要求的层次。所以本节课通过复习，帮助学生回忆、巩固和提升知识，更重要的是引发学生深度的思考，以及让学生在真实物理问题研究的过程中，锻炼科学思维能力。

教学目标

1. 经历实验探究过程，能说出六种物态变化的定义及特点，并能举例说明生活和自然中的相关现象。

2. 通过实验能描述冰的熔化和水的沸腾过程的特点。

3. 会用温度计测量温度，并能说出生活和自然界常见的温度值。

教学重点

六种物态变化以及生活和自然界的相关现象。

教学难点

冰的熔化过程、水的沸腾特点的实验复习。

教学流程

教学流程表

教学程序	教师活动	学生活动	设计意图及教学评价
新课引入	我们刚刚学习完了第十二章《温度与物态变化》，我给大家带了件礼物，那就是一个综合型的实验。介绍实验装置：试管里装有碎冰，利用酒精灯给试管中的碎冰加热，烧杯的底部正对试管口，在烧杯的下方有两个半截的易拉罐对扣在一起，里面装满了用盐水冻成的碎冰块（按1:5比例配置的盐水，凝固点能达到−18℃）。请同学们根据已有知识，预测一下，实验过程中将发生什么现象？属于哪种物态变化？	学生观察思考，积极回答教师的提问。试管内，先是冰熔化变成水，然后水沸腾（汽化），试管口能看到大量的白气，烧杯底部有水珠（水蒸气液化），水珠滴落至易拉罐顶部凝固变成冰；易拉罐周围形成水珠（水蒸气液化）或冰晶（水蒸气凝华）。	将抽象的练习，变为具象的活动，既能激发学生的学习热情，又能在实际问题的解决过程中锻炼学生的思维。
实验探究	现在我们进行实验，看大家的预测是否准确。老师将实验呈现在屏幕上。问题链设计：刚给碎冰加热，碎冰就熔化吗？如果不是，那满足什么条件才熔化？现在试管里已经有冰也有水了，它正处在熔化过程中。冰熔化的特点是什么？现在冰已经完全消失，我们继续给水加热。为什么水还没有沸腾？沸腾需要满足什么条件？现在水沸腾了吗？你的依据是什么？现在水已	学生认真观察，积极思考，踊跃回答问题。	借助多媒体技术，让同学们观察得更清晰，刚开始加热，冰并没有熔化。在提问中，深化学生对知识的理解和巩固。

（续表）

教学程序	教师活动	学生活动	设计意图及教学评价
实验探究	经沸腾了，沸腾的特点是什么？请同学们看瓶口，你看到什么了？白雾是怎么来的？在烧杯底你有什么发现？水珠怎么来的？现在水珠滴到了倒扣的易拉罐的顶部了。再看易拉罐周围，有水珠或冰晶生成。	学生积极思考，交流讨论，达成共识。	创设真实情境，引导学生在解决问题的过程中实现知识的迁移应用。
深入探究	观看完视频，有些地方确实印证了同学们的预测，有些地方和同学们预测的不一样。先看易拉罐周围，有水珠，这水珠是怎么形成的？过了一会儿有些小水珠硬化了，变成了小冰晶，这是发生了哪种物态变化？易拉罐周围还有些小水珠没凝固，易拉罐上方的小水珠也没有凝固，这又是怎么回事？刚才我们分析冰的熔化是有条件的，看来水的凝固也有条件。请讨论一下水凝固的条件是什么？ 我的想法和同学们的分析结论是一样的。没凝固可能是因为没降低到凝固点（反思我们的实验器材，我们是用矿泉水瓶冻的冰块，将碎冰放入易拉罐中时，碎冰不够满，有些位置，不能与碎冰充分接触，导致温度不够低，易拉罐的顶部几乎没有和冰接触，所以顶部温度不够低）。	学生思考，积极回答问题，水珠凝固变成了冰。 学生（思考）分析出应降到凝固点，继续放热。 学生认真观察，积极思考，达成共识。	培养学生的观察、分析以及通过实验解决实际问题的能力。

（续表）

教学程序	教师活动	学生活动	设计意图及教学评价
深入探究	有了反思就要用实验验证，老师周六在家补充做了第二个实验，这次我将器材进行改进，将空易拉罐中装入盐水直接放在冷冻室里，第二天我做了这样的实验（播放实验视频）。将冻好的易拉罐倒扣在桌子上，往罐底滴水，并轻轻晃动易拉罐，清楚地看到水凝固的过程，用小刀将冰片撬下让学生观察。		
拓展提升	通过实验验证了我们的猜想，水的凝固同样有条件，引导学生分析出水凝固的条件，即需要降低到凝固点并继续放热。 可能有同学有疑问：盐水的凝固点真的比水的凝固点低吗？其实我们用刚才的这个实验器材就能做出验证，你有办法吗？说一说。在易拉罐底部滴一滴等质量的水和盐水，进行对比实验。 做完实验，准备整理实验器材，结果又有了新的发现，请同学们观察，此时在易拉罐周围有白白的一层，你认为"白白的一层"是什么？ 教师用小刀刮一下，发现是一层霜，为什么这次易拉罐周围出现的是霜，而上次实验中，出现的是水珠呢？ 在讲到液化时，我们举过一个例子，把饮料从冷藏室拿	学生认真观察，积极思考，踊跃回答问题。 学生分析出，第一次实验罐体的温度并没有足够低，所以空气中的水蒸气液化就形成了小水珠。而第二次罐体温度远低于水的凝固点，水蒸气直接凝华变成小冰晶，形成霜。	通过真实情境创设和问题链的设计，引发学生的深度思考，让学生学会应用知识解决实际问题。

教学程序	教师活动	学生活动	设计意图及教学评价
拓展提升	出，饮料会"冒汗"，而从冷冻室拿出的饮料外壁会形成霜，就是这个原因。		
总结反思	其实在之前的课程中我们学习过，利用干冰可以制造舞台上的云雾效果，也可以进行人工降雨。为什么同样是干冰升华吸热降温，在舞台上发生的是水蒸气液化，而在冷空气层里，发生的是水蒸气凝华变成小冰晶呢？ 老师将刚才的易拉罐拿到室外晒了一段时间，请看图，霜没有了，变成了一些水珠，这又是发生了什么物态变化？ 老师把易拉罐拿回室内，将水擦干，过了一会儿，罐体外侧又产生了一些水珠，这是发生了什么物态变化？ 请同学们回家也做这个实验，并不断地将水擦干，观察分析，什么时候不会再有水珠出现？ 实际上物理学的发展轨迹，就和我们刚才的学习过程一样，有了猜想与假设，然后通过实验验证，再反思，再实验。	学生分析得出，两次干冰的量不同，冷空气层中是大量的干冰升华，导致温度急剧下降，所以水蒸气直接凝华变成小冰晶。 学生积极思考，反思总结，深化理解。	在问题解决的过程中，提升学生分析问题、解决问题的能力。

（续表）

教学程序	教师活动	学生活动	设计意图及教学评价
作业布置	1. 以下温度最接近25 ℃的是（　　　） A. 冰水混合物的温度　　　　　B. 人的正常体温 C. 人感到舒适的房间温度　　　D. 济南盛夏中午的室外温度 2. 人工降雨，用的主要材料是干冰，使用干冰的目的是通过它的_____（填物态变化名称）从周围_____（选填"吸热"或"放热"）而达到使云层急剧降温的效果。 3. 夏日炎炎，小东在游泳池游泳后走上岸感觉到有点冷，是身上的水_____（填物态变化名称）从身体_____（选填"吸热"或"放热"）所致；他买了冰棒含在嘴里，过了一会儿感觉到凉快，是冰棒_____（填物态变化名称）_____（选填"吸热"或"放热"）所致。 4. 小明用如图甲所示的装置，探究水沸腾时温度变化的特点，实验数据记录如下表： 甲　　乙　　丙 （1）分析实验数据可知，水在沸腾时温度的特点是_____。 （2）分析实验数据可知，水的沸点为_____ ℃，表明此时外界的大气压_____（选填"大于""等于"或"小于"）标准大气压。 （3）图_____（选填"乙"或"丙"）能反映水沸腾时产生气泡的情形。		

时间/min	0	0.5	1	1.5	2	2.5	3	3.5
温度/℃	90	92	94	96	98	100	100	100

点评

刘老师通过学生熟悉的自然现象展示自然界中水的循环过程；通过一系列实验，探究三种物态相互转化的条件与特点，归纳物态变化过程中的吸热、放热现象；通过提出保护环境、合理利用和保护水资源的课题，提升科学态度与责任。在知识梳理和深化、综合应用、探索提升的过程中，学生经历科学探究的过程，体会科学探究的方法。

——孙建智

（正高级教师，山东省特级教师，教育部新时代中小学学科领军教师培养对象，威海市教学能手）

4

光的传播 *

| 课型 | 新授课 | 教材版本 | 鲁科版 |

课标要求

《义务教育物理课程标准（2022年版）》对本节内容未做具体要求，但对光的反射、光的折射、平面镜成像、光的色散等均做了具体要求。而本节内容是后续光学知识学习的基础，其重要性不言而喻。课标"学业要求"中，要求了解光，能用光学知识解释自然界的有关现象，知道光线这一物理模型。

教材分析

本节是《义务教育教科书（五·四学制）物理八年级上册》（鲁科版）第三章第一节《光的传播》。

本节是初中光学的第一课，是学生对光现象的初步认识，起到统领全章的作用。本节主要涉及的知识有：光源、光沿直线传播的条件、光沿直线传播的应用、光速。本节内容与生活紧密联系，体现了生活中处处有物理的理念，引导学生学以致用。

学情分析

八年级的学生刚刚接触物理不久，对物理知识的学习充满了兴趣，且本节课与生活联系非常紧密，这都为本节课的学习奠定了一定的基础。八年级

---

* 执教教师为韩凤瑶（泰安市岱岳区开元中学教师，岱岳区教育教学先进个人）。

的学生经过前两章的学习，虽然具备了初步的学习和探究能力，但对于现象的分析解释及模型建立方面仍稍有欠缺，因此在对于光沿直线传播的应用及光线模型的建立上需要多加引导。要结合八年级学生思维活跃、喜欢动手、求知欲强的特点，多设置学生实验，充分提高学生的课堂参与度。

教学目标

1. 指导学生认识光源，知道光在真空中的传播速度。

2. 实验探究光在气体、固体、液体中的传播规律，观察现象，收集证据，得出结论。建立光线模型，提高科学思维能力。

3. 应用光的直线传播规律解释自然现象，体会知识的应用价值，树立将物理知识应用于日常生活和服务社会的意识。

教学重点

通过科学探究得出光的传播规律。

教学难点

应用光的直线传播规律解释自然现象。

教学流程

教学流程表

教学程序	教师活动	学生活动	设计意图及教学评价
单元导引	播放短视频：各种各样的光现象。 介绍自然界中各种各样的光现象。	观察视频中的现象，了解各种光现象。	对整个单元的内容做引入，激发学生的学习兴趣。

（续表）

教学程序	教师活动	学生活动	设计意图及教学评价
新课引入	播放短视频：泰山皮影戏片段。 介绍泰山皮影戏。皮影戏的演出非常精彩。皮影戏不仅好看，还涉及我们今天要学习的光的传播的相关知识。	观看视频。	对本节内容做引入，整节内容用皮影戏进行串联。
新课学习 模块一： 光源	提问：如果让你来演出皮影戏的话，你都需要什么道具呢？ 那么光是由谁发出的呢？就像发出声音的物体叫声源，那么自身能够发光的物体叫什么呢？ 老师这里还有其他的物品。请同学们自主学习课本55页内容，说明下列哪些物体能够发光，举例说出生活中其他光源并对其进行分类。 	思考并回答：幕布、皮影、灯。 自主学习，并结合生活实际进行举例。	类比声源得出光源的定义。

教学程序	教师活动	学生活动	设计意图及教学评价
模块二：光的传播	我们现在知道了灯作为光源，可以发出光照亮教室，为我们提供明亮的教学环境，但并不是所有人都像我们一样幸福，例如"想想议议"栏目中凿壁借光的主人公匡衡，同学们，匡衡借光是为什么呀？是为了读书求学，那今天拥有明亮教室的我们更应学习匡衡这种刻苦求学的精神，努力学习。 好，回到故事中来，能否解释一下"邻舍有烛而不逮"？ 光被墙壁挡住了。 老师这也有东西被挡住了，一起来看一下视频（播放弧线球绕过人墙进入球门的视频）。 当球沿弧线前进的时候就可以绕过人墙进入球门，而光线却不能绕过墙壁，照到匡衡家里，请同学们大胆地猜想一下：光可能是怎么传播的呀？ 根据同学们的说法，我们一起来探索一下，光是怎么传播的。 提前利用玻璃缸收集一些烟雾，将强光激光笔照射向玻璃缸，观察光在玻璃缸内部的传播路径——光在烟雾中沿直线传播（演示）。 动手探究：光在玻璃中是如何传播的。	回答：为了读书。 尝试解释。 观看视频，思考并回答，作出相应的假设：光沿直线传播。 观察现象。 小组合作，设计并进行实验，总结实验现象。	借助"凿壁借光"的故事，引出光的传播规律，并进行德育教育，帮助学生树立正确的价值观。 培养学生敢于猜想、理性分析、归类探究的意识与能力。

（续表）

教学程序	教师活动	学生活动	设计意图及教学评价
模块二：光的传播	投放学生正确实验得到的照片，由此得出结论：光在玻璃中沿直线传播。 学生分组探究光在水中的传播情况。 结论：光在水中沿直线传播。 我们将光在固体、液体、气体中的传播简单地总结一下，得到一个初步的结论：光在均匀介质中是沿直线传播的。 提问：我们得到的结论是否准确呢？ 演示实验：水中加入高浓度盐水，观察光线。 再展示拍到的光不沿直线传播的图片，加以分析。 请同学们小组讨论一下为什么会出现这种情况，怎样才能让光恢复直线传播呢？ 结论：光在均匀介质中沿直线传播。 提问：回顾我们之前所学的声音的传播需要介质，真空不能传声，那么光的传播一定需要介质吗？能否举例说明。 结论：光在真空或均匀介质中是沿直线传播的。 观察与实验：利用激光笔在黑板上展示出光的传播径迹，请学生上黑板画出光线，并讲解其含义。 重点讲解：光线不是真实存在的，是人为建立的模型。 深入理解建立模型的方法。	观察、思考，并上台操作，总结相关结论。 结合生活实际，举例说明（太阳光到达地球）。 自主学习相关内容，练习画出光线。	培养学生动手操作，获取与处理信息，得出结论，进行交流、评估、反思的能力。 与声音进行类比，并结合生活实际进一步完善结论。 注重方法的讲解，并从作图的规范性进行评价。

（续表）

教学程序	教师活动	学生活动	设计意图及教学评价
模块三：光沿直线传播的应用	我们现在知道了光是沿直线传播的，你还能举出哪些有关光沿直线传播的事例吗？日食、月食、排队看齐、瞄准、激光引导掘进、影子、手影……播放手影表演视频。回到课堂开始的皮影戏，幕布上如此惟妙惟肖的影子是如何出现的呢？现在你能画出影子形成的光路图吗？展示科技节中同学们的小制作：针孔照相机。动手探究其内部的原理，即小孔成像。实验要求：1.打开F形光源，移动光屏直至光屏上出现像，观察像的正倒。2.保持光源不动，前后移动光屏，观察像的大小：光屏离小孔越近，像如何变化？光屏越远，像如何变化？3.保持光屏不动，前后移动F形光源，观察像的大小：光源离小孔越近，像如何变化？光源越远，像如何变化？请结合实验现象在学案中绘制出小孔成像的光路图。	结合生活实际，思考并举出相关事例。思考并画出光路图。小组合作，按照学案给出的步骤及实验要求进行实验。观察现象并分析得出结论：光源不动时，光屏离小孔越近，像越小，光屏越远，像越大；光屏不动时，光源离小孔越近，像越大，光源越远，像越小。绘制光路图。	联系生活实际，将所学物理知识应用于生活，寻找生活中的相关实例。培养学生动手操作，获取与处理信息，得出结论，进行交流、评估、反思的能力。

（续表）

教学程序	教师活动	学生活动	设计意图及教学评价
模块三：光沿直线传播的应用	小孔成像在古代就已经有了非常深入的研究，中华民族是一个非常有智慧的民族，在两千年前墨家学派的创始人墨子，就发现并解释了小孔成像的原理。我们中华文明源远流长，从炎黄时代到科技发达的今天，几千年来中华民族从未停止过自强不息、奋勇向前的脚步。身为少年的我们也要努力学习、积蓄力量，以期在未来能够为祖国贡献自己的力量。 练习：结合课件中的视频，完成跟踪练习二，解释树叶下的圆形光斑。	自主学习，并完成相关题目。	对小孔成像在古代的研究进行介绍，培养学生的文化自信，增强学生的爱国情感，进行爱国教育。 实际运用知识解释生活现象。
模块四：光的传播速度	回到我们的皮影戏中来，我们都知道孙悟空一个跟头十万八千里，但是同学们知道吗，光比他跑得还要快。那光速有多快呢？让我们一起来学习一下。 自主学习： 阅读课本58页内容，完成学案对应题目； 对题目进行订正讲解； 在本期的"物理博览"中，为大家推送有关光年的介绍，课下时间，大家可自行阅读。	自主学习，并完成相关题目。	培养学生自主学习的能力，并与本节引入首尾呼应。
课堂小结	请同学们总结一下：通过本节课的学习，你都有什么收获？（知识和能力两个方面）	从知识和能力两个方面的收获进行小结、交流。	培养学生的梳理反思能力。 从交流的条理性、知识的严谨性进行评价。

（续表）

教学程序	教师活动	学生活动	设计意图及教学评价
课堂达标	学案：1、2、3题。	独立思考完成。	检验学习效果。
作业布置	A组： 1. 生活中许多物体都可以发光，下列物体均属于光源的一组是（　） A. 太阳、月亮、舞台的灯光 B. 闪电、镜子、发光的水母 C. 火焰、灯光、发光的萤火虫 D. 太阳、灯光、波光粼粼的水面 2. 下图所示的四种情况中，不属于应用光沿直线传播规律的是（　） A. 立竿见影 B. 做手影游戏 C. 小孔成像 D. 水中倒影 B组： 3. 太阳光从空气中进入河水中，它的传播速度（　） A. 增大 B. 减小 C. 不变 D. 可能增大，也可能减小	独立思考完成。	巩固知识，加深理解。

板书设计

3.1 光的传播

光的传播：光在同种均匀介质中沿直线传播

光源：自身能够发光的物体　　　　光　　　　光速：真空中光速为 $3\times10^8\,\text{m/s}$

光线：一条带箭头的直线

点评

本节课是初中光学的第一课，起到统领全章的作用。学习过程中学生了解光源、光速等物理观念；建立"光线"这一物理模型，提高科学思维能力；经历科学探究过程，得出光在固体、液体、气体中的传播规律；能用光学知识解释自然界的有关现象，培养科学态度与责任。

——孙建智

（正高级教师，山东省特级教师，教育部新时代中小学学科领军教师培养对象，威海市教学能手）

5

光的直线传播 *

| 课型 | 新授课 | 教材版本 | 人教版 |

课标要求

《义务教育物理课程标准（2022年版）》对本节内容无明确要求，但"运动和相互作用"这一主题的"学业要求"部分指出，能用光学知识解释自然界的有关现象，解决日常生活中的有关问题，形成初步的运动和相互作用观念；知道光线物理模型；能基于观察和实验，提出与光现象有关的科学探究问题，并作出有依据的猜想与假设；知道物理学是对相关自然现象的描述与解释，物理学研究需要观察、实验和推理，体会物理学对人类生活和社会发展的影响；具有对光学知识的学习兴趣和严谨认真、实事求是的科学态度。

教材分析

本节是《义务教育教科书（六·三学制）物理八年级上册》（人教版）第四章第1节《光的直线传播》。

本节课以光的传播特点为核心向学生展示了一个多彩的光世界，是学生学习光学的入门课。光的直线传播是几何光学的基础，是研究光的反射、折射的必备知识，对认识、解释自然界和生活中的一些现象有着广泛的现实意义。

本节课主要由四部分内容组成：认识光源、探究光的直线传播、光沿直

---

* 本课获德州市2020年中小学实验说课一等奖，同年被评为省级实验教学说课典型示范案例。执教教师为崔丹萍（庆云县渤海中学教师，获评德州市优秀教师、德州市2020年度教育教学突出贡献个人、德州市物理学科教研骨干等）。

线传播的应用、光速，其中组织学生通过实验探究得出光在不同的介质中的传播规律是本节课的重点。

学情分析

八年级学生思维活跃，求知欲强烈，对自然现象充满好奇，但动手能力不强，因此课堂上应多给学生创造动手操作的机会；学生在日常生活和小学科学课中已经知道光沿直线传播的结论，但仍处于初步阶段，尤其对光沿直线传播的条件不理解，对一些光沿直线传播的例子也是难以理解。因此让学生理解光沿直线传播的条件及小孔成像的原理是本节课的两个难点。

教学目标

（一）物理观念

1.能识别光源，知道光源大致分为天然光源和人造光源两类。

2.知道光在真空中的传播速度。

（二）科学思维

1.理解光沿直线传播的条件及应用。

2.建构光线模型，让学生学会画光线，并了解可以通过作图来分析几何光学中的成像问题。

（三）科学探究

经历"光的直线传播"的探究，体验探究的过程和方法；了解实验是研究物理问题的重要方法。

（四）科学态度与责任

1.使学生形成愿意与他人合作学习的意识、勇于创新的意识。

2.培养学生实事求是的科学态度。

教学重点

通过实验分别探究光在不同的均匀介质中的传播，得出光沿直线传播的条件。

○**教学难点**○

理解光沿直线传播的条件及小孔成像的原理。

○**教学流程**○

教学流程表

教学程序	教师活动	学生活动	设计意图及教学评价
新课引入	用自制的皮影戏道具表演皮影戏。	观看皮影戏并思考皮影戏的原理。	创设情境，激发学生的好奇心和求知欲。
新课学习模块一：认识光源	播放一组关于光源的优美图片，引导学生说出它们的共同点及不同点，从而引出光源的概念及分类。	认真观察图片归纳共同点及不同点。	通过图片展示，培养学生观察、分析、比较、归纳的能力，有利于学生形成物理观念。同时可以让学生感受到物理来源于生活的理念。从分类的科学性进行评价，并引导改进。
模块二：探究光在空气中的传播	先展示一些光在空气中传播的图片，让学生有一个直观的感性认识，再引导学生利用实验桌桌面、纸板、激光笔亲自体验光在空气中的传播，并描述实验结论。	利用实验桌桌面、纸板、激光笔亲自体验光在空气中的传播，观察实验现象并归纳总结光在空气中的传播特点。	利用实验桌桌面、纸板显示光的传播路径，实验现象明显，且为学生学习第2节内容，即探究光的反射规律打下基础。从实验操作的规范性、实验结论描述的科学性进行评价。

（续表）

教学程序	教师活动	学生活动	设计意图及教学评价
模块三：探究光在液体中的传播	给学生准备水并加入少量牛奶，引导学生做实验，进行观察，并描述实验结论。	利用激光笔探究光在液体中的传播，观察实验现象并总结光在液体中的传播特点。	操作简单，现象明显，便于得出结论。从实验操作的规范性、实验结论描述的科学性进行评价。
模块四：探究光在透明固体中的传播	引导学生利用激光笔探究光在三种透明固体：玻璃砖、果冻、水晶泥中的传播，并描述实验结论。	利用激光笔探究光在三种透明固体：玻璃砖、果冻、水晶泥中的传播，观察现象并归纳总结光在透明固体中的传播特点。	选三种不同透明固体进行实验，实验结论具有普遍性，同时增加实验的趣味性。从实验操作的规范性、实验结论描述的科学性进行评价。
模块五：教师演示光在不均匀介质中的传播	问：光在介质中一定沿直线传播吗？课前配制不均匀的糖水，教学现场给学生演示光在不均匀介质中的传播。	观察老师的演示实验。	现场做演示实验，学生印象深刻，更容易理解光的直线传播是有条件的，即在同种均匀介质中。
模块六：认识光线	为了表示光的传播情况，我们通常用一条带有箭头的直线表示光传播的径迹和方向，这样的直线叫光线。引出光线的概念，同时告诉学生这里运用了模型法，光线不是真实存在的。	学习光线的画法。	规范作图，养成好习惯。

（续表）

教学程序	教师活动	学生活动	设计意图及教学评价
模块七：探究小孔成像	问：晴朗的天气，我们会在树荫下发现很多圆光斑，这是什么？它们是怎么形成的呢？ 分别把光屏、带小孔的硬纸板、LED绿光源固定在光具座上，考虑到时间限制，在分组实验的基础上再分组，1—3组用三角形小孔进行实验，4—6组用圆形小孔进行实验，7—8组用矩形小孔进行实验。 学生完成实验后，再通过动画演示分析小孔成像的原因。	1—3组学生用三角形小孔进行实验，4—6组学生用圆形小孔进行实验，7—8组学生用矩形小孔进行实验；观察实验现象并总结小孔成像的特点。 观察动画，理解小孔成像的原理。	用LED绿光源代替蜡烛，成像稳定且亮度强，现象明显；利用光具座可以方便地改变光源到小孔、光屏到小孔的距离，可以方便地观察像的大小变化；并且在分组实验的基础上再分组，分别用三角形、圆形、矩形小孔进行探究，使学生更能理解像的形状与光源有关，与孔的形状无关。 使学生逐步了解可以通过作图来分析几何光学中的成像问题，有利于培养学生的科学思维。
模块八：光速科学世界	引导学生举例说明光沿直线传播的现象及应用，"光的传播速度"和"科学世界"作为自学任务课上完成。	举例说明光沿直线传播的现象及应用。	培养学生的观察能力、表达能力。
课堂小结	问：通过本节课的学习，你都有哪些收获？	从知识和能力两个方面的收获进行小结、交流。	培养学生的梳理反思能力。 从交流的条理性、知识的严谨性进行评价。

教学程序	教师活动	学生活动	设计意图及教学评价
课堂达标	达标题： 1. 2022年北京冬奥会于2月4日在国家体育场"鸟巢"开幕。冬奥会主火炬采用"微火"，小小火苗传达了低碳环保的理念。"微火"＿＿＿（选填"是"或"不是"）光源。 2. 如图所示的现象中，由光的直线传播形成的现象是（ 　　） A. 手影的形成  B. 月亮在水中产生"倒影"  C. 玻璃幕墙造成光污染  D. 美丽彩虹的产生	独立思考完成。	检验学习效果。根据达标题完成的准确性赋予合理的分值进行评价。

(续表)

教学程序	教师活动	学生活动	设计意图及教学评价
课堂达标	3. 如图所示，小华在狮子林参观时，发现阳光透过漏窗在地上留下很多光斑，有些与漏窗中的孔形状相似，这是由于_____形成的；有些光斑是与漏窗的孔形状完全不同的圆形光斑，这是_____的像。 		检验学习效果。根据达标题完成的准确性赋予合理的分值进行评价。
作业布置	必做题： 1. 下列物体不属于光源的是（　　） A. 萤火虫 B. 点燃的蜡烛 C. 工作的电灯 D. 反光的镜子 2. 下列例子不能用光的直线传播来解释的是（　　） A. 日食和月食 B. 影子的形成 C. 在开凿大山隧道时，工程师用激光引导掘进方向 D. 发生雷电时，先看到闪电后听到雷声 3. 在纸上剪一个很小的方形孔，让太阳光垂直照在方形孔上，那么地面上产生的光斑（　　） A. 是方形的 B. 是圆形的 C. 是小孔的像 D. 是长方形的	独立思考完成。	巩固知识，加深理解。根据必做题和选做题完成的准确性赋予合理的分值进行评价。

（续表）

教学程序	教师活动	学生活动	设计意图及教学评价
作业布置	4. 下列四种现象中，与小孔成像的原理相同的是（　　） A. 屏幕上的手影 B. 茶杯在镜中的像 C. 水中筷子弯折 D. 铅笔"错位" 选做题： 根据光的直线传播知识画图说明为什么"坐井观天，所见甚小"。 实践作业： 给家人演示手影游戏，并用光的直线传播知识解释影子是怎样形成的。	课后给家人演示。	培养学生学以致用的能力，并体会物理来源于生活的理念。

板书设计

光的直线传播

一、光源：自然光源、人造光源。

二、光的直线传播

1. 条件：光在同种均匀介质中沿直线传播。

2. 光线：表示光的传播路径和方向的带箭头的直线。

3. 例子：影子的形成；日食、月食；小孔成像。

三、光速

1. 光在真空中的传播速度为3×10^8 m/ s。

2. 一般情况下：$v_气 > v_液 > v_固$。

点评

　　光的直线传播是几何光学的基础，是学生学习光学的入门课，是研究光的反射和光的折射的必备知识。本节课崔老师以光的传播特点为核心向学生展示了一个多彩的光世界，对认识、解释自然界和生活中的一些现象有着广泛的现实意义。

——孙建智

（正高级教师，山东省特级教师，教育部新时代中小学学科领军教师培养对象，威海市教学能手）

6

光的传播 *

课型	新授课	教材版本	鲁科版

课标要求

　　《义务教育物理课程标准（2022年版）》对本节知识在"内容要求"里面没有具体要求，但在"学业要求"和"教学提示"里面明确了以下几点：

　　P19学业要求：

　　（2）知道匀速直线运动、杠杆、光线等物理模型……

　　（4）……关心我国古代和现代科技成就，为中华民族的科技成就感到自豪，逐步养成实现中华民族伟大复兴的责任感与使命感。

　　P20教学提示：

　　②渗透科学研究方法，培养学生的科学思维。例如，通过实验引导学生认识光线等物理模型，体会物理模型的重要作用……

　　③注重问题导向，合理设计探究活动。在……光的传播规律……学习活动中，注重发挥学生的积极性和主动性，给学生留出恰当的时间和空间；鼓励学生发现问题、提出问题，通过科学方法收集证据、得出结论；引导学生解释得出结论的理由，并对探究过程和结果进行评估、反思与交流。

---

　　* 本课在山东省"初中物理教学案例评比"活动中被评为省级"一等奖"。执教教师为李万海（济南市莱芜区寨里镇寨里中学教师，曾获济南市优秀教师，原莱芜市教学能手、学科带头人、教育科研先进个人、班主任先进个人等称号）。

教材分析

本节是《义务教育教科书（五·四学制）物理八年级上册》（鲁科版）第三章第一节《光的传播》。

本节主要内容为光源、光沿直线传播的条件及光速三个知识点。光的直线传播是整个光学知识的基础，后续完成课标要求"2.3.3 探究并了解光的反射定律。通过实验，了解光的折射现象及其特点。"都要用到光的直线传播的知识，特别是光路的显示及产生的条件；同时利用光的直线传播，又能解释影子、日月食等生活和自然界的重要现象。本节课的学习可以激发学生的探究欲望，培养学生科学探究意识。因此，学习这部分知识有着重要的意义。

学情分析

本节内容与日常生活紧密联系，学生在日常生活和小学科学课中应该已经知道光沿直线传播的结论，但认识和结论毕竟是浅显的，教师需设计一系列的探究活动，引领学生探究归纳，得出光沿直线传播的规律。物理是八年级新开学科，学生都有能学好的决心和激情，教师在教学时要充分利用这些资源，提高他们学习物理的兴趣和热情，但学生对概念和内容理解不足、动手能力较差、物理思维较差、研究问题不透彻、自观能动性较弱，学习过程还是以教师引导为主。

教学目标

1. 了解什么是光源。

2. 通过引导自行动手进行探究实验，观察、分析、归纳总结得出光的传播特点及条件，并能用来解释简单现象。

3. 知道光线是表示光的传播的直线，具备建构物理模型的意识。

4. 知道光在真空中的传播速度。

5. 通过探究自然奥秘的活动，将物理与生活联系起来，树立将学到的物理知识与生活密切联系的意识；结合讲解日、月食的成因，进行破除迷信的科学教育。

6. 引导学生了解我国古代相关科技成就，体会中华民族的智慧，培养学生的科学态度和实现中华民族伟大复兴的责任感与使命感。

教学重点

理解光的直线传播规律。

教学难点

设计和组织"光沿直线传播"的探究活动。

教学准备

演示用具：激光手电、蚊香、火柴、蜡烛、软橡皮管、玻璃砖、中间有孔的不透明硬纸板、白纸板、盛水的小烧坏（适当加点化学物质）、水槽、盐、烧杯、带孔的纸板、果冻、水等。

教学流程

教学流程表

教学程序	教师活动	学生活动	设计意图及教学评价
新课引入	利用多媒体播放一组与光现象紧密联系的优美的图片视频：影、景物（霞光万道）、倒影、晨曦中穿过树林的道道阳光、白光通过三棱镜的色散、彩色的肥皂泡、北极光、日晕、幻日、优美的晚间城市夜景（色彩斑斓）……最后定格在一个城市夜间优美的景致（夜空中的一束束彩光射向空中的情景）。	生A：为什么能看到五颜六色的物体？生B：影子是怎么形成的？生C：为什么夜间有光的地方能看到物体？而远处看不到任何物体呢？生D：为什么能看到道道阳光呢？生E：光是如何传播的呢？……	让学生在欣赏绚丽多彩的世界的同时，置身于光的世界之中，在美丽的夜景中轻松愉快地进入这节课的学习，从而激发学生的学习兴趣和求知欲望，调动学生的学习积极性。

（续表）

教学程序	教师活动	学生活动	设计意图及教学评价
新课学习模块一：光源	提问：同学们，通过刚才的放映，我们能看到色彩斑斓的世界，你有什么体会？有什么疑惑？请将你的感想说出来。 师：下面同学们来解决刚才生A、生C提出的问题。	生1：看到不同的物体是由于有不同的光进入人眼。 生2：看不到物体是因为没有光线照射到物体上。 生3：夜间有光的地方能看到物体，而远处看不到任何物体是由于远处没有光。 生4：有的物体有光时能看到，无光时就看不到，说明要看到物体需要光。 生5：我们看到的物体有的是自身发出光；有的不能自身发光，但必须有光照射到物体上。 ……	从学生的生活经验入手，认识光源的特征，必须是自身能发光的物体才是光源，从不同的现象入手，在细微的分辨中认识光源的特征。学生认识如何，通过学生举例予以诊断。
	师：同学们回答得很好，光是从哪儿发出来的呢？	生：光是从能发光的物体上发出来的。	
	师：很好，能发光的物体我们称之为光源。 板书： 光源：能发光的物体。 师：谁能说出一些是光源的物体吗？（对学生列举的光源用不同的彩笔区分开）	生踊跃举例： 太阳、蜡烛、电灯、萤火虫、火把……	针对学生的认识，从发光的不同原因区分光的来源是不同的，以及我们该如何创造出明亮的光世界。进一步界定光源的特性，让学生真正把握光源的定义。在师生互动中确立学生的主体地位，激发学生的主动意识。

（续表）

教学程序	教师活动	学生活动	设计意图及教学评价
模块一：光源	师：同学们讨论一下，月亮是不是光源呢？同学们观察这个小实验：用一面镜子反射太阳光，会看到镜面怎么样？镜子是光源吗？	生：镜子虽然看起来是亮的，但它自身不发光，所以不是光源。	
	师：月亮和镜子一个道理，月亮是光源吗？	生：不是。	
	师：（指向相同颜色的字）光源可以怎么分类？	生讨论回答。	
	学生可能回答得不是很准确，教师进一步规范：太阳、萤火虫……是自然光源；蜡烛、电灯、火把……是人造光源。		
模块二：探究光的直线传播	师：现在来解决刚刚生E提出的问题。（教师手里拿着一个激光手电射向天花板，激光手电用带一五角星形状的头罩罩住）师：同学们看到了什么？有什么感想？	生1：一个小光斑。生2：为什么光斑和激光头图案相同？生3：光是怎么传播到天花板上去的呢？它的传播径迹是怎样的呢？	结合学生的生活经验，在创设的问题情境中引导学生发现光，并认识到要想看到光传播的径迹必须借助一定的介质，建立生活或现实与知识的联系，从而去认识光是沿直线传播的，加深对知识的理解。
	师：同学们的观察力和思维都很好，请同学们根据你的经验或感性认识，猜想一下光是怎样传播的呢？师：你的依据是什么呢？	猜想。生：光是沿直线传播的。生1：晚上，看到汽车灯或手电筒照射出的光线是直线。生2：白天室内尘土飞扬的时候能看到太阳光线。生3：下雨、有雾的时候能看到灯光光线。……	

（续表）

教学程序	教师活动	学生活动	设计意图及教学评价
	师：同学们的想法很好，大家猜想光是沿直线传播的，可科学是严谨的，仅仅靠猜想是不够的，怎样检验我们猜想的正确性呢？	生：需要用实验的方法去检验。	
	设计并进行实验。 师：我们现在做实验验证光的直线传播，要想看到光线，我们应该怎么做呢？并说明理由。	生讨论得出结果。 生：制造烟雾，因为我们日常生活中看到的光线，都是遇到介质时才显现出来。	
	师：看看你手中的器材，我们如何制造烟雾呢？	生：点燃香使它冒烟。	
	师：光在水中传播时，怎么办才能清楚地看到光线呢？	生：在水中加点有颜色的物质。	
模块二：探究光的直线传播	师：好。我们实验桌上有一些简单的器材，同学们从中选取一些合适的器材去大胆设计并进行实验，验证我们的猜想是否正确。请同学们边讨论，边设计实验，比比看，哪个小组想出的办法多。 （教师巡回指导，并观察各小组实验情况） 师：好，现在哪个小组愿意把你们设计的实验、操作的方法、看到的现象和得出的结论，展示给大家？	学生动脑动手进行实验。 展示并交流。 生1：我们用激光手电照到拉直的橡皮管内时，光能从另一端照射出来；当将橡皮管弯曲后光就不能从另一端照射出来。	通过学生的自主操作，验证自己提出的猜想的合理性，激发学习的积极性。在探究性的物理活动中，学生获得成功的愉悦，更加乐于参与物理学习活动。

（续表）

教学程序	教师活动	学生活动	设计意图及教学评价
模块二： 探究光的直线传播		生2：我们用激光手电照射烧杯里的水（水中加了少许有颜色的物质），看到水中有一条亮光。 生3：我们先用激光手电射向硬纸板上的小孔，在另一侧的光屏上看到一亮点，而射向硬纸板的其他位置时看不到亮点，说明光沿直线传播。 生4：我们做了小孔成像实验。点燃蜡烛，中间是带小孔的不透明硬纸板，另一侧是白纸，在白纸上我们看到了烛焰的倒立的像，也说明光是沿直线传播的。 生5：当我们点燃蜡烛的时候，我们小组四个人都看到了光，说明光是向四面八方传播的。 生6：我们先点燃香，然后用激光手电沿着冒烟的方向照过去，我们看到了一条亮光，时断时续的，美极了！ 生7：我们用激光手电沿着白纸板照过去，我们在白纸板上看到了一条亮光。	

教学程序	教师活动	学生活动	设计意图及教学评价
	师：同学们说得太精彩了！虽然方法各异，但都说明了一个问题，是什么问题呢？	生：光是沿直线传播的。	
模块二：探究光的直线传播	师：光沿直线传播是有条件的，大家注意观察以下实验。 演示光在非均匀盐水中传播的实验：在支架上固定一个薄水槽，其中放置一个白屏来显示光的路径，事先配备四杯浓度不同的盐水，将它们按浓度从大到小的顺序依次轻轻倒入水槽（四种盐水的量按一定的比例），由于各层盐水间相互混合，所以水槽内形成了从上到下浓度逐渐变大的非均匀盐水。将一束激光从透明水槽侧面沿白屏表面，由最上层溶液斜向下射入非均匀盐水，可见激光路径在非均匀盐水中向下弯曲。 接下来将非均匀盐水搅拌均匀，用激光光束斜射入搅拌均匀的盐水溶液中，再让同学们观察，光的传播路径是直线。得出结论：光在同种非均匀介质中路径发生弯曲。	生：光在同一种均匀介质中是沿直线传播的。	让学生在主动探究的过程中，通过亲身体验深刻体会到自主获得知识的乐趣与成就感，同时让学生学会模型建构的物理方法。

教学程序	教师活动	学生活动	设计意图及教学评价
模块二：探究光的直线传播	 师：同学们，通过演示实验知道，光沿直线传播需要什么条件呢？		
	师：上面我们研究的所有实验都是光在同一种介质中传播的（对于不同介质中的传播我们以后再讲），所以我们的结论应当是：光在同一种均匀介质中是沿直线传播的。 光线的表示；直线表示光沿直线传播，箭头表示方向。 （理想模型法）	让学生讨论，总结出光线的表示方法：用一条带箭头的直线表示光线。 ——————▶	
	师：大家听说过"天狗吃月亮"的传说吗？是不是真的有天狗把月亮吃掉了呢？你能通过本节课的学习得到什么启迪？ 师：请大家观看屏幕（课件演示月食和日食的形成）。 知道了日食、月食的成因后，大家就明白"天狗吃月亮"是一种迷信的说法，所以，在以后的学习中我们一定要用更多的科学知识来武装自己的头脑，去揭穿那些迷信和骗人的小把戏。	观看视频，引发思考。 生：是发生了月食现象，这是由光的直线传播形成的。	指向教学目标5，平常的认识和一些传说毕竟与现实存在差别，任何事情必须以事实为依据，必须遵循自然规律，从而认识现象与本质的区别，对学生进行破除迷信的科学教育。

（续表）

教学程序	教师活动	学生活动	设计意图及教学评价
模块三：光的传播速度	师：光的传播速度到底有多大呢？很早就有人感兴趣，让我们先来看一个自然现象。（播放雷鸣闪电动画） 师：大家看了之后有什么感想？	生1：为什么先看到闪电后听到雷声？学生讨论。 生2：光的传播速度比声音的传播速度大得多。	由于光速是目前宇宙空间发现的最快的速度，其大小是非常难以定量考虑的，只能从既定的现象入手，加深对这一知识的理解。
	利用多媒体投影：光的传播速度很大，测量光的速度是极其困难的。第一个尝试测量光速的科学家是伽利略，但遗憾的是他失败了；后来经过几代科学家的不懈努力，测出的结果越来越精确，在20世纪20年代，科学家较精确地测定了光速。现在公认的光在真空中的传播速度是299 792 458 m/s，近似等于3×10^8 m/s。光在真空中的速度说明光的传播不需要介质。 如果一个"飞人"以光速绕地球飞行，1 s时间内能够绕地球七圈半。 地球上任意最远的两点之间光走一走只需$\frac{1}{15}$ s，眼睛眨一眨要0.2～0.4 s。可见光速之大。 光从月球传播到地球只需1.3 s。		

（续表）

教学程序	教师活动	学生活动	设计意图及教学评价
模块三：光的传播速度	太阳发出的光要经过8 min到达地球，如果一辆以1 000 km/h的速度行驶的赛车不停地跑，要经过17年时间才能跑完从太阳到地球的距离。 【古代科技】 视频播放：日晷的介绍。 师：你知道日晷的用途和原理吗？ 	生：测时间，原理是光沿直线传播。	指向教学目标6：引导学生了解我国古代相关科技成就，体会中华民族的智慧，培养学生的科学态度和实现中华民族伟大复兴的责任感与使命感。
素养达成训练	1. 你能列举出生活中的一些常见光源吗？ 2. 你能解释"坐井观天，所见甚小"这句话的原因吗？ 3. 列举出光沿直线传播在生活中的一些实际应用。 4. 如何描述光？试着画出阳光进入室内的光线。 5. 你能不能想出一个办法来估测发生雷电的地方离你有多远？		1. 指向教学目标1：了解什么是光源。 2. 指向教学目标2：知道光在同种均匀介质中沿直线传播，并能用来解释简单现象。 3. 指向教学目标2：知道光在同种均匀介质中沿直线传播，并能用来解释简单现象。 4. 指向教学目标3：知道光线是表示光的传播的直线。 5. 指向教学目标4：知道光在真空中的传播速度。
归纳总结	师：谁能把这节课的内容给大家总结一下？通过这节课，你在知识上学到了什么，在方法上学到了什么？还有哪些疑惑？	学生总结，教师补充。	

（续表）

教学程序	教师活动	学生活动	设计意图及教学评价
课后作业	1. 阅读教材"相关链接"《激光》。 2. 做一个小孔照相机。 3. 既然光速如此大，科学家们是怎样测出来的？课后上网查阅资料。		发挥网络优势，开阔学生视野，完善学生的知识结构。

板书设计

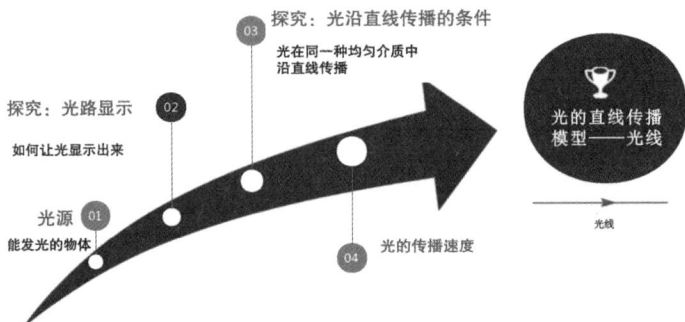

点评

李老师合理设计探究活动，在光的传播规律学习活动中，注重发挥学生的积极性和主动性，给学生留出恰当的时间和空间；注重问题导向，鼓励学生发现问题、提出问题，通过科学方法收集证据、得出结论；注重引导学生解释得出结论的理由，并对探究过程和结果进行评估、反思与交流。

——孙建智

（正高级教师，山东省特级教师，教育部新时代中小学学科领军教师培养对象，威海市教学能手）

7

光的反射 *

| 课型 | 新授课 | 教材版本 | 鲁科版 |

课标要求

《义务教育物理课程标准（2022年版）》P17：

2.3.3　探究并了解光的反射定律。

例5：探究并了解光束在平面镜上反射时，反射角与入射角的关系。

要求学生通过实验探究了解光的反射定律。例如，通过光束射在平面镜上反射的现象，直观地认识入射光线、反射光线、法线的位置关系，定量探究光的反射定律。

教材分析

本节是《义务教育教科书（五·四学制）物理八年级上册》（鲁科版）第三章第二节《光的反射》。

本节内容是学生在了解光的直线传播的基础上，进一步学习光的反射定律，在光学中反射定律是基础定律。它既是光的直线传播概念的延伸，又是理解平面镜、球面镜成像规律的基础，从而引申出光的折射规律。本节课，教材从我们能看到本身不发光的物体引入光的反射现象，然后转入研究、总结光的反射定律，并指出光发生反射时光路是可逆的；随后介绍了光的两种

---

　* 本课被评为教育部2018年度"一师一优课、一课一名师"活动"优课"；《探究光的反射规律》被评为教育部2022年基础教育"部级"精品课。执教教师为王旭光（乳山市西苑学校教师，曾获威海市教学能手、乳山市优秀教师、乳山市巾帼建功标兵等称号）。

反射现象：镜面反射和漫反射，同时说明我们能从不同方向看到物体正是由于物体表面发生了漫反射。

学情分析

八年级的学生正处于形象思维到抽象思维的过渡时期，思维能力、理解能力普遍不高，往往需要直接、感性实验的支持。他们对新事物的好奇心和求知欲很强，对任何事情总想"一探究竟"，因此，我借助短视频"地球上最'黑暗'的小镇"导入新课，开阔学生视野，激发他们了解光的反射现象的兴趣；然后，实验模拟"尤坎居民引光入镇"，让学生通过观察认识光的反射现象；接着引导他们猜想、动手探究光的反射规律；利用微视频学习利用光的反射定律进行光路作图，并通过光路作图理解镜面反射和漫反射的区别与联系；最后，一起走进"科技中的物理：潜望镜"和"生活中的物理：自行车尾灯"。学生经历了从感性认识到理性认识、从生活情境到物理知识的思维蜕变过程，奠定了"从生活走向物理，从物理走向社会"的新课程教学理念。

教学目标

1. 通过实例，知道光在物体表面可以发生反射现象，形成光的反射的概念。

2. 了解入射光线、反射光线、法线、入射角和反射角的含义，构建光的反射模型图，培育"建模"科学思维。

3. 通过实验，经历科学探究的过程，探究光的反射定律，知道反射现象中光路可逆。

4. 通过实例，知道镜面反射和漫反射，并能用相关知识解释生活中的现象；体会科学是把双刃剑，提升环保意识，增强社会责任感。

教学重点

通过科学探究得出光的反射规律。

教学难点

正确理解镜面反射和漫反射。

教学流程

教学流程表

教学程序		教师活动	学生活动	设计意图及教学评价
新课引入		播放短视频：地球上最"黑暗"的小镇。 提问：尤坎居民是如何利用平面镜将太阳光反射到小镇里的呢？	观察视频中的现象，思考尤坎居民如何解决"黑暗"的问题。	开阔学生眼界、激发学习兴趣。
新课学习模块一：光的反射现象		1. 实验模拟："尤坎居民引光入镇"。 2. 平面作图：介绍相关名词（入射光线、反射光线、入射点、法线、入射角、反射角）。	仔细观察激光的传播路径。 仔细观察平面作图过程，认识相关名词。	为光的反射规律的探究做好铺垫。
模块二：探究光的反射规律	启发猜想	提问：光反射时遵循什么规律呢？ 首先请同学们根据刚才的实验观察结合已有的生活经验进行猜想。 猜想归类： 一类是两个角（反射角和入射角）的大小关系； 另一类是三条线（反射光线、入射光线和法线）的位置关系。	积极思考，大胆猜想，交流展示。 尝试将同学们的猜想进行归类、交流。	培养学生敢于猜想、理性分析、归类探究的意识与能力。 从归类的科学性、可操作性进行评价，引导改进。

（续表）

教学程序		教师活动	学生活动	设计意图及教学评价
模块二：探究光的反射规律	动手探究	提出探究要求： 下面请同学们以小组为单位进行探究。注意及时记录实验数据，根据数据及观察到的现象，归纳得出实验结论，并反思实验中的不足，提出改进意见。做完实验后，小组讨论，做好全班展示交流的准备。	分组探究： 实验一：探究两个角的大小关系； 实验二：探究三条线的位置关系； 实验三：探究光路可逆。	培养学生动手操作，获取与处理信息，得出结论，进行交流、评估、反思的能力。
	归纳总结	组织交流、引导归纳： 请同学们交流一下你们的实验结果及发现、归纳的实验结论以及对实验的改进意见。	全班展示交流。	侧重于对科学探究过程中操作的规范性、结论的严谨性、交流的条理性、评估反思的科学性进行评价。
	实践应用	提出问题： 如果一束光线射到平面镜上，我们怎样利用光的反射定律画出它的反射光线呢？ 播放微视频： 利用光的反射定律进行光路作图。 练习巩固： 利用光的反射定律画出反射光线。 	积极思考，交流自己的思路。 认真学习，抓住要领，理解本质。 利用尺规进行规范作图。	培养学生的知识应用能力。 从思路的逻辑性进行评价。 培养学生严谨的科学态度。 从作图的规范性进行评价。

教学程序	教师活动	学生活动	设计意图及教学评价
模块三：镜面反射与漫反射	PPT动画演示：把"练习巩固"中前、后几个小平面分别连接起来。引出镜面反射和漫反射的概念并进行对比。提出问题：物体表面什么样时会发生镜面反射和漫反射？	认真观察两组镜面的入射光线、反射光线和反射面的特点，思考镜面反射和漫反射的发生条件，进行交流。	让学生亲身感知镜面反射和漫反射的区别与联系。侧重于对两种反射本质的发现与表述进行评价。
能力提升	提出问题：三个人分别在 A、B、C 三处，A 和 B 在观察镜面反射，C 在观察漫反射。哪个人看到的光线是最强的？哪个人看到的光线是最弱的？ 总结：对于镜面反射和漫反射，如果观察位置不同，结果不一样。	分组探究：在桌面上铺一张白纸，把小镜片平放在纸上，用手电筒正对着镜子照射。从侧面看去，白纸和小镜片哪个亮？	培养学生动手实验和解决实际问题的能力。
联系生活	动画演示：（一）科技中的物理：潜望镜；（二）生活中的物理：自行车尾灯。任务：请大家课后继续搜集生活中有关光的反射的应用。	认真观看视频讲解及动画演示，思考光的反射在生活、生产及科技中的应用。	培养学生关注科学技术、自然环境、人类生活和社会发展的意识。
课堂小结	请同学们总结一下：通过本节课的学习，你都有什么收获？（知识和能力两个方面）	从知识和能力两个方面的收获进行小结、交流。	培养学生梳理反思的能力。从交流的条理性、知识的严谨性进行评价。

(续表)

教学程序	教师活动	学生活动	设计意图及教学评价
课堂达标	学案：1、2、3题。	独立思考完成。	检验学习效果。
作业布置	（一）基础巩固： 1. 当入射光线跟平面镜的夹角是50°时，入射角为_____，反射角为_____；若入射光线与镜面垂直，则反射角为_____。 2. 甲、乙两人在照同一组镜子，甲能在镜中看到乙的眼睛，下列说法正确的是（　　） A. 乙一定能看到甲的眼睛 B. 乙一定能看到甲的全身 C. 乙不可能看到甲的眼睛 D. 乙一定看不到甲的全身 3. 一束太阳光与水平地面成30°夹角，要使这束太阳光竖直射向井底，在图中画出平面镜的确切位置并标出镜面与水平面的夹角的度数。（保留作图痕迹） 	独立思考完成。	巩固知识，加深理解。
	（二）课后实践： 城市中建造的一些高楼用玻璃作外墙，形成了一种新的城市污染——光污染。 请你调查有关光污染的产生原因和相关知识。	课后调查，形成报告。	培养学生保护环境、节约资源的科学态度与社会责任感。

板书设计

第二节　光的反射

一、概念：三线 入射光线　　　法线　　　反射光线

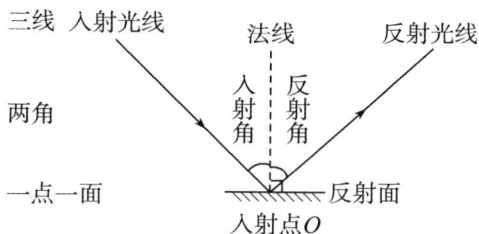

两角　　入射角　反射角

一点一面　　　反射面
入射点O

二、定律：
1.三线共面
2.二线分居
3.两角相等

三、分类：
1.镜面反射 ⎱ 都遵循光的
2.漫反射　⎰ 反射定律

点评

本节课学生通过实例形成了"光的反射"这一物理观念；通过建构光的反射模型图，提升了"建模"这一科学思维；通过实验，经历了科学探究的过程，得出了光的反射定律；通过实例了解了镜面反射和漫反射，并能用相关知识解释生活中的现象；体会科学是把双刃剑，提升了科学态度与责任。

——孙建智

（正高级教师，山东省特级教师，教育部新时代中小学学科领军教师培养对象，威海市教学能手）

8

平面镜成像 *

| 课型 | 新授课 | 教材版本 | 沪科版 |

课标要求

《义务教育物理课程标准（2022年版）》P17：

2.3.4 探究并了解平面镜成像时像与物的关系。知道平面镜成像的特点及应用。

要求学生通过实验探究了解平面镜成像的特点。例如，通过实验探究获取像与物的大小关系、位置关系（方法：等效代替法），探究像的虚实，通过实验让学生总结平面镜成像的特点，知道生活中又是如何应用的。

教材分析

本节是《义务教育教科书（六·三学制）物理八年级全一册》（沪科版）第四章第二节《平面镜成像》。

本节的主要内容：一是关于平面镜成像特点的探究活动，二是平面镜成像特点的应用。重点内容是探究平面镜成像的特点，知识的难点是对虚像概念的理解，探究活动中的难点是如何确定平面镜中像的位置和比较物像的大小关系。

---

* 本课被评为山东省2022年度"一师一优课、一课一名师"活动"优课"。执教教师为张广芹（临沂凤凰实验学校教师，曾获评临沂市教学能手、临沂市河东区名师、临沂市河东区骨干教师、临沂市讲课比赛一等奖等）。

学情分析

平面镜与日常生活密切相关，学生已具备这方面的感性认识，但由于视觉的问题存在误区，学生缺乏理性认识和科学探究。而八年级的学生刚刚开始学习物理，对物理学习兴趣比较高，对实验探究充满热情。

八年级学生通过前面的学习仅仅接触了实验探究环节，对物理知识的积累和对物理问题的研究方法还有待进一步提高。因此，在学习这部分知识时，本节课的教学设计将以实验、观察、分析归纳的学习活动为主，以教师的引导为辅，用学生身边事物和现象引入知识，理论联系实际，加强直观教学，逐步让学生理解和应用科学知识。学生经历了从感性认识到理性认识、从生活情境到物理知识的思维蜕变过程，体现了"从生活走向物理，从物理走向社会"的新课程教学理念。

教学目标

1. 物理观念：通过亲身体验、动手实验知道物体在平面镜中会成像，通过探究平面镜成像时像与物的关系，理解平面镜成像的特点，能准确描述平面镜成像的特点。知道平面镜成虚像及平面镜成像在实际生活中的应用。

2. 科学思维：通过实验探究，借助等效替代法来解决像与物的大小关系、位置关系及虚实像问题，培养科学探究能力，学会在活动中与他人分享研究成果，初步养成甄别假设、调整探究计划的意识。

3. 科学探究：经历探究平面镜成像特点的过程，加深对实验探究中等效替代法的认识和理解，提升基于观察和实验提出问题、形成猜想、设计实验与制订方案、获取与处理数据、解释、交流等科学探究能力，培养学生设计实验、动手操作、收集数据和分析归纳等方面的科学探究能力。

4. 科学态度与责任：领略平面镜成像中的简洁对称之美，体会克服困难、解决问题的喜悦，激发进一步了解平面镜成像原理的好奇心和求知欲。

教学重点

探究平面镜成像的特点，培养学生的观察和收集数据能力以及团队合作精神。

教学难点

引导学生确定平面镜中像的位置和物像的大小关系，切实开展探究活动。

教学流程

教学流程表

教学程序	教师活动	学生活动	设计意图及教学评价
新课引入：魔术表演	引入： 1. 重温《西游记》片段，思考水中片段是如何拍摄的。 2. 表演魔术：《点燃水中的蜡烛》。 播放视频。	观察并思考，引导学生说出都是"平面镜成的像"。	以影视剧拍摄和新奇的魔术问题串引入，激发学生对平面镜成像的探究欲望。
模块一：观察平面镜	演示：展示一柄不锈钢勺子，让学生观察，发现凸的一面能成像，凹的一面也能成像。 投影生活中常见的平面镜图片：平静的水面、抛光的金属、透明的玻璃、镜子。 	观察比较平面镜、凹面镜、凸面镜的结构区别。	比较不同面镜，突出平面镜反射面是平面，引出平面镜的定义，领略平面镜成像中的简洁对称之美。

（续表）

教学程序		教师活动	学生活动	设计意图及教学评价
模块二：平面镜成像初体验		1. 教师与学生互动模拟照镜子游戏（教师伸右手、教师蹲下、教师伸左脚……教师还想怎样做） 2. 教师展示大镜子，让学生观察并思考。	1. 请一位学生到前面模拟教师的像。 2. 让游戏中的同学（像）体验照镜子的真实情境，其他同学认真观察并思考：像与物的位置、大小、距离有什么关系？	调动学生的探究兴趣，为引导学生进行猜想做铺垫。
模块三：探究像与物的关系	猜想假设	提出问题：平面镜成像有哪些特点？ 教师板书学生的猜想和假设，并播放课件：平面镜成像有哪些特点？（图片）	学生以小组为单位展开交流讨论，比较各组猜想的异同。	启发学生依据观察到的现象大胆进行猜想。
	设计方案	1. 利用两个三角形比较大小引导学生利用重合法比较像和物的大小。 2. 利用照大镜子帮助学生理解替代法比较像和物的大小关系。 3. 引导学生用玻璃板替代平面镜确定像的位置。 4. 引导学生利用课本知识回答什么是虚像。 屏幕展示如何设计实验？ 1. 如何比较像与物的大小关系？ 2. 怎样测量像和物到平面镜的距离？ 3. 如何验证像是虚像还是实像？	1. 寻求方法比较两个三角形的大小关系。 2. 利用重合法比较像和物的大小关系。 3. 动脑想办法：用玻璃板替代平面镜确定像的位置。 4. 学生找出验证虚像的方法。 学生小组讨论交流，设计出实验探究方案。	引导学生设计方案，在遇到困难时，教师只是因势利导，学生自己设计出方案，让学生享受到成功的喜悦，有利于学生发散思维和创造思维的培养。

（续表）

教学程序		教师活动	学生活动	设计意图及教学评价
模块三：探究像与物的关系	探究实验	1. 学生自选器材； 2. 利用手中器材交流如何做； 3. 设计实验记录表格； 4. 引导学生根据最佳实验方案自己动手实验； 5. 展示实验步骤； 6. 巡回指导。 投影： 1. 展示实验器材； 2. 总结温馨提示。 	1. 学生选出自己所需器材并说出原因； 2. 小组交流实验步骤，一生上讲台演示； 3. 学生设计实验记录表格； 4. 按最佳方案，小组合作探究像与物的大小和位置关系； 5. 将观察到的现象记录在学案的表格中。	按照设计方案快速正确探究出像与物的大小和位置关系。培养学生动手能力、观察能力和小组合作精神，经历探究平面镜成像特点的过程，培养科学探究能力，学会在活动中与他人分享研究成果。
	分析归纳	1. 抽取三个小组的实验数据，进行分析； 2. 引导学生利用实验数据总结规律； 3. 引导学生对实验结论进行分析评估，得出平面镜成像特点。 实物投影：展示三个小组实验数据。	对实验结论进行分析，总结得出平面镜成像特点： ① 虚像　② 等大 ③ 等距　④ 对称	培养学生分析实验数据、总结归纳、得出结论的能力。
模块四：知识拓展		1. 为什么我们感觉物近像大，物远像小？ 2. 平面镜成像原理： 投影人的视角变化及平面镜成像原理分析过程。 完成课本作业。	1. 生解释（教师补充）。 2. 思考并分析。 生做课本作业60页第1题、61页第4题并展示。	让学生利用平面镜成像特点解决"物近像大，物远像小"思维定势的问题。 利用课本作业，提高学生解决问题的能力。

（续表）

教学程序	教师活动	学生活动	设计意图及教学评价
模块五： 平面镜成像特点的应用	1. 小组交流平面镜成像特点在生活中的应用； 2. 小组展示； 3. 视频播放：临沂市科技馆"光学迷宫"。 	1. 小组交流； 2. 小组展示各组答案； 3. 观看视频。	生活中的举例和视频帮助学生了解平面镜成像特点的应用，渗透热爱科学、热爱生活的教育，让学生体会只要留心观察，生活处处有物理。
模块六： 光污染	1. 手电筒照镜子，光反射入学生眼睛会导致不舒服； 2. 图片展示光污染。 	1. 学生感受光污染； 2. 观看图片； 3. 给城市建设提一条建议。	让学生知道平面镜在生活中的负面影响。
模块七： 反思与小结	谈谈本节课的收获： 1. 学生在知识上有什么收获？ 2. 学生在学习方法上有什么收获？ 3. 科普拓展《隐形的斗篷》，分析如何让物体凭空"消失"。 		
作业	1. 课下网上查阅有关凹面镜、凸面镜以及哈哈镜的成像原理。 2. 搜集生活中有关光反射现象的例子。 		
课后反思	本节课基本的思路是让学生自主探究。对教师来说，实验探究课是一节非常难以驾驭的课，无论是教学设计，还是引导学生制订计划、设计实验到进行实验探究，都有相当的难度。尽管探究的目的非常明确，无非是探究平面镜成像的特点，但学生初次学习物理，		

（续表）

教学程序	教师活动	学生活动	设计意图及教学评价
课后反思	对物理中的科学探究过程还不是非常熟悉，特别是制订实验计划存在一定的难度。教师在教学设计中应该认真考虑并积极突破该问题，必要时教师要积极引导学生克服难点。学生根据实验的现象和日常生活中的现象进行猜想，在该过程中教师只要引导好学生打开思路，大胆进行猜想。对于学生的想法教师不要评价对与错，只是引导他们，使其想法尽量合理。但在探究过程中，一定要引导好，既不能失控，也不能出现包办的现象。		

板书设计

平面镜成像

一、成像特点

① 虚像 ② 等大 ③ 等距 ④ 对称

二、平面镜成像特点的应用

点评

本节课以学生实验、观察、分析、归纳等学习活动为主，教师引导为辅的方式进行，用学生身边事物和现象引入知识，理论联系实际进行直观教学，逐步让学生理解和应用科学知识。整节课中学生经历了从感性认识到理性认识、从生活情境到物理知识的思维蜕变，体现了"从生活走向物理，从物理走向社会"的新课程理念。

——孙建智

（正高级教师，山东省特级教师，教育部新时代中小学学科领军教师培养对象，威海市教学能手）

9

光的折射 *

| 课型 | 新授课 | 教材版本 | 人教版 |

课标要求

《义务教育物理课程标准（2022年版）》P17：

2.3.3　通过实验，了解光的折射现象及其特点。

例6　通过光束从空气射入水（或玻璃）中的实验，了解光的折射现象及其特点。

教材分析

本节是《义务教育教科书（六·三学制）物理八年级上册》（人教版）第四章第4节《光的折射》。

本节课主要内容是光的折射规律及用光的折射规律解释自然现象。本节内容是在学生学习光的传播及光的反射现象的基础上进行的，是解释日常生活中许多光现象的基础，同时又是理解透镜成像的基础。本节内容是为下一节以及下一章学习活动做准备，所以本节是本章教学的重点。学好本节课有利于学生学习透镜的有关知识，为学生分析自然界的折射现象提供理论依据，也为高中的光学学习打下一定的基础。

---

* 本课在聊城市优质课评选活动中被评为一等奖。执教教师为许延霞（临清市民族实验中学教师，山东省特级教师；曾获山东省优秀物理教师、聊城市优秀教师、教学能手、物理骨干教师、"十佳"班主任、"十佳"青年教师，临清名师等称号）。

学情分析

八年级的学生刚刚接触物理，多数学生上进心强，学习态度端正，有良好的学习习惯，而且对物理有着浓厚的兴趣，但是缺乏一定的探索研究问题的能力。

光的折射现象是学生在生活中比较熟悉的，也是他们容易产生兴趣的现象。教学中要注意培养学生对物理的兴趣，充分发挥实验的作用，迎合学生好奇、好动、好强的心理特点，调动他们学习的积极性和主动性。初中生的思维方式逐步由形象思维向抽象思维过渡，因此在教学中应注意积极引导学生应用已掌握的基础知识，通过理论分析和推理判断来获得新知识，并提高抽象思维能力。当然在此过程中仍需以一些感性认识作为依托，比如可以借助实验加强直观性和形象性，以便学生理解和掌握。

设计思路

学生在之前的学习中已经学习过光的反射定律，但是由于光路本身就是为了研究而抽象出来的，生活中并不随处可见，这给探究增加了一定的难度，再加上先前的学习会对后继的学习产生干扰，即前摄抑制，这些都为本节课的展开带来一定的难度。在学习的过程中一方面需要与光的反射进行区分，另一方面又需要借助光的反射定律引导学生对光的折射规律进行总结。因此，需要教师合理设计教学环节，帮助学生顺利进行过渡与区分，而合理的实验无疑是本节课的最佳选择。本节课教师要着重让学生分组实验，从实验中观察现象，总结规律，最后再辅以相关习题加以巩固，这样使课程开展自然，易于理解。

教学目标

1. 了解光的折射现象。

2. 知道光在发生折射时，光路是可逆的。

3. 经历光的折射规律的探究过程，会收集实验过程中的信息，能分析归纳出光的折射规律。

4. 能够利用所学知识解释生活中的折射现象。

5. 培养学生与他人交流和合作的精神，敢于提出自己不同见解的勇气和分析、归纳、总结的能力。

6. 使学生初步领略折射现象的美妙，获得对自然现象热爱、亲近的情感。

教学重点

探究光的折射规律和通过实验探究培养学生科学探究的能力。

教学难点

1. 了解光在发生折射时，光路的可逆性。

2. 解释有关光的折射现象。

教法

以实验为主的小组合作、探究式教学、讨论式教学。

教具和媒体

激光笔、水槽、白屏、平面镜、玻璃砖、多媒体等。

教学流程

教学流程表

教学程序	教师活动	学生活动	设计意图及教学评价
新课引入	播放动画：《小熊的困惑》。 提问：谁能解答小熊的困惑？	仔细观看动画，观察现象，并思考与解答。	创设情境、设疑，激发学习兴趣。

（续表）

教学程序	教师活动	学生活动	设计意图及教学评价
新课学习 模块一： 光的折射现象	复习光的反射现象及光的反射定律的内容。 布置任务：分组实验，让一束光从空气斜射入水中，细心观察光束传播路径，并把它画出来。	通过复习让学生进行知识的联想和迁移，构建光的折射规律的实验模型。 分工合作实验： 1. 仔细观察激光的传播路径，并画出来。 （学生板演） （利用尺规进行规范作图） 2. 观察学生板演、作图，认识理解相关概念。	从作图的规范性进行评价。 为光的折射规律的探究做好铺垫。
模块二： 探究光的折射规律	1. 提出问题：光折射时遵循什么规律呢？ 2. 猜想：首先请同学们根据刚才的实验，观察并结合已有的光的反射定律知识进行猜想。 猜想归类： 一类是三条线（折射光线、入射光线和法线）是否共面； 一类是三条线（折射光线、入射光线和法线）的位置关系； 一类是光从空气射入水中，它将沿什么方向传播？ 3. 设计实验：引导学生利用所给器材设计实验，小组交流方案。 ① 光从空气射入水中； ② 光从水射入空气中。	积极思考，大胆猜想，交流展示。 尝试将同学们的猜想进行归类、交流。 学生设计实验验证猜想。	培养学生敢于猜想、理性分析、归类探究的意识与能力。 从归类的科学性、可操作性进行评价，引导改进。

（续表）

教学程序	教师活动	学生活动	设计意图及教学评价
模块二：探究光的折射规律	4.进行实验： 巡视学生实验，指导学生进行观察、实验和归纳总结。 重点引导： ①光从空气斜射入水中时在什么地方发生偏折？ ②发生偏折的光线是靠近法线还是远离法线？ ③光线垂直界面入射时，传播方向如何？ 5.分析与评估： 组织交流、引导归纳： 请同学们交流一下你们的实验现象及发现、归纳的实验结论以及对实验的改进意见。 教师引导：根据画出的光路图，结合实验，参照光的反射定律总结光从空气斜射入水中时的折射规律。 知识深化：（教师演示） 光从水斜射入空气中时规律一样吗？如何验证？	1.分组实验： 通过自主实验和互动合作，观察、分析、归纳出光的折射规律。（由于学生的实验能力、分析能力、归纳能力正在初步形成，各方面的能力还不够强，所以可能出现对实验不知从何下手，或者是不明确观察和实验的目的，因而在实验中需要老师注意给予一定的引导） 2.交流和归纳结论： 实验完毕，以组为单位请学生归纳实验结论以及对实验的改进意见。 （随机选3组学生代表发言） 积极思考，交流自己的思路。 仔细观察和思考。	培养学生动手操作，获取与处理信息，得出结论，进行交流、评估、反思的能力。 侧重于对科学探究过程中操作的规范性、结论的严谨性、交流的条理性、评估反思的科学性进行评价。 从思路的逻辑性进行评价。 培养学生严谨的科学态度。
模块三：光路的可逆性	问题：如果光线从玻璃、水等其他介质斜射到空气中，根据光路可逆的原理分析，你认为光路将会如何？小组讨论并试着回答。 实验验证猜想的正确性。	积极思考，交流自己的思路。	

（续表）

教学程序	教师活动	学生活动	设计意图及教学评价
模块三：光路的可逆性	师生演示实验（请一位学生参与辅助），突破难点。 要求同学们注意观察现象，老师拿一支红色激光笔将光线从空气射入玻璃砖，光线从玻璃砖另一侧射出，学生拿另一支激光笔逆着红色射出的折射光线射入光线。 	仔细观察和思考。 认真学习，抓住要领，理解本质。	突出问题导向，根据教学重难点及实际教学资源，引导学生不断创新、探索。
能力提升	1. 解释新课引入时的小熊的困惑。 2. 一束光射向一块玻璃砖，画出这束光进入玻璃砖和离开玻璃砖后的大致径迹（注意标出法线）。 	积极思考，交流自己的思路。 认真学习，抓住要领，理解本质。 利用尺规进行规范作图。	培养学生的知识应用能力。 从思路的逻辑性进行评价。 从作图的规范性进行评价。
联系生活	1. 你看到的筷子真的折断了吗？ 2. 渔民怎样才能叉到鱼？为什么？		

（续表）

教学程序	教师活动	学生活动	设计意图及教学评价
联系生活	3.利用多媒体课件展示光路图使其更加形象直观。	认真根据所学知识抓住要领，理解本质。	学以致用，培养学生动手实验的能力、解决实际问题的能力。
拓展知识	播放视频：《三日同辉》；展示图片：海市蜃楼。	认真观看视频讲解及图片，理解现象的产生原因。	使学生初步领略折射现象的美妙，获得对自然现象的热爱、亲近的情感。
课堂小结	请同学们总结一下：通过本节课的学习，你都有什么收获？（知识、能力、态度等方面）	从个人角度谈收获，进行小结、交流，突出本节课重点、难点和方法。	培养学生的梳理、反思能力。从交流的条理性、知识的严谨性进行评价。
课堂达标	练习1：下列哪一幅图正确表示了光从空气进入水中的光路？（ ）A B C D 练习2：打鱼时，渔民能看到的鱼的实际位置，比看到的要_____（选填"高"或"低"）些，或者说_____（选填"深"或"浅"）一些；鱼也能看到渔民，这是因为折射光路是_____的。	独立思考完成。	检验学习效果。

（续表）

教学程序	教师活动	学生活动	设计意图及教学评价
作业布置	1."动手动脑学物理"第3、4题。 2. 预习下一节：《光的色散》。	独立思考完成。	巩固知识，加深理解。

板书设计

§4.4　光的折射

一、定义：光从一种介质斜射入另一介质时，传播方向发生偏折的现象。

二、光的折射规律

三、光的折射现象的解释

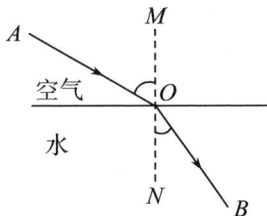

点评

许老师积极引导学生应用已掌握的知识来推理判断以获得新知识，演示实验设计具有很强的直观性和形象性，发展了学生的抽象思维能力，有利于学生对光的折射的理解和掌握。让学生从分组实验中观察现象，总结规律，帮助学生顺利进行知识的过渡和区分。

——孙建智

（正高级教师，山东省特级教师，教育部新时代中小学学科领军教师培养对象，威海市教学能手）

10

光的色散 *

| 课型 | 新授课 | 教材版本 | 沪科版 |

课标要求

《义务教育物理课程标准（2022年版）》P17：

2.3.6 通过实验，了解白光的组成和不同色光混合的现象。

例9 观察红、绿、蓝三束光照射在白墙上重叠部分的颜色。

教材分析

本节是《义务教育教科书物理八年级全一册》（沪科版）第四章第四节《光的色散》。

本节课是学生在学习了光的反射定律、折射规律的基础上进行教学的，知识性要求不高。课标中对本节的要求是："通过实验，了解白光的组成和不同色光混合的现象。"属于"了解、经历"的水平层次。沪科版教材对本节课的编写突出了学生的探究学习过程，不过分强调知识的严密性，符合学生的认知特点。

教材首先安排了一个探究光的色散的实验，能使学生对本节课的学习充满渴望。然后课堂上通过实验探究太阳光通过三棱镜的色散现象，使学生

---

* 本课被评为山东省2021年"一师一优课、一课一名师"活动"优课"。2019年在"沪苏鲁"三地交流活动中进行展示。执教教师为杨靖（济南育英中学教师，曾获济南市市中区优秀教师、教学能手，山东省"一师一优课、一课一名师"活动"优课"，济南市"一师一优课、一课一名师"活动"一等奖"，多次获得区优质课评比一等奖）。

认识到光的色散现象和白光是由红、橙、黄、绿、蓝、靛、紫七种色光组成的。最后，通过实验探究色光的混合规律，知道光的三基色。

本课例适当拓展了光的色散的相关知识，增加了色散现象的原理及单色光、复合光的概念，从而帮助学生建立一个较完整的光的色散的知识体系。

为了降低学生学习的难度，增加学习的趣味性，充分调动学生的积极性和课堂的参与性，本课例把教材内容重新进行了整合，把教材内容融合在了"光的色散——创意无限，寻找彩色光""光的合成——创造无限，营造斑斓色彩""颜色之谜——应用无限，装扮多彩世界"三个板块中。课例中还增加了大量的学生探究实验，将物理知识融于观察实验中，使学生在动手、动脑中学习物理知识，让学生体会到物理之美，体会到物理就在自己身边，从而极大地激发学生学习物理的兴趣。

○ 学情分析 ○

"光的色散"对于当前认知水平的学生来讲是一部分既熟悉又陌生的内容。本节的学习起点是学生对光的色散现象有非常多的感性认识，他们见过彩虹，见过光盘上的彩色光，等等，但是还不能把这些现象与太阳光的分解联系起来。另外，有的学生还有一些认识误区，他们根据经验认为太阳光是单一的色光，认为颜色是物体本身固有的，跟光没有关系。所以，本节课的设计思路就是以学科思维引领，以层层深入的问题引导，设计丰富的学生活动，全面培养学生的核心素养。

○ 教学目标 ○

对于本节，课标中既给出了终结性要求，又给出了达成这一要求的途径：实验。根据课标要求，制订的本节课的教学目标如下：

1. 物理观念

通过实验，了解光的色散现象；了解色光的三基色及色光的混合，能够简单解释五光十色的世界；了解透明和不透明物体的颜色是如何决定的。

2.科学思维与科学探究

经历白光分解为彩色光以及色光混合等的实验操作过程，培养学生细致观察、思考和动手解决问题的能力。

经历用所学知识解决生活中实际问题的过程，提高学生应用知识的能力，体会到学习的价值。

3.科学态度与责任

通过观察、实验，培养学生尊重客观、实事求是的科学态度，并感受成功的喜悦。

在探究性学习活动中，培养学生将自己的见解与他人交流的意识，以及培养学生的团队合作精神。

激发学生进一步探究颜色之谜的兴趣，使学生领略色彩世界的缤纷，感受到热爱自然、亲近自然的美好情感。

教学重点与难点

本节的主要物理知识蕴含于探究活动中，学生探究能力的增长、研究方法的习得与探究过程密不可分，因此本节课的重点是光的色散及色光混合的探究实验。而如何让学生成功地观察到实验现象，顺利地完成本课的两个探究活动是本节教学的难点。

教学流程

教学流程表

教学程序	教师活动	学生活动	设计意图及教学评价
一、光的色散——创意无限，寻找彩色光	环节一：观看视频，引入新课 同学们一定都读过老舍先生的《济南的冬天》。济南给你们的印象可能就是冬天的银装素裹，其实它也是五彩缤纷的。一起来看看。（播放"济南的四季"视频）	学生观看视频。	以让学生欣赏"济南的四季"视频引入新课，能够极大地点燃学生学习本节课的热情。

（续表）

教学程序	教师活动	学生活动	设计意图及教学评价
一、光的色散——创意无限，寻找彩色光	你们感到这种美了吗？这绚丽的色彩都是光带给我们的。 而这么丰富的色光在今天的课堂上你们都能动手找到。让我们推开第一扇彩色大门——创意无限，寻找彩色光。 环节二：寻找彩色光 请你们用1号材料包中的物品（手电筒、泡泡液、光盘、三棱镜），发挥创意，寻找出彩色光。并思考：彩色光是哪来的？ 1号材料包 手电筒　　泡泡液 光盘　　　三棱镜 温馨小贴士： 01 手电筒灯光模拟太阳光。墙壁和天花板可作光屏 02 手电筒的光不要直射眼睛 先来看"温馨小贴士"：手电筒灯光可以用来模拟太阳光；操作过程中一定要耐心尝试、细致观察，哪怕只发现了一丁点彩色光也是成功的。 老师：这个创意很好，操作既简单，现象又很明显。这些彩色光是光盘自己发出的吗？	学生四人一小组开始实验，教师巡视，并给有困难的小组提供帮助。 学生展示自己小组的创意。 小组甲：我们小组对着灯光转动光盘，看到了光盘上有彩色光。 学生：不是。光盘不是光源。	以让学生欣赏"济南的四季"视频引入新课，能够极大地点燃学生学习本节课的热情。

（续表）

教学程序	教师活动	学生活动	设计意图及教学评价
	老师：照在光盘上的光就是彩色光吗？ 老师：原来光盘就能把普通的白光变成彩色光啊！	学生：不是。照在光盘上的是灯光，是白光。 小组乙：我们用吸管吹出了肥皂泡泡，肥皂泡泡的表面有彩色光。（学生说完创意后，给全班同学演示） 学生：我们还没看清楚，肥皂泡泡就飘走了。	通过这样的设问，引发学生对白光与彩色光关系的关注和思考，为后面光的色散现象的教学做好必要的铺垫。
一、光的色散——创意无限，寻找彩色光	老师：同学们能不能想想办法改进一下这个创意，让泡泡停下脚步，让我们把它看清楚？ 老师：同学们提到的方法都很好，请大家按照改进的方案自己亲自动手做一下，观察彩色光。 老师：很好，但这种做法只能让观察者自己看到，同学们能想办法让大家都看到吗？	学生：我们可以用吸管把泡泡吹在装有肥皂水的杯子里，让泡泡都聚集在一起。 学生：为了效果更明显，我们可以用手电筒从杯子的底部往上打灯光。 学生踊跃地做实验，观察现象，气氛活跃。 小组丙：我们透过三棱镜看到了彩色光。 小组丁：我们是用手电筒的光照射三棱镜，调节三棱镜的角度，能在白纸上看到彩色光。（学生边说边演示，其他学生在白纸上看到了彩色光）	学生对实验方案进行评价，并通过自己的思考对方案进行改进、完善。

（续表）

教学程序	教师活动	学生活动	设计意图及教学评价
一、光的色散——创意无限，寻找彩色光	老师：这几个小组的创意都特别出彩，而且也都发现了白光可以变成彩色光。其中有一个小组的创意与伟大的科学家牛顿当年的想法不谋而合了。大家知道是哪个小组吗？对了。就是小组丁。在1666年，牛顿就是利用三棱镜分解了太阳光。我们再重现一下这个创意。老师：漂亮吧，大家伸出手，来触摸一下彩虹吧！数一数，它有哪几种颜色？ 老师：白光被三棱镜分解成了七种色光，这就是光的色散现象。想一想，白光通过三棱镜时为什么会发生色散现象呢？你们来看，白光从空气进入玻璃，再从玻璃进入空气，这是我们之前学过的哪种光现象啊？ 老师：这就是白光通过三棱镜发生色散现象的原因。请再仔细观察，光经过两次折射，偏离了原来的方向，哪种色光偏离的程度最大呢？	学生：红、橙、黄、绿、蓝、靛、紫，共七种颜色。 学生：光的折射。 学生：偏离程度最大的是紫光。	学生在寻找彩色光的过程中，不仅感受到彩色光的存在，更重要的是认识到这些彩色光是由白光分解而来的。在实验的过程中水到渠成地了解了光的色散现象。

教学程序	教师活动	学生活动	设计意图及教学评价
一、光的色散——创意无限，寻找彩色光	老师：偏离程度最小的是哪种光？	学生：红光。	学生根据前面所发现的三棱镜能分解白光的现象，自主研究七种色光是否能再分解的问题，培养学生主动学习的能力。
	老师：三棱镜对不同色光的折射程度不同，这样一来就形成由红到紫排列的七彩光带，叫作光谱。咱们的"大彩虹"是白光射入三棱镜时发生色散形成的，你们能不能解释一下雨后的彩虹又是怎么形成的呢？		
	老师：色散现象让我们知道，看上去单纯的白光其实并不单纯，而是暗藏着各种色光。分解出来的七种色光还能继续再分解吗？应该怎么做？	学生：再放置一个三棱镜。	
	老师：真聪明，牛顿也是这样做的。能或不能，该怎么做？能，会看到什么？那不能呢？我们的科学研究其实就是要这样不断思考，不断尝试探究，可能就会有新的发现。咱们也来做做看。让红光通过三棱镜，看到什么？	学生：还是红光。	
	老师：说明什么？	学生：红光不能再色散了。	
	老师：像红光这样经过三棱镜不能再发生色散的光，叫作单色光；而像白光这样由几种单色光混合而成的光叫作复合光。		

（续表）

教学程序	教师活动	学生活动	设计意图及教学评价
二、光的合成——创造无限，营造斑斓色彩	老师：大家来看，我们的电脑屏幕能把这么色彩缤纷的画面呈现出来，手机、电视屏幕也能做到。可是它们的屏幕真的有这么多颜色吗？咱们用电子显微镜放大屏幕上的颜色看一看。大家发现了什么？ 老师：屏幕上的最小发光点真的只有红、绿、蓝三种色光，那它是如何做到展现缤纷色彩的呢？如果我们也有了这三种色光，大家能不能模拟屏幕创造出更多的色光呢？让我们推开第二扇彩色大门——创造无限，营造斑斓色彩。请你用2号材料包里的物品，试一试吧。 **2号材料包** 红、绿、蓝色透明玻璃纸 温馨小贴士： 01 用手电筒灯光与之配合 02 手电筒的光不要直射眼睛	学生：只有红、绿、蓝三种颜色。 学生四人一小组，利用手电筒和三色透明玻璃纸制造三色光。请一组学生进行展示。学生分别把三张透明玻璃纸放在手电筒灯头上，光透过玻璃纸得到了红、绿、蓝三种色光。	学生经历制造彩色光的过程，在动手、展示、思考、再动手、再展示的过程中，获得新知。
	在展示的过程中，老师继续提问：你们还想让他们创造什么色光？你告诉他们怎么制造？	学生和老师进行有效互动，积极思考，回答老师提出的问题。	用问题串为学生搭建思考的脚手架，培养学生分析现象、总结结论的能力。

教学程序	教师活动	学生活动	设计意图及教学评价
三、颜色之谜——应用无限，装扮多彩世界	老师：还剩下哪两种色光没有合成在一起啊？它俩合成会得到什么光？看看当这三种光互相靠近时，又会合成什么色光？ 老师：看来，只要咱们有了红、绿、蓝这三种色光，经过适当比例的混合，就可以得到其他的色光。这就是屏幕呈现多彩画面的奥秘所在。正是因为这三种色光有这种本领，我们把它们称为三基色。 实验中让白光透过红玻璃纸就得到了红光。为什么？看一下被三棱镜分解的白光，放大版的红玻璃纸，看到什么？和你们做的一样，其余色光呢？再对比一下两次红光的位置，（没有变）其他色光去哪了呢？看来，红色玻璃纸吸收了其他色光，只能让红光透过，就得到了红光。人眼接收到红光，看到它就是红色的。这就是透光物体的颜色之谜了。 老师：前几天我在手机上看到一段很炫酷的视频，分享给大家。瞬间换装，你能做到吗？ 大家猜猜这个演员穿的是什么颜色的衣服吧？	学生提出自己的猜想。	借助视频，引发学生猜想，并设计实验进行验证，提高学生利用科学实验进行论证的意识。

（续表）

教学程序	教师活动	学生活动	设计意图及教学评价
三、颜色之谜——应用无限，装扮多彩世界	是不是这样的呢？咱们利用刚才活动中获得的红、绿、蓝各种色光去照射3号材料包里的物品，来看看吧！ **3号材料包** 温馨小贴士： 01 利用2号材料包获取的彩色光分别照射，观察 02 手电筒的光不要直射眼睛 老师：有答案了吗？她到底穿的是什么颜色的衣服？演示一下。换装成功。 老师：红色衣服难道不行吗？演示一下效果。颜色真不红了。红色衣服还真不行。 老师：看一下视频吧。确实穿的是白色衣服。白色物体可以反射所有色光，这些色光进入眼睛，我们就看到了白色物体了。瞬间换装不是梦想，你我都可以做到。 老师：绿光照在红辣椒上，为啥就不红了呢？ 为了揭开这个谜底，咱们来做个游戏。 老师：红、绿两个气球，用相同的绿色激光同时照射它们，会怎么样呢？	学生分组实验。 学生演示。 	鼓励学生敢于表达自己的观点，能用已有的知识解释新的现象。

（续表）

教学程序	教师活动	学生活动	设计意图及教学评价
	老师：为什么只有红色气球爆了？ 老师：回答得太好了。那绿色气球为什么没爆呢？ 老师：看来，红色的不透光物体只反射红光，其余的光都吸收了，人眼接收到红光，看到它就是红色的。不透光物体的颜色就是由它反射的色光的颜色决定的。 	学生：红色气球吸收了绿光，气球爆了。 学生：绿色气球反射绿光，没有吸收光，所以没有爆。	鼓励学生敢于表达自己的观点，能用已有的知识解释新的现象。
三、颜色之谜——应用无限，装扮多彩世界	老师：绿光照在红辣椒上，它为什么不红了？ 老师：解释得太棒了。气球爆炸时，大家都见识到了激光的威力。激光被称为"最快的刀""最准的尺""最亮的光"。你知道生活中的哪些地方用到了激光吗？ 老师：咱们通过一段视频再来了解一下激光的广泛应用。 从视频中我们可以看到，激光技术已经融入我们生活的方方面面。在未来的岁月中，相信激光会带给我们更多的奇迹。	学生：因为红色辣椒只反射红光，吸收其他色光，绿光照射后，它吸收了绿光，没有光进入眼睛，所以它不红了。 学生举例。	

（续表）

教学程序	教师活动	学生活动	设计意图及教学评价
三、颜色之谜——应用无限，装扮多彩世界	通过这一节课的学习，咱们发现了很多光与色彩的奥秘。美丽而神秘的光和色彩的世界还有数不清的奥秘。比如红、黄、蓝，是颜料的"三原色"，它们混合的规律是什么呢？为什么夏天大多穿浅色衣服，而冬天大多穿深色衣服？交通信号灯为什么用红、黄、绿三色？雾天车辆用的雾灯为什么用黄色？自然界中为什么很少有绿色、黑色的花朵……希望大家课下能继续对这些问题展开研究，寻找答案。		鼓励学生敢于表达自己的观点，能用已有的知识解释新的现象。

点评

　　杨老师以学科思维引领，以层层深入的问题引导，设计了丰富的学生活动，全面培养学生的核心素养。将颜色艳丽的"大彩虹"搬到课堂，这种视觉的冲击，创设了发现问题的情境，充分激发了学生继续探究的热情和兴趣。每个环节中学生都能积极参与到小组活动中，不仅极大地提高了学生的参与度，还拓展了学生的思维广度和深度。

　　　　　　　　　　　　　　　　　　　　　　　　——孙建智

　　（正高级教师，山东省特级教师，教育部新时代中小学学科领军教师培养对象，威海市教学能手）

11

生活中的透镜 *

课型	新授课	教材版本	人教版

课标要求

《义务教育物理课程标准（2022年版）》P17：

2.3.5 了解凸透镜对光的会聚作用和凹透镜对光的发散作用……
了解凸透镜成像规律的应用。

例7 了解凸透镜成像规律在放大镜、照相机中的应用。

教材和学情分析

本节是《义务教育教科书（六·三学制）物理八年级上册》（人教版）第五章第2节《生活中的透镜》。

在前面，学生已经学习了光的折射和透镜的基本知识，已经认识到透镜的基本功能，知道凸透镜的会聚作用和凹透镜的发散作用。下一步将要探究凸透镜成像的规律，但学生对凸透镜能够成什么样的像没有一定的认知，因此，本节课结合几种生活中凸透镜成像的实例，让学生认识到凸透镜可以成不同的像，对其成像特点在头脑中形成初步、生动、具体的感性认识，进而提出与凸透镜成像相关的问题，然后让学生带着问题探究凸透镜成像的规律，为下节课的实验探究做好铺垫。因此，通过本节课的学习，学生将对凸透镜的成像特点有初步的了解。

---

* 本课曾在滨州市教学能手评选活动中作为公开课展示。执教教师为杜静（邹平市教学研究室教师，山东省特级教师，曾获山东省教学能手等称号）。

教学目标

1. 了解凸透镜在日常生活中的应用，认识到物理知识与生活实际是紧密联系的，感受到物理是有用的、有趣的。

2. 经历制作模型照相机的过程，锻炼学生的动手能力，并了解照相机的成像特点。

3. 通过对放大镜和投影仪的探究，了解它们的成像特点，并培养学生的创新能力。

4. 通过观察动画模拟凸透镜成像的过程，能简单描述凸透镜成实像和虚像的主要特征。

教学重点

探究照相机、投影仪和放大镜三种光学仪器的成像特点。

教学难点

对凸透镜成实像和虚像的原理分析。

教学流程

教学流程表

教学程序	教师活动	学生活动	设计意图及教学评价
新课引入	同学们，上节课我们认识了两种透镜，凸透镜和凹透镜，我这里有个透镜（凸透镜），你知道它是什么透镜吗？你是怎样判断的？凸透镜对光线有什么作用？凹透镜呢？透镜在我们的生活中有着广泛的应用，更是许多光学仪器的重要组成部分。哪些仪器中有透镜呢？你知道哪些？今天我们一起来学习几种生活中的透镜。	学生思考讨论。	上课开始的几个问题，既是对上节内容的复习巩固，又为本节课下一步分析凸透镜成实像和虚像的原因做好铺垫。在此基础上，由学生已知的光学元件引入生活中的透镜，非常自然，激发了学生的学习兴趣，体现了由生活走向物理的课程理念。

（续表）

教学程序		教师活动	学生活动	设计意图及教学评价
新课学习模块一：探究放大镜的成像特点。		对放大镜的探究任务： 1. 请你从桌上的器材（凸透镜、盛有水的高脚酒杯、盛有水的小烧杯、玻璃片、胶头滴管）中找出放大镜，你找到了几个？ 2. 放大镜是凸透镜还是凹透镜？ 3. 用放大镜观察课本上的字，与原来相比，字变大了还是变小了？是正立的还是倒立的？ 4. 把放大镜离课本稍远一些，这时看到的字与刚才相比更大了还是更小了？ 5. 你还发现了什么？	学生实验探究、汇报，师生交流。	系列化的探究学习任务，可以激发学生的学习兴趣，增强学生的体验，使学生获得更深刻、更丰富的感性认识，并培养学生细心观察和勇于发现的意识及创新能力。
模块二：探究照相机的成像特点	自学照相机的成像过程	请同学们阅读课本"照相机"部分内容，并思考以下问题。 1. 照相机的镜头相当于哪种透镜？ 2. 照相机在胶片上呈现的是什么样的像？请画出课本图5.2-1甲中树在照相机胶片上所成的像。 3. 照相机的成像过程是怎样的？	自学讨论。	培养学生的阅读能力和思考能力。
	制作模型照相机	1. 根据课本中提供的模型照相机的制作方法，选择合适的器材进行制作。 2. 利用手中的"照相机"给彩灯拍照，并描述像的形状。	学生分组制作，并展示交流。	既锻炼学生的动手能力，又可以使学生深刻地感知到凸透镜的成像特点。

（续表）

教学程序	教师活动	学生活动	设计意图及教学评价
模块三：探究投影仪的成像特点	演示：将白炽灯接入家庭电路中，注意观察灯泡灯丝的大小和开口方向，然后用一个凸透镜将灯丝的像呈在天花板上。然后阅读课本"投影仪"部分内容。	学生思考自学。	培养学生认真观察、勤于思考的好习惯。
模块四：凸透镜成实像、虚像的原因分析	动画模拟展示物体在不同位置时特殊光线经凸透镜的成像情况，让学生通过动画观察像的形成过程，分析比较实像和虚像。	观察思考。	培养学生思考问题的能力。
课堂小结	请同学们总结一下：通过本节课的学习，你有什么收获？	从知识、能力及学习体验等方面多维度进行小结、交流，说出本节课学习的感受或感悟。	培养学生对课堂知识的整合能力，并升华学习情感。
课堂达标		独立思考完成。	检验学习效果。
作业布置		独立思考完成。	巩固知识，加深理解。

板书设计

生活中的透镜

照相机　　凸透镜　　倒立　　缩小　　实像

投影仪　　凸透镜　　倒立　　放大　　实像

放大镜　　凸透镜　　正立　　放大　　虚像

点评

杜老师通过系列化的探究学习任务，激发了学生的学习兴趣，增强了学生的体验，使学生获得更深刻、更丰富的感性认识，并培养了学生细心观察和勇于发现的意识及创新能力，还培养了学生的阅读能力、思考能力和对课堂知识的整合能力，升华了学习情感。

——孙建智

（正高级教师，山东省特级教师，教育部新时代中小学学科领军教师培养对象，威海市教学能手）

12

凸透镜成像的规律*

| 课型 | 新授课 | 教材版本 | 人教版 |

课标要求

《义务教育物理课程标准（2022年版）》P17：

2.3.5　探究并了解凸透镜成像的规律。

要求学生通过实验探究凸透镜成像规律。例如，通过光源、凸透镜、光屏在光具座上的具体位置，比较物距、像距关系，总结归纳凸透镜成像的特点。

教材分析

本节是《义务教育教科书（六·三学制）物理八年级上册》（人教版）第五章第3节《凸透镜成像的规律》。

本节内容是本章的核心，它是前面《透镜》《生活中的透镜》知识的延伸和升华，同时又是学习《眼睛与眼镜》《显微镜和望远镜》的理论基础，体现了课标"从生活走向物理，从物理走向社会"的思想，在教材中起着承上启下的重要作用。同时，新课标将"探究凸透镜成像的规律"实验作为学生必做实验，要求学生探究并掌握凸透镜成像的规律，通过自主探究过程，

---

*执教教师为林芹（枣庄市第四十中学教师，山东省物理竞赛优秀辅导教师，2023—2025枣庄市教材教辅审查专家，曾获山东省优秀作业设计奖、枣庄市青少年科技创新大赛辅导员一等奖、枣庄市单元教学设计一等奖、山亭区初中教师教学基本功一等奖等）。

初步了解从实验到分析再到归纳的科学探究方法，提高学生的观察能力、动手能力和交流合作能力。

学情分析

学生通过前面的学习，已对凸透镜成像的性质有所了解，能初步理解实像和虚像的不同，掌握物距、像距等基本物理概念，这为本节的学习做好了知识性的储备；在技能方面，通过前面小孔成像和平面镜成像的实验，学生已经对光学实验的探究有了一定的基础，也具备了利用刻度尺准确测量数据的能力，这为本节课的学习做好了充分准备；在学习心理方面，学生已具备了一定的观察和分析归纳能力，通过实验让学生充分发挥自己的潜能，去探究、交流和思考，完成对凸透镜成像规律的认识。

教学目标

1. 通过实验探究，知道凸透镜所成像的虚实、正倒、大小与物体位置的关系，进一步理解实像和虚像的概念。

2. 通过小组讨论，能应用凸透镜成像规律解决一些简单的实际问题。

3. 通过对知识的整合，提高学生的归纳能力，对规律进行分析、应用的能力。

教学重点

对凸透镜成像规律的认识和理解。

教学难点

运用凸透镜成像规律解决实际问题。

教学流程

教学流程表

教学程序		教师活动	学生活动	设计意图及教学评价
创设情境导入新课		播放短视频：神奇的隐身术。 提问：为什么会出现隐身现象？	仔细观察并动脑思考。	开阔学生眼界，激发学生学习兴趣。
新课学习模块一：凸透镜成像现象		1. 特殊光线作图：介绍相关名词（光心、焦点、二倍焦点、焦距、二倍焦距）。 2. 明确两点、三段： 两点：F点（$u=f$）、P点（$u=2f$）； 三段：$u>2f$、$f<u<2f$、$u<f$。	仔细观察光线作图过程，认识相关名词。 知道两点、三段的位置。	为凸透镜成像规律的探究做好铺垫。
模块二：探究凸透镜成像的规律	启发猜想	小体验： 1. 手拿凸透镜放在课本封面"物理"两个字上，慢慢远离，观察成像的变化。 2. 再用同样的凸透镜观察老师、窗外的物体，所成的像一样吗？ 3. 用两个不同的凸透镜观察老师，老师的像有变化吗？ 提问：凸透镜成像遵循什么规律呢？	仔细观察像的大小、正倒、虚实。	培养学生敢于猜想、理性分析、归类探究的意识与能力。

教学程序		教师活动	学生活动	设计意图及教学评价
模块二：探究凸透镜成像的规律	启发猜想	首先请同学们根据刚才的实验观察结合已有的生活经验进行猜想。 猜想归类： 一是像的大小关系； 二是像的正倒关系； 三是像的虚实关系。	积极思考，大胆猜想，交流展示。	
	动手探究	实验器材：_____ 实验要求： 1. 器材安装顺序从左到右依次是F形光源、凸透镜、光屏，安装时调整三者中心使其大致在同一高度。 2. 将F形光源由远及近靠近凸透镜的过程中，找8个点固定，来回移动光屏，当光屏上承接的像最清晰时，记录物距u、像距v和像的性质。 带着问题继续实验，补充表格。	分组探究： 实验一：探究像与物的大小关系； 实验二：探究像的正倒； 实验三：探究像的虚实。	培养学生动手操作，获取与处理信息，得出结论，以及对科学探究过程和结果进行交流、评估、反思的能力。

物距 u/cm	像距 v/cm	像的性质		
		正倒	大小	虚实

（1）在实验中，你能发现放大的像和缩小的像的分界点在什么位置吗？

教学程序		教师活动	学生活动	设计意图及教学评价
模块二：探究凸透镜成像的规律	归纳总结	（2）在实验中，你能发现实像和虚像的分界点在什么位置吗？ （3）什么情况下像和物体在凸透镜两侧？什么情况下像和物体在凸透镜同侧？ （4）当凸透镜成实像时，随着物距的减小，像距是怎样变化的？ 当凸透镜成虚像时，随着物距的减小，像距是怎样变化的？ （5）当成实像时，如用手挡住凸透镜的下半部，猜一猜，光屏上的像可能有什么变化？ 【思维拓展，相互答疑】（指向教学目标3） 说一说实验过程中存在的问题，组内、组间合作，共同答疑！ 根据实验数据及观察到的现象，归纳得出实验结论。 组织交流，引导归纳。	全班展示交流。 小组内反思实验过程，找出不足与改进措施，确保组内成员全部掌握重点。 【归纳总结】 凸透镜成像规律： 一焦定虚实， 二焦分大小； 虚像同侧正， 实像异侧倒； 实像物近像变大， 虚像物近像变小； 像的大小像距定， 像儿跟着物体跑。 自己针对实验过程中的表现作出评价。 我能得＿＿＿＿	培养学生根据现象总结规律的能力。 培养学生分析论证、总结归纳的能力。 操作性评价标准： 能正确进行操作，并得出正确结论，评价等级为A； 基本完成操作，并能得到正确结论，评价等级为B； 无法完成或结论不正确的，评价等级为C。

教学程序	教师活动	学生活动	设计意图及教学评价
模块二：探究凸透镜成像的规律	提出问题：照相馆里要给七口之家拍全家福，像太小了，怎么操作才能使像变大？ 实践应用 巩固检测： 1. 在探究凸透镜成像规律时，应先将凸透镜的光心、光源的中心、光屏的中心调整到_____，这样才能使像成在_____。 2. 将点燃的蜡烛沿凸透镜的主光轴，从大于2倍焦距处逐渐向透镜移动时，在光屏上可先观察到_____、_____的实像，当蜡烛移到距凸透镜2倍焦距时可观察到_____、_____的实像，接着移动蜡烛可观察到_____、_____的实像，最后在光屏上观察不到像了，可在凸透镜的另一侧观察到_____、_____的虚像。 3. 将一个凸透镜正对着太阳光，在距凸透镜20 cm的纸上得到一个很小的亮斑。当将一个物体放在距这个透镜50 cm处时，在凸透镜的另一侧可以得到（　　） A. 倒立、放大的实像 B. 倒立、缩小的实像 C. 正立、放大的实像 D. 正立、缩小的实像	积极思考，交流展示。 认真学习、理解。 我能得_____	培养学生的知识应用能力。 培养学生严谨的科学态度。 从答题规范性进行评价。 纸笔性评价标准：规范答对10个空以上得A，对6个空以上得B，其余得C。

（续表）

教学程序	教师活动	学生活动	设计意图及教学评价
联系生活	动画演示： （一）科技中的物理：神奇的隐身术； （二）生活中的物理：照相机、投影仪、放大镜。 任务：请大家课后继续搜集生活中有关凸透镜成像规律应用的实例。	认真观看，积极思考。解释"隐身"的奥秘。	培养学生关注科学技术、自然环境、人类生活和社会发展的意识。
课堂小结	请同学们总结一下：通过本节课的学习，你都有什么收获?（知识和能力两个方面）	小结、交流。	培养学生的梳理反思能力。
课堂达标	学历案：A组。	独立思考完成。	检验学习效果。
作业布置	（一）基础巩固 1. 关于凸透镜成像，下列说法正确的是（ ） A.只能成实像 B.只能成虚像 C.可以成实像，也可以成虚像 D.一定不能成像 2. 小宇在做"探究凸透镜成像规律"的实验，其实验装置的示意图如图所示。a、b、c、d、e是主光轴上的5个点，F点和$2F$点分别是凸透镜的焦点和2倍焦距点。 $\begin{matrix} a & b & c & d & e \\ \bullet & \bullet & \bullet & \bullet & \bullet \end{matrix}\ \ \ |O\ \ \ \bullet\ \ \ \bullet \\ 2F\ \ \ F\ \ \ \ \ \ \ \ \ F\ \ \ 2F$ （1）在a、b、c、d、e这五个点中： ①把烛焰放在____点上，可以成正立、放大的虚像。	独立思考完成。	巩固知识，加深理解。

教学程序	教师活动	学生活动	设计意图及教学评价
作业布置	②把烛焰放在____点上，成像最小。 ③把烛焰放在____点上的成像规律是照相机原理。 ④把烛焰放在____点上的成像规律是投影仪原理。 （2）如果把蜡烛从 a 点移到 d 点，像到凸透镜的距离_____，像的大小____。 （二）课后实践 展示图片：根据监控摄像头拍出的一组照片，判断车辆是靠近还是远离。请你调查车辆违章的相关知识。 A B	课后调查，形成报告。	培养学生遵守交通规则的社会责任感。

板书设计

凸透镜焦距 $f=10\ cm$

物距 u	像距 v	像的性质			物、像与透镜的位置关系	应用
		正倒	大小	虚实		
$u>2f$						
$u=2f$						
$f<u<2f$						
$u=f$						
$u<f$						

点评

林老师培养了学生敢于猜想、理性分析、归类探究的意识与能力，也培养了学生动手操作，获取与处理信息，得出结论以及对科学探究过程和结果进行交流、评估、反思的能力，培养了学生关注科学技术、自然环境、人类生活和社会发展的意识。

——孙建智

（正高级教师，山东省特级教师，教育部新时代中小学学科领军教师培养对象，威海市教学能手）

13

眼睛和眼镜 *

课型	新授课	教材版本	鲁科版

课标要求

《义务教育物理课程标准（2022年版）》P17：

2.3.5　了解凸透镜对光的会聚作用和凹透镜对光的发散作用。探究并了解凸透镜成像的规律。了解凸透镜成像规律的应用。

例8　了解人眼成像的原理，了解近视眼和远视眼的成因与矫正方法。具有保护视力的意识。

教材分析

本节是《义务教育教科书（五·四学制）物理八年级上册》（鲁科版）第四章第四节《眼睛和眼镜》。

本节课与我们的生活息息相关，既是凸透镜成像规律的应用，同时也是凸透镜成像规律的拓展。眼睛是人体重要的感觉器官，因此本节还涉及生物学科知识。它是在学生认识凸透镜的会聚作用和凹透镜的发散作用、了解凸透镜的应用、探究凸透镜成像规律后的一个与人们生活密切相关的内容。

学情分析

学生已经在生物课上学习了眼睛的相关知识，但学生只是生硬地记住了

---

* 本课获2023年淄博市张店区优质课一等奖，2023年张店区优秀课例。执教教师为毕研君（淄博市张店区齐盛学校教师，曾获2023年淄博市张店区优质课一等奖、2021年淄博市优秀作业设计一等奖、2020年淄博市首批"三个课堂"课例评选一等奖、2016年指导淄博市中小学生实验课题创新研究一等奖等）。

近视的成因和矫正，并未从成像原理的角度进行探究，因此学生对于为什么眼睛看近处时晶状体变厚，看远处时晶状体变薄等问题还有很多疑惑。

教学目标

1.通过探究能说出眼睛看清近处和远处的原理。
2.通过探究能说出近视眼和远视眼的成因及矫正方法。
3.通过模拟做验光师提高保护眼睛的意识。

教学重点

正常眼睛看清近处和远处的原理以及近视眼、远视眼的成因和矫正方法。

教学难点

探究近视眼和远视眼的成因及矫正方法。

教学流程

教学流程表

教学程序	教师活动	学生活动	设计意图及教学评价
视力调查，引入新课（3 min）	展示视力调查表，播放采访视频。近视给我们的生活和学习带来了很多不便，当出现近视时一定要及时配戴眼镜。在配眼镜时，验光师会为我们进行验光，今天我们就来模拟做验光师，帮助我们眼睛出现问题的同学矫正视力。引入课题《眼睛和眼镜》，展示学习目标。	观看视力调查情况和采访视频，了解班级同学的近视情况，明确学习目标。	让学生了解目前班级的近视情况，了解导致近视的不良习惯，感受保护视力的紧迫性。

（续表）

教学程序	教师活动	学生活动	设计意图及教学评价
学习验光师必备知识一：眼球的结构（4 min）	1. 以小检测的形式复习回顾眼球的结构。 2. 提问：眼睛是如何看到物体的？ 3. 人的眼睛像我们前面学习的照相机，照相机是通过调节镜头到底片的距离来实现照近景和远景的，人的眼睛是通过晶状体的调节来看清近景和远景的，如何调节呢？接下来我们进入下一个学习环节。	一位同学上台展示，其他同学思考回顾眼球的结构，回答眼睛看到物体的原理。	通过小检测可以检验学生对于眼睛知识的掌握情况，同时也起到了复习巩固的作用，为后面的学习做好铺垫。
学习验光师必备知识二：正常眼睛看清近处和远处的原理（6 min）	1. 通过观看视频的形式介绍水透镜。 2. 用水透镜模拟正常眼睛的晶状体，探究正常眼睛看清近处和远处的原理，引导学生总结出实验结论。 实验步骤： （1）先向水透镜中注水，使它成为凸透镜，通过调节装置，使光屏上得到清晰的像； （2）保持光屏和水透镜的位置不变，让物体远离水透镜，通过调节水透镜的厚度使光屏上重新得到清晰的像； （3）保持光屏和水透镜的位置不变，让物体靠近水透镜，通过调节水透镜的厚度使光屏上重新得到清晰的像。 	1. 学习使用水透镜。 2. 分组实验，按照实验步骤探究正常眼睛看清近处和远处的原理并完成实验结论。	借助水透镜，使学生明白晶状体的调节原理，分组实验探究体现了科学探究的物理核心素养。

教学程序	教师活动	学生活动	设计意图及教学评价
学习验光师必备知识三：近视眼的成因及矫正（6 min）	1. 让戴着眼镜的同学摘下眼镜看远处的物体，再看近处的物体，回答近视眼的症状是什么。 2. 让学生分组探究近视眼的成因及矫正，并总结出实验结论。 实验步骤： （1）将一个近视眼镜放在凸透镜前面，将F形光源放在距离凸透镜较远的位置，移动光屏使光屏上出现一个清晰的像，拿掉近视眼镜，此时光屏上的像变模糊，相当于近视眼，将光屏底座位置固定，取下光屏，前后移动，找到清晰像的位置。 （2）矫正近视眼。将光屏重新安装在底座上，在凸透镜前放置一个初始状态的水透镜，并进行抽水或注水，直到光屏上的像变得清晰。 	1. 完成小实验，能说出近视眼的症状：能看清近处的物体，看不清远处的物体。 2. 分组探究近视眼的成因及矫正，并总结出：近视眼成的像在视网膜的前方，要配戴凹透镜进行矫正。	通过分组实验，使学生经历实验探究过程，提高科学探究能力和科学思维能力。
学习验光师必备知识四：远视眼的成因及矫正（6 min）	1. 根据近视眼的症状让学生猜想远视眼的症状。 2. 让学生分组探究远视眼的成因及矫正，并总结出实验结论。 实验步骤：	分组探究远视眼的成因及矫正，并总结出：远视眼成的像在视网膜的后方，要配戴凸透镜进行矫正。	经历实验探究过程，提高科学探究能力和科学思维能力。

教学程序	教师活动	学生活动	设计意图及教学评价
学习验光师必备知识四： 远视眼的成因及矫正 （6 min）	（1）将一个远视眼镜放在凸透镜前面，将F形光源放在距离凸透镜较近的位置，移动光屏使光屏上出现一个清晰的像，拿掉远视眼镜，此时光屏上的像变模糊，相当于远视眼，将光屏底座位置固定，取下光屏，前后移动，找到清晰像的位置。 （2）矫正远视眼。将光屏重新安装在底座上，在凸透镜前放置一个初始状态的水透镜，并进行抽水或注水，直到光屏上的像变得清晰。 		
模拟做验光 （3 min）	1. 找一位近视的同学，先摘掉眼镜看视力表，再戴上水透镜，利用所学的知识通过抽水或注水调整水透镜，直到能看到最清晰的像。 2. 引导学生要保护视力，为了保护视力，我们应该怎么做呢？	1. 利用水透镜进行视力矫正。 2. 思考并回答如何保护视力。	借助水透镜能重新看清物体时，同学们的内心是非常震撼又惊喜的。

（续表）

教学程序	教师活动	学生活动	设计意图及教学评价
课堂小结（3 min）	请同学们完成学案中的表格。 		症状	成因	成像位置	矫正方法
---	---	---	---	---
近视眼				
远视眼						完成表格，并展示。	以表格的形式总结巩固。
当堂达标检测（6 min）	当堂达标检测 （满分：20分，时间：6 min） 一、基础巩固（第1、2、3题每题3分，第4题4分，共13分） 1. 如图所示是一束平行光照射到眼睛时的情形，则（　　） A. 这是近视眼，应该配戴凹透镜来矫正 B. 这是近视眼，应该配戴凸透镜来矫正 C. 这是远视眼，应该配戴凹透镜来矫正 D. 这是远视眼，应该配戴凸透镜来矫正 2. 如图所示是一位视力缺陷者的眼球成像示意图，他的视力缺陷类型及矫正视力应该配戴的透镜种类是（　　） A. 远视眼，凸透镜 B. 远视眼，凹透镜 C. 近视眼，凹透镜 D. 近视眼，凸透镜	进行自我评价： 完美　　20分 优秀　　16～19分 良好　　12～15分	自我评价，了解自己的当堂掌握情况。

108

（续表）

教学程序	教师活动	学生活动	设计意图及 教学评价
当堂达标检测 （6 min）	3. 如图所示的四种情境中，能正确表示近视眼成像情况和矫正方法的是（　　） 甲　　乙 丙　　丁 A. 乙和甲　　B. 丙和甲 C. 乙和丁　　D. 丙和丁 4. 2024年6月6日是第29个全国"爱眼日"。近年来青少年近视眼患病率呈上升趋势，需要配戴_____透镜制作的眼镜进行视力矫正，这种透镜对光线有_____作用。 二、能力提升（第1题3分，第2题4分，共7分） 1. 如图所示，将凸透镜看作眼睛的晶状体，光屏看作眼睛的视网膜，烛焰看作被眼睛观察的物体。拿一个近视眼镜给"眼睛"戴上，光屏上出现烛焰清晰的像，而拿走近视眼镜，烛焰的像变得模糊。在拿走近视眼镜后，为了能在光屏上重新得到清晰的像，下列操作可行的是（　　）		自我评价，了解自己的当堂掌握情况。

（续表）

教学程序	教师活动	学生活动	设计意图及教学评价
当堂达标检测（6 min）	A. 将蜡烛远离凸透镜 B. 将光屏或蜡烛远离凸透镜 C. 将光屏靠近凸透镜 D. 将光屏和蜡烛同时靠近凸透镜 2. 小明将一支点燃的蜡烛放在凸透镜前，光屏上得到了烛焰清晰的像。然后他在蜡烛和凸透镜之间放置了一个远视眼镜片，如图所示，由于远视眼镜片对光线有_____作用，所以光屏上烛焰的清晰像变模糊了。若想在光屏上重新得到清晰的烛焰像，他可将光屏_____凸透镜。		自我评价，了解自己的当堂掌握情况。
作业布置	（一）基础巩固 1. 人眼的晶状体和角膜的共同作用相当于凸透镜，如图所示，关于近视眼与远视眼的成因及矫正，下列说法正确的是（　　） 甲　　　乙 A. 甲为近视眼，可配戴凹透镜矫正 B. 甲为远视眼，可配戴凸透镜矫正 C. 乙为近视眼，可配戴凸透镜矫正	独立思考完成。	分层练习，巩固知识，使不同层次学生都能学有所获。

（续表）

教学程序	教师活动	学生活动	设计意图及教学评价
作业布置	D. 乙为远视眼，可配戴凹透镜矫正 2. 近期，小郭同学发现自己看书时，为了看清书上的文字，眼睛和书之间的距离与视力正常时相比越来越近了。下列分析正确的是（　　） A. 小郭患上了远视眼 B. 小郭眼睛的晶状体变薄了，折光能力变弱 C. 小郭看远处的物体时，像将成在视网膜后方 D. 配戴由合适的凹透镜制成的眼镜可帮助小郭矫正视力 3. 如图所示，人的眼睛是一架"神奇的照相机"，图中的_____相当于照相机的镜头；视网膜上得到的是_____的实像。 4. 如图所示是两束激光分别射向并通过甲、乙、丙三个透镜的传播路径。由图可知甲透镜是_____透镜，乙透镜是_____透镜，丙透镜可以用作_____（选填"近视眼"或"远视眼"）的矫正。 	独立思考完成。	分层练习，巩固知识，使不同层次学生都能学有所获。

（续表）

教学程序	教师活动	学生活动	设计意图及教学评价
作业布置	（二）能力提升 用身边的器材尝试做一个水透镜，并利用水透镜矫正视力。	用手机录制制作过程视频。	增强动手能力和科学探究能力。

板书设计

4.4　眼睛和眼镜

	晶状体形状	矫正
正常眼睛		
近视眼		
远视眼		

点评

毕老师两次借助水透镜进行实验探究，一次使学生明白晶状体的调节过程，另一次借助水透镜使近视的学生重新看清物体，学生非常震撼和惊喜，活跃了课堂气氛，体现了科学探究的物理核心素养。通过分组实验，使学生经历实验探究过程，提高科学探究能力和科学思维能力。

——孙建智

（正高级教师，山东省特级教师，教育部新时代中小学学科领军教师培养对象，威海市教学能手）

质量及其测量 *

| 课型 | 新授课 | 教材版本 | 鲁科版 |

课标要求

《义务教育物理课程标准（2022年版）》P10：

1.2.2　知道质量的含义。会测量固体和液体的质量。

例5　列举质量为几克、几十克、几百克和几千克的一些物品，能估测常见物体的质量。

教材分析

本节是《义务教育教科书（五·四学制）物理八年级上册》（鲁科版）第五章第一节《质量及其测量》。

本节内容是在学生学习了机械运动、声、光等知识之后，介绍质量的相关知识，为学习八年级下册的力学部分打基础。质量是物理学中的一个基本概念，是物体的一种属性，是物体惯性大小的量度，又与能量有联系，是以后学习的基础。通过本节学习，要初步认识、建立质量的概念，会正确使用天平测量固体的质量。在学习的过程中，让学生切实进入概念的认识过程之中，进而初步体验认识质量的意义和价值。在学生应用这些知识去解释日常生活中的一些物理现象、解决某些简单问题的同时，让他们去体验坚持实事求是科学态度的重要性。

---

* 本课被评为2016年山东省初中物理学科德育优秀课例展评活动二等奖。执教教师为许东（淄博市周村区城北中学教师，获评周村区学科带头人、教学能手、骨干教师、优秀青年教师、优秀班主任等）。

学情分析

八年级学生好奇心较强，并且具备了一定的观察、实验和分析归纳能力，但思维方式还是比较形象，欠缺对问题的深入思考及理性的思维过程。对于托盘天平的使用，动手操作部分学生基本可以完成，但对于为什么要这样使用还会产生一些疑惑。多数学生能简单描述所观察的物理现象，能在实验探究中发现问题，具有初步的观察能力和提出问题的能力；大多数学生能口头表述自己的观点，具有初步的信息交流能力。学习本节内容，能提高学生学习物理的兴趣，增强克服困难的信心和决心，能将自己的见解与他人交流，敢于提出与别人不同的见解。

教学目标

1. 初步知道质量的概念及其单位。

2. 通过实际操作，掌握天平的使用方法。

3. 学会测量固体和液体的质量。

4. 通过观察、实验，认识质量是不随物体的形状、状态、位置而变化的物理量。

5. 通过天平使用的技能训练，培养学生严谨的科学态度与协作精神。

教学重点

质量的含义和托盘天平的使用。

教学难点

测量固体和液体的质量。

教学流程

教学流程表

教学程序	教师活动	学生活动	设计意图及教学评价
新课引入	在大家的课桌上有个袋子，里面有跳棋、三角板、铁块、铁钉、小木块、大木块6个物品，请4人一组，小组合作将袋子内的物体分一下类，并说明你这样分类的原因。	小组合作，完成分类，并说明理由。	从身边物品入手，激发学习兴趣。
新课学习模块一：质量	1. 请同学们自学课本第102页，回答下列问题：通常用哪个字母表示质量？质量的基本单位是什么？常用的质量单位还有哪些？它们之间的换算关系是什么？	自学课本回答问题。	培养学生的自学能力，了解质量的基础知识。
	2. 千克原器的介绍。 3. 下面我们挑战一下自己。（1）1 kg 的棉花和 1 kg 的铁块相比较，下列说法正确的是（ ）A. 棉花所含物质较多 B. 铁块所含物质较多 C. 棉花和铁块所含物质一样多 D. 无法比较棉花和铁块所含物质的多少（2）2 t=___kg 3 kg=___g 6 000 mg=___g	学生通过视频了解千克原器。 学生自主完成巩固练习。	进行物理学史的渗透。 当堂巩固新知识。
	4. 阅读课本102页的"小资料"，了解一些物体的质量。	阅读课本拓宽知识面。	通过自己体重的变化，渗透感恩教育。

（续表）

教学程序	教师活动	学生活动	设计意图及教学评价
模块二：质量的测量	1. 提问：桌面上橡皮泥的质量大约是多少？如果想测量橡皮泥的质量，需要什么工具？ 2. 介绍生活中的秤。	通过猜想，让学生想到用天平测质量。 学生了解生活中的秤及其演变过程。	培养学生敢于猜想、勇于尝试的意识与能力。 让学生体会到科技进步给生活带来的变化。
模块三：天平的使用	1. 自学天平的结构，完成知识点填空。 2. 强调天平使用的注意事项。 3. 学生分组实验，测量：橡皮泥的质量，变形后橡皮泥的质量；烧杯和水的质量，糖的质量，把糖加入水中的总质量。 4. 包装完好的淄博特产周村烧饼，位置高变了，质量会不会改变？	认真观察天平的结构，自主完成填空。 分组实验，记录测量的数据。 分析实事，得出质量不随形状、位置改变而改变的结论。	培养学生仔细观察的习惯。 注意实验的严谨性和实验安全。 培养学生合作实验的意识和动手能力。 让学生关注家乡的美。
德育渗透	通过一段视频，了解古人对秤的理解。	希望大家通过不断的学习、完善、修正自己的"砝码"，努力成为一个更加优秀的人。	在物理课堂中进行德育渗透。
课堂小结	请同学们总结一下：通过本节课的学习，你都有什么收获？（知识和能力两个方面）	从知识和能力两个方面的收获进行小结、交流。	培养学生的梳理反思能力。 从交流的条理性、知识的严谨性进行评价。
作业布置	1. 如何称出一枚大头针的质量？设计出你的实验方案，并到实验室实际测一测。 2. 了解案秤的工作原理和使用方法，尝试用案秤测量常见物体的质量。	独立思考完成。 动手尝试实验。	巩固知识，培养学生的物理实验习惯。

板书设计

质量及其测量

1.定义：物体所含物质的多少。

2.单位：1 t=1 000 kg　1 kg=1 000 g　1 g=1 000 mg

3.天平的使用

点评

许老师培养了学生的自学能力，进行了物理学史的渗透；培养了学生敢于猜想、勇于尝试的意识与能力，让学生体会到科技进步给生活带来的变化；培养了学生合作实验的意识和动手能力。许老师还注意实验的严谨性和实验安全，并在物理课堂中进行了德育渗透。

——孙建智

（正高级教师，山东省特级教师，教育部新时代中小学学科领军教师培养对象，威海市教学能手）

15

质量 *

| 课型 | 新授课 | 教材版本 | 人教版 |

课标要求

《义务教育物理课程标准（2022年版）》P10：

1.2.2 知道质量的含义。会测量固体和液体的质量。

例5 列举质量为几克、几十克、几百克和几千克的一些物品，能估测常见物体的质量。

P28测量类学生必做实验：

4.1.1 用托盘天平测量物体的质量。

例1 用托盘天平测量小木块和杯中水的质量。

教材分析

本节是《义务教育教科书（六·三学制）物理八年级上册》（人教版）第六章第1节《质量》。

本节内容包括四部分知识，即"质量的概念""质量的单位""用天平测质量""质量是物体的一种属性"。教材首先以学生熟悉的铁锤和铁钉为例，通过比较它们所含物质的多少，引出质量的概念，接着介绍了质量的单位，又列举了一些物体的质量，目的是让学生对质量的单位形成较具体的观念。

---

* 本课被评为博兴县优质课一等奖，博兴县高效课堂教学研讨会公开课，滨州市优质课一等奖。执教教师为顾红丽（博兴县第六中学教师，曾获滨州市教学先进个人，博兴县教学能手、优秀教师、教学先进个人等称号）。

质量是物理学中的一个基本概念，在初中阶段对质量概念讲得很浅显，只是简单地让学生认识到它是物体所含物质的多少。虽然这并不是质量的严格定义，但教学中不必过分强调。对于物体的质量不随位置、形状、物态的变化而改变的问题，应引导学生通过观察、实验等活动形成初步的认识。天平作为一种较复杂的测量工具，是后续实验中的重要仪器，也是社会生活中的一种常用测量工具。

学情分析

八年级学生好奇心较强，并且具备了初步的研究问题的能力，但思维方式还是比较形象，欠缺对问题的深入思考及理性的思维过程。对于托盘天平的使用，动手操作部分学生基本可以完成，但对于为什么要这样使用还会产生一些疑惑。

教学目标

1. 知道质量的含义，知道质量的单位并会进行换算。

2. 知道质量是物体的一种属性，它不随物体的位置、状态、形状的变化而变化。

3. 了解常见的测量质量的工具，会正确使用托盘天平测物体的质量。

4. 通过观察和操作，让学生学会托盘天平的使用方法。在天平的使用过程中，让学生进一步体会使用测量工具的基本方法。通过对托盘天平的调节和使用，培养学生认真操作、自觉遵守操作规范的良好习惯。

教学重点

质量的概念；托盘天平的使用方法。

教学难点

质量是物体本身的一种属性。

教学流程

教学流程表

教学程序	教师活动	学生活动	设计意图及教学评价
新课引入	播放图片并通过给常见物品分类，导入质量的概念。 请同学们给桌面上的物体分类，并说出理由。铁锤和铁钉都是由哪种物质组成的？这两个物体又有什么不同之处？物体为什么会有"轻重"的不同呢？	根据教师提出的问题，积极思考并初步认识组成物体的物质有多少的不同。	从身边熟悉的物品入手，激发学生的兴趣。
新课学习 模块一： 质量的概念	逐步引导学生认识组成物体的物质有多少的不同，引入质量的概念。 板书：物体所含物质的多少叫质量（m）。 通过举例和亲身体验铁锤和铁钉的不同比较物体的质量大小，巩固对概念的认识。	学生体会物体所含物质越多，质量就越大的观念。	培养学生的观察概括能力。
模块二： 质量的单位	通过常见物品图片，引导学生认识质量的单位。 "千克"是质量的基本单位，介绍千克的由来及规定；体验质量为1 kg的物体的质量。认识常用单位"吨""千克""克""毫克"，以及不同单位间的换算关系。	学生认真观看图片，感知"千克"等单位的大小，学会简单的单位换算。	培养学生的观察估测能力。
模块三： 质量的测量	活动一：简单介绍日常生活中常见的测量质量的工具。 活动二：对照天平，通过自己阅读天平的使用说明书，认识天平各部位的名称，并尝试了解天平的使用方法和注意事项。	认识生活中常见的测量质量的工具。体验生活处处有物理的理念。积极思考并回答老师提出的问题，小组间展开竞争。	从身边常见的各种"秤"出发，感受身边的物理知识。培养学生的自学能力，学会并养成阅读说明书的习惯。

（续表）

教学程序	教师活动	学生活动	设计意图及教学评价
模块三：质量的测量	活动三：重点引导学生学习托盘天平的使用。（1）介绍天平的构造和铭牌。（2）和学生一起探讨天平的具体使用方法，教会学生如何使用托盘天平称量物体的质量。 活动四：学生实验，教师巡回指导。	学生分组完成测量任务。	通过小组竞争的方式，激发学生的学习热情，培养学生的竞争与合作意识。 培养学生的动手能力和合作意识。
模块四：质量是物体的一种属性	指导学生完成以下测量，并引导学生分析原因。 （1）用天平测出一块橡皮泥的质量，然后将其改变形状再称，比较形状变化前后，它的质量有没有发生改变。 （2）相邻两小组间互换橡皮泥再称，比较改变位置前后，它的质量有没有发生改变。 （3）小烧杯中放入冰块，用天平称其质量，待冰块部分熔化后再测量，比较它的质量有没有发生改变。 在上面实验的基础上，引导学生从质量的定义出发，分析出当物体的形状、位置或状态改变后，其质量不发生改变。让学生认识到质量是物体的一种属性。	积极思考实验结果说明的问题，理解为什么说质量是物体本身的一种属性。	培养学生根据实验结果归纳结论的能力，并对自己的实验进行评估。
课堂小结	请同学们总结一下：通过本节课的学习，你都有什么收获？（知识和能力两个方面）	从知识和能力两个方面的收获进行小结、交流。	培养学生的梳理反思能力。 从交流的条理性、知识的严谨性进行评价。

（续表）

教学程序	教师活动	学生活动	设计意图及教学评价
课堂达标	1. 下列动物中，质量约为2 kg的可能是（　　） A. 一只老母鸡　　B. 一只麻雀 C. 一头小猪　　　D. 一头小象 2. 一个铝合金块的质量为8.6 kg。下列情况下它的质量将发生变化的是（　　） A. 把铝合金块熔化后，全部铸成一个零件 B. 把铝合金块压成铝合金板 C. 把铝合金块从赤道拿到南极 D. 把铝合金块锉成一个规则的零件 3. 在使用托盘天平测量物体质量的实验中： 甲　　　　　乙 （1）若调节天平平衡时，某同学将天平放在水平工作面上后，发现天平分度盘上的指针如图甲所示，则接下来的操作应是_____，直到指针尖对准分度盘中央的刻度线。 （2）若用托盘天平测量物体质量时，发现天平分度盘上的指针如图甲所示，则接下来的操作应是____，使天平平衡。测量中，当右盘所加砝码和游码位置如图乙所示时天平平衡，则该物体的质量为____g。	独立思考完成。	检验学习效果，加深知识理解。
课后实践	1. 请同学们回家后自制一架小天平，并尝试用它来称量你身边的物品。 2. 查阅我国法徽图片，树立公平公正的意识。		培养学生学习物理的兴趣及动手能力，增强坚持公平公正的社会责任意识。

○ **板书设计** ○ ......

质量

1. 定义：物体所含物质的多少叫质量（ *m* ）。

2. 单位：kg （t、g、mg）。

3. 测量

生活中：秤；

实验室中：天平（放、调、测、读、收）。

○ **点评** ○ ......

顾老师能从身边熟悉的物品入手，培养了学生学习物理的兴趣及动手能力，增强了坚持公平公正的社会责任意识。同时培养了学生的自学能力，学会并养成了阅读说明书的习惯。通过小组竞争的方式，培养学生的竞争与合作意识。

——孙建智

（正高级教师，山东省特级教师，教育部新时代中小学学科领军教师培养对象，威海市教学能手）

16

密度 *

| 课型 | 新授课 | 教材版本 | 鲁科版 |

课标要求

《义务教育物理课程标准（2022年版）》P10：

1.2.3　通过实验，理解密度……能解释生活中与密度有关的一些物理现象。

课标解读

第一点要求是学生通过实验来建立密度的概念，属于认知目标的理解水平。用实验的方法，通过测量若干个体积不同的不同物质（如铁块和铝块）的质量和体积，发现同种物质的质量与体积的比值是恒定的，这一比值（密度）反映了物质的一种特性，从而建立密度的概念。这种用比值来定义物理量的方法是物理学常用的方法。学生还应能用语言和公式来表述密度，并了解一些常见物质的密度。第二点要求是将所学的密度知识与生产、生活中的实际问题紧密联系起来。

教材分析

本节是《义务教育教科书（五·四学制）物理八年级上册》（鲁科版）第五章第二节《密度》。

本节课是学生在学完"质量"这个基本概念后又接触的另一个反映物质

---

* 本课被评为教育部2018年度"一师一优课、一课一名师"活动"优课"。执教教师为何晓玲（荣成市教育教学研究中心教师，曾获威海市教学能手、荣成名师、教育科研先进个人等称号）。

特性的新的物理量，在物质密度知识的基础上，简单介绍材料对社会发展的影响以及纳米材料的有关知识。密度是本章的重点内容，同时也是初中物理学的重点知识之一，是今后学习压强和浮力的必要基础。因此，本章是初中物理的重点章节，占有重要的地位。

学情分析

根据学生已有经验来看，他们在生活中对于木头轻、铁重这样的感性认识已经形成，但是这里的"轻""重"指的是物体的质量，大部分学生不了解这其实与物质的另一种特性"密度"有关。八年级学生已有"物体体积越大，质量越大"的生活经验，已初步掌握了测量固体质量、体积的方法，他们注重直观感性认识，不能深入思考，又因为密度概念比较抽象，所以，学生很难从现象看到本质，不会完整地探究总结，需要教师一步步引导。在教学中需要突出物理知识的形成过程及其中的科学方法，突出物理知识在技术、社会领域的应用，引导学生经历探究的过程。本节课以实验探究为手段，给学生提供充分的空间，引导学生主动探索，建立密度的概念。

教学目标

1. 通过实验，探究同种物质的质量与体积的关系，体会比值法定义密度的科学思维方法。

2. 会用图像法处理实验数据。

3. 通过实验，理解密度的物理意义，知道密度的公式和单位。

4. 会用密度知识解决简单的实际问题，了解新型材料，通过对科技发展的了解增强民族自豪感。

5. 通过实验，形成严谨的科学态度和协作精神。

教学重点

1. 通过实验探究，学会用比值的方法定义密度的概念。

2. 掌握密度的概念、公式，会利用公式进行有关计算。

教学难点

1. 利用比值定义密度的概念，理解密度是物质的一种特性。

2. 利用图像方法处理实验数据并从中发现规律。

教学流程

教学流程表

教学程序	教师活动	学生活动	设计意图及教学评价
情境导入明确目标	导入：每天锻炼一小时，可以提高同学们的身体素质，增强体能，今天我们要进行一个小小的体能比赛。 活动1：举哑铃比赛 请两位同学参加比赛，规则是相同时间内将哑铃举起次数多者获胜。 比赛结束后解释这两个哑铃体积相同，同学们通过比较质量进行了区分，这其实与物质另一个特性"密度"有关。导入课题，明确本节课的学习目标。	心中充满好奇，跃跃欲试。 女生举木制哑铃，男生举铁制哑铃。通过比较质量区分这两个哑铃的不同。	既强调体质锻炼的重要性，又通过体验活动使课堂变得生动有趣，激发学生的学习兴趣。
探究新知实验探究	模块一：探究同种物质的质量与体积的关系 【提出问题】问题1：同一种物质，体积越大，质量越大。如果同种物质制成的一个物体体积是另一个物体的2倍，你认为质量可能会有怎样的关系？ 追问：如果同种物质制成的一个物体体积是另一个物体的3倍，你认为质量会是它的几倍？ 进而提出：同种物质的质量与体积到底存在怎样的关系？ 【猜想与假设】猜想是否成立，还要经过实验的验证。	积极思考，大胆猜想，交流展示。	引导学生由定性关系向定量关系上思考。 从小组交流的条理性进行评价。

教学程序	教师活动	学生活动	设计意图及教学评价
探究新知 实验探究	【制订计划与设计实验】每个小组桌上放有一组由同种材料做成的体积不同的物块。 问题2：要完成本实验需要测量哪些物理量？用什么工具测量？说明自己的方案，然后进行实验。 【进行实验与收集证据】 活动2： （1）测：用天平测量三个大小不同的木块（铝块、塑料块）的质量m，用刻度尺测量它们的边长。 （2）算：计算出各木块（铝块、塑料块）的体积，并计算出各物体质量与体积的比值，填入表中。 （3）画：以体积为横轴、质量为纵轴，在方格纸上描点，再画出质量与体积的关系图像。 注意：当体积为0时质量也是0，所以根据$V=0$和$m=0$，也可以作出一个点。 表格：次数 / 质量 m/g / 体积 V/cm³ / 质量与体积的比值 $\frac{m}{V}$/（g·cm⁻³）；1；2；3 	积极思考，交流实验方案。 小组合作，根据设计的方案进行实验，并把测量的数据填到学案的表格中。 采用描点连线的方法，画出质量与体积的关系图像。	让学生亲自选器材、设计实验、进行实验，既体现了学生的自主性，又发挥了学生的主动性，还培养了学生的动手能力、合作交流能力等。 通过对数据和图像的分析与论证，帮助学生建立密度的概念。

（续表）

教学程序	教师活动	学生活动	设计意图及教学评价
探究新知 实验探究	【分析与论证】 全班交流展示实验数据，分析图像，共同得出同种物质的质量与体积成正比关系的结论。 【交流评估】 通过图像可知同种物质质量与体积成正比，同种物质质量与体积的比值是相同的。	展示实验数据，对图像进行解说。	让学生理解密度是反映物质某种性质的物理量。
密度概念	引导学生利用图像对不同种物质进行比较，得出不同种物质质量与体积的比值一般是不同的。 模块二：密度 同种物质的质量与体积的比值是一定的，物质不同，其比值一般也不同，这反映了不同物质的不同性质。物理学中用密度来表示这种性质。 活动3：自主学习，并类比"速度"的概念完成学案上的相关内容。	对图像进一步分析，全班展示交流。 自学课本P107"物质的密度"部分的内容，完成表格。	培养学生的自主学习能力。类比"速度"学习"密度"，既可以降低学习"密度"的难度，又可以进行方法的引领。"类比法""比值定义法"都是初中物理学习中常用的方法，有利于学生今后学习新的物理量。

物理量	类比速度	建构密度
1.定义	路程与时间之比	
2.公式	$v=\dfrac{s}{t}$	
3.变形公式	$s=vt \quad t=\dfrac{s}{v}$	
4.国际单位	m/s	
5.常用单位	km/h	
6.换算关系	1 m/s=3.6 km/h	

活动4：阅读小资料，了解一些物质的密度，并从密度表获取信息。

（续表）

教学程序	教师活动	学生活动	设计意图及教学评价
学以致用	思考： 1. 水的密度是多少？它表示的物理意义是什么？ 2. 对比水和冰的密度，你有什么发现？ 3. 对比蜡和植物油、煤油和酒精的密度，你有什么发现？ 【反馈练习】 1. 一瓶水喝掉了一半，则剩下的一半质量＿＿＿，体积＿＿＿，密度＿＿＿。（均选填"变大""变小"或"不变"） 2. 鸡尾酒是由几种不同的酒调配而成的，经过调配后不同颜色的酒界面分明。这是由于不同颜色的酒有（　　） A. 不同的质量　　B. 不同的体积 C. 不同的温度　　D. 不同的密度 3. 假设比赛所用哑铃每个体积为 $2×10^{-4}\,m^3$，已知 $ρ_铁=7.9×10^3\,kg/m^3$，$ρ_木=0.5×10^3\,kg/m^3$，请计算出男生铁制哑铃和女生木制哑铃的质量。	积极思考学案中的三个问题，小组交流。 在学案上独立完成"反馈练习"题目。	对学生的自学能力进行评价。 了解不同物质的密度，锻炼学生获取信息的能力。 通过反馈练习学以致用。 第1题重在让学生理解好密度是物质的一种特性。 第2题让学生体会生活中的物理。 由第3题让学生体会密度在生活实践中的应用。
拓展引申	活动5：介绍密度在生活与科技中的应用 1. 在影视剧中，"巨石"从高处落下砸向演员。 2. 介绍新材料，感受科技前沿。 	认真观看视频，感受科技的力量。	

（续表）

教学程序	教师活动	学生活动	设计意图及教学评价
拓展引申	相关链接：细微差别中的重大发现 19世纪末，物理学家瑞利在精确测量各种气体的密度时，发现从空气中提取的氮气的密度为1.257 2 kg/m³，而从氨气中提取的氮气的密度为 1.250 8 kg/m³。虽经多次重复测量，仍然存在这个令人奇怪的差异。瑞利由于不放过这个细微的差异而执著地研究下去，最终发现了氩气，并因此获得了1904年的诺贝尔物理学奖。	学习科学家严谨认真的科学态度。	引导学生学习科学家严谨认真的科学态度。
课堂总结	对照知识结构，师生共同梳理本节课所学内容。（知识和能力两个方面）	从知识和能力两个方面的收获进行交流。	对所学知识进行梳理，让知识更系统化。 从交流的条理性、知识的严谨性进行评价。
布置作业	1. 估计你们教室里空气的质量有多少？ 2. 人的密度跟水的密度差不多，根据你的质量估算自己身体的体积。	独立思考完成。	巩固基础知识，同时又拓宽学生的知识面。

○**板书设计** ○⋯⋯⋯⋯⋯⋯⋯⋯⋯⋯⋯⋯⋯⋯⋯⋯⋯⋯⋯⋯⋯⋯⋯⋯⋯⋯

密度

1. 定义：某种物质质量与体积之比。

2. 公式：$\rho=\dfrac{m}{V}$。

3. 单位换算：$1 \ \mathrm{g/cm^3} = 10^3 \ \mathrm{kg/m^3}$。

数据收集

次数	质量 m/g	体积 V/cm³	质量与体积的比值 $\dfrac{m}{V}$（g·cm⁻³）
1			
2			
3			

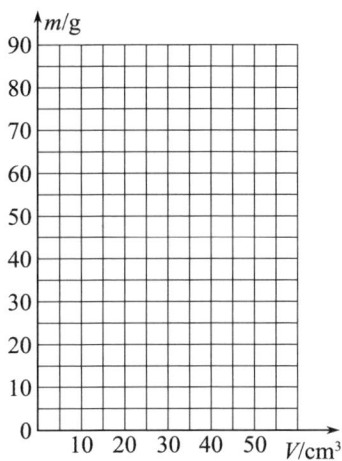

○ **点评** ○

整节课思路清晰，环节紧凑，重难点突出。知识结构化，结构问题化，问题情境化。以学生常见的哑铃提出问题，激发兴趣，然后让学生去积极思考，大胆猜想，在亲自体验和探索中解决问题，通过实验探究进一步理解科学探究的基本过程，初步理解物理中研究问题常用的求比值的基本方法，突出了学生活动设计，体现了教学民主，培养学生良好的学习品质。

——郭宝江

（正高级教师，山东省特级教师，全国优秀教师）

17

密度与社会生活 *

课型	新授课	教材版本	鲁科版

课标要求

《义务教育物理课程标准（2022年版）》P10:

1.2.4 了解关于物质属性的研究对生产生活和科技进步的影响。

P13：与物质密度相关的素材：

影视剧拍摄中倒塌的楼房、滚落的石块等道具通常是用泡沫塑料制作的，这利用了泡沫塑料密度小的特点，可避免对演员造成伤害；体育竞赛中的铅球，则是用密度大的材料制成的，这能使相同质量的球体积更小；运用密度知识可鉴别身边的一些物质。

教材分析

本节是《义务教育教科书（五·四学制）物理八年级上册》（鲁科版）第五章第四节《密度与社会生活》。

前两节课教材安排学习了密度的概念，并且通过测量知道不同物质的密度不同，密度是物质的一种特性，不同物质的密度一般不同。本节内容明显体现了"从生活走向物理，从物理走向社会"的理念，更集中体现了对学生

---

* 本课被评为烟台市初中物理优质课。执教老师为刘东林（莱州市文峰中学教师，获评烟台名师、烟台市教学工作先进个人、学科带头人、莱州市师德标兵、教学工作先进个人等）。

的科学态度和科学精神的培养。本节课包括两部分内容：密度与温度、密度与物质鉴别。通过对现实生活中的事例的分析、讨论及公式的运用，对知识的拓展和深度的适度把握，使学生在物理与生活的"零距离接触"中，感受物理知识的实用性，揭示生活中的"奥秘"。

学情分析

学生对密度的知识虽然有了一些了解，但更多局限于理论上，而对于密度知识在生活中的应用平时了解很少。所以在本节课的设计上，采用教师引导，学生观察、实践、分析、拓展、判断等方式完成教学任务；注重知识与生活实际的联系，使学生经历从获取信息，到掌握知识，再到知识理解内化的过程。这样的过程，既培养了他们发现问题、分析问题、解决问题的能力，又训练了他们的思维能力，还能让学生感悟到解决物理问题常见的科学方法。

教学目标

1. 通过实验，理解物体的密度和温度的关系。

2. 了解密度和温度的关系，尝试解释生活中的相关现象。

3. 通过实验，经历科学探究的过程，培养学生判断事物的理性思维能力。

4. 通过实例，培养学生辩证看问题的哲学思想，树立实践是检验真理唯一标准的观念，形成坚持真理、求实创新、献身科学的信念。

教学重点

知道温度能改变物质的密度，会从密度的角度对物质进行鉴别。

教学难点

运用密度与温度的关系解释有关现象。

教学流程

教学流程表

教学程序	教师活动	学生活动	设计意图及教学评价
新课引入	学生观看节日气球升空录像及"鸡尾酒"调制过程，同时大屏幕展示调好的"鸡尾酒"图片。 再依次展示戒指、矿石、盐水选种图片。教师在调制"鸡尾酒"的过程中声情并茂地进行讲述，然后就戒指、矿石、盐水选种等问题提出密度与社会生活关系的问题，引入新课。	观察实验现象并反馈看到的现象。 通过实验现象和图片资料总结：密度与社会生活密切相关。	抓住学生好奇的心理特点，由情境导入新课，让学生对即将学习的知识产生浓厚的学习兴趣，激发学生的好奇心与求知欲。
新课学习模块一：密度与温度	风 （1）风的形成 播放视频：龙卷风 探究实验1：气体的热胀冷缩实验 从刚才同学们的回答可知：密度知识与人们的社会生活关系十分密切。从前面的学习我们知道，密度是物质的一种特性，那么是不是所有物体的密度都是一成不变的呢？ 启发：平时生活中的风及龙卷风的形成与我们所学的密度知识是否有关呢？ 介绍实验装置：两个大小相同的气球分别放在冰块中和用电吹风机吹，观察现象。	学生积极思考讨论交流。 学生思考。 学生小组进行实验，并回答：放在冰块中的气球变小，说明气体遇冷体积收缩了；用电吹风机吹热风的气球变大了，说明气体受热体积膨胀了。 实验结论：物质的密度并非一成不变，它的大小与温度有关。	从生活现象入手，引导分析并进行探究实验，可使学生感受到物理知识并非高深莫测，增强学生学习物理的信心，形成尊重事实、探索真理的科学态度，体现了"从生活走向物理"的理念，培养学生养成良好的实验习惯和尊重实验事实的科学精神。 研究方法：对比法。

（续表）

教学程序	教师活动	学生活动	设计意图及教学评价
模块一： 密度与温度	实验说明：气体温度变化时体积变化。由 $\rho=\dfrac{m}{V}$ 可知，一定质量气体体积变化后，密度会发生变化。 探究实验2：按课本图5-4-3所示做一个纸风车。如果把风车放在点燃的酒精灯附近，风车能转动起来吗？ 观察并思考：你知道是什么推动了风车转动吗？ 实验说明：空气受热膨胀上升，其他地方的冷空气流过来补充从而形成了风。 （2）风能的利用与危害 多媒体展示风能利用的典型事例，如：风力灌溉、帆船、滑翔机、风车、风力发电等。 介绍近代大规模应用风力的实例，主要在发电上。同时说明龙卷风的危害，引导学生从物理学的视角认知客观事物。	学生小组进行实验，并分析风车旋转的原因。 实验结论：温度变化使空气流动形成了风。 观看多媒体，并针对问题认真思考。	锻炼学生的联想思维能力以及分析归纳能力。 研究方法：归纳总结法。 使学生在生活与物理的"零距离接触"中，感受物理知识的实用性，揭示生活中的"奥秘"，认识奥秘背后的科学道理，帮助学生形成辩证的思想。

（续表）

教学程序	教师活动	学生活动	设计意图及教学评价
模块二：密度与状态	不同状态下的物质密度受温度影响不一样： 气体、液体、固体的密度受温度的影响一样吗？哪种状态的物质受温度影响更大？ 因此在描述气体密度时，一般要标注条件，如"在0 ℃和标准大气压下"等条件。 状态变化时物体质量、体积、密度的变化情况： 当物质的状态发生变化时，质量变化吗？体积呢？那密度呢？你知道水在结冰时质量、体积、密度都是怎么变化的吗？你会用密度的知识算出1 kg的水结冰体积变化多少吗？	学生分析总结：气体受温度的影响较大，固体、液体影响较小。 学生回答：质量不变，体积变化，密度变化。 认识到：水结冰质量不变，体积变大，密度变小。	培养学生分析能力和发散思维能力，养成严谨的科学态度和实事求是的科学精神。 研究方法：归纳总结法。
模块三：认识水的反常膨胀现象	多媒体展示：气温从6 ℃降到−1 ℃的过程中湖水温度及状态变化的动画演示。 提问：是不是所有物质在任何时候都是热胀冷缩呢？ 寒冷冬天，气温在0 ℃以下，水面结了冰，海豹为什么还能潜入水中？水底还有鱼存活吗？利用多媒体引导学生分析水的体积随温度变化的规律。	学生思考。 通过观看多媒体及分析水的体积随温度变化的规律，认识水的反常膨胀现象。	了解事物的特殊性，知道事物的两面性。使学生在掌握知识的同时，积累物理现象并有正确的思考，形成良好的科学思维方法和辩证唯物主义思想。

（续表）

教学程序	教师活动	学生活动	设计意图及教学评价
模块三：认识水的反常膨胀现象	生活中的物质大多数遵循"热胀冷缩"的规律，但也有物质是"热缩冷胀"的。 水的反膨胀现象，给人们带来了好处，但也给人类生活也带来不便。你能否从刚才的学习中自己总结一下？	学生讨论后回答。	
模块四：密度与物质鉴别	1.利用密度鉴别物质 提出问题：如何鉴别桌上的金属块是不是银做成的？ 引导学生思考：可用天平测质量，用量筒测体积，根据密度公式计算出密度。只要测出了金属块密度，再与密度表中银的密度进行比较就可鉴别金属块是不是银做成的。 引导学生进行实验：金属块是不是银做成的？ 通过测算，判断桌上的金属块是否是银做成的。 利用密度知识和同样的方法还可以鉴别戒指的真假，牛奶、酒的优劣，在地质勘探中鉴别矿石。 2.其他鉴别物质的方法 引导：用密度鉴别物质时，如果我们计算出某一物体密度和密度表中某一物质密度相同，我们能不能说它一定就是这种物质呢？那如何知道它是什么物质呢？ 演示实验3：鉴别水、白酒、食用醋。 拓展：鉴别物质的其他方法。	学生说出自己的方法。 学生实验测量计算并得出自己的判断。 学生讨论。 可以利用物体的颜色、气味等物理性质鉴别物质。	学生利用已有的知识来解决实际问题，有利于培养学生灵活运用知识能力和创新思维，也能及时巩固学习的知识，培养学生良好的科学学习态度。教师要做好"欣赏者"与学生一起分享成功的喜悦。 了解物质鉴别不能仅依靠密度，还要多种方法并用，帮助学生形成勇于质疑、不断探索、不断创新、追求真理的科学精神。

（续表）

教学程序	教师活动	学生活动	设计意图及教学评价
模块五： 材料与社会发展	我们前边了解了有关密度的知识和自然现象的关系，想一想：生活中都有哪些密度的应用实例？密度在未来生活中还可能会有哪些应用？ 通过学习，我们领略到了人类认识密度到应用密度为人类服务的历程。历史学家以人类对材料的利用作为一个时代进步的重要标志，由此把人类发展的历史分为石器时代、青铜时代、铁器时代等。21世纪是新技术发展的时代，在新技术的运用中，材料的密度将是科学家研究的核心问题之一。希望同学们能学好物理，在这方面作出自己的贡献。 教师适时点拨，鼓励学生的奇思妙想，激发学生创新思维。 通过录像进一步开阔学生的视野。	学生通过讨论交流，对密度的理解更加深入，形成关心科技发展的意识。	学生利用已有的知识和能力来解决实际问题，能激发并保持学生的学习兴趣，有利于培养学生灵活运用知识的能力，也能培养学生从生活现象中发现问题，并进行深入思考、不懈探索的优秀品质。
能力提升	多媒体展示练习题。 为什么冬天自来水管会被冻裂？ 引导分析：只是水结冰体积变大造成的吗？还有其他方面的原因吗？	学生回答： 水结冰体积变大，把水管涨裂。 学生思考回答： 水管是铁做成的，温度降低时，水管会收缩。	通过对生活实际问题的分析，培养学生灵活应用知识的能力。让学生在对比分析、辩证认识中，认识到分析问题要全面，要灵活运用所学的知识去解决问题。

（续表）

教学程序	教师活动	学生活动	设计意图及教学评价
课堂小结	请同学们总结一下：通过本节课的学习，你都有什么收获？还有什么疑惑？	学生多维度谈学习收获。	及时总结在知识与学习方法上的收获，使知识内化形成能力。
课堂达标	学案：1、2、3题。	独立思考完成。	检验学习效果。
作业布置	（一）基础巩固： 1. 随着生活水平的提高，越来越多的家庭使用上了空调。在夏天，为了使室温很快地降低，应将空调的出风口的叶片_____拨；在冬天，为了使室温很快地升高，应将空调出风口的叶片_____拨。 2. 物理与我们生活联系紧密，物理就在身边。请你列举密度与社会生活联系紧密的事例，不少于3个。 3. 根据气体的密度随温度变化而变化的现象，试分析房间里的暖气一般都安装在窗户下面的道理。 （二）课后实践： 利用身边的物品，设计实验鉴别一下学习用的铅笔芯是铅做的吗。	独立思考完成。 课后探究，形成探究报告。	巩固知识，加深理解。 培养学生保护环境、节约资源的科学态度与社会责任感。

板书设计

密度与社会生活

一、密度与温度

1.风

（1）风的形成

（2）风能的利用和危害

2．密度与状态有关

3．水的反常膨胀

二、密度与物质鉴别

1．利用密度鉴别物质

2．其他鉴别物质的方法

三、密度与社会生活

点评

本节课以问题为主线，设计情境，并通过大量的演示实验和视频带领学生进入一个密度的世界。从"鸡尾酒"到龙卷风，从鉴定银到自来水管冻破，学生在生活与物理零距离接触中感受物理知识的实用性。紧扣核心概念，让学生更好地掌握、理解知识点，也可以更好地应用密度知识来解决实际问题，注重知识与生活实际的联系，形成物理观念及观念的应用。

——郭宝江

（正高级教师，山东省特级教师，全国优秀教师）

18

力及其作用效果 *

课型	新授课	教材版本	鲁科版

课标要求

《义务教育物理课程标准（2022年版）》P15：

2.2.3 通过常见事例或实验，了解重力、弹力和摩擦力，认识力的作用效果。

2.2.4 能用示意图描述力。

要求学生通过实验和事例认识力的作用效果、认识力的作用是相互的。能用示意图描述力，有建模的思想。

教材分析

本节是《义务教育教科书（五·四学制）物理八年级下册》（鲁科版）第六章第一节《力及其作用效果》。

下面为本章的知识结构图。

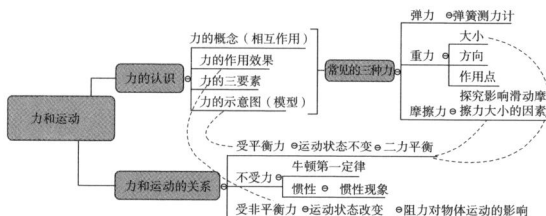

---

* 本课2013年获张店区优质课一等奖，2019年在淄博柳泉中学承办的"全国中小学信息技术与教育教学融合创新"活动中进行课例展示。以第六章《力和运动》为例的大单元教学设计在2021年淄博市的大单元教研活动中进行专题发言。执教老师为杨梅（淄博柳泉中学教师，曾被评为淄博市优秀实验教师）。

从本章的知识结构图中可以看出，本节学习的如何描述力是本单元的基础。常见力是从本节所学的几个方面来分析的。力和运动的关系是对力的作用效果的深入认识，并且力学的学习一定要有建模思想，学会画力的示意图。

学情分析

力的概念跟学生的日常生活有着密切的联系，学生在生活中对力学知识有很丰富的感性认识，但这些认识多是零碎的、肤浅的，力又是一个十分抽象的物理概念，物体间的力是看不见的。因此，让学生在充分感受力的基础上，引导学生从力的作用效果出发认识力，通过实验探究物体间力的作用是相互的，并通过传感器实验让学生了解一对相互作用力的关系，通过微课和自学认识影响力的作用效果的三要素；画力的示意图，知道物理的建模思想。通过揭秘"幽灵撞车"的真相，让学生知道不能轻易相信网络传言，学会科学分析。

学习单元

组合：鲁教版八年级下册第六章《力和运动》。

统领：力是改变物体运动状态的原因（大概念）。

单元核心任务

当前新能源汽车的动力来源于电力或氢燃料等，在使用过程中没有化石燃料的燃烧，不会污染环境，因此得到了许多国家的鼓励和支持。通过本章的学习，请同学们将家里废品再利用，制作一辆"清洁能源"的小车，参加负重比赛。可选项目：（1）相同距离比负重的比例；（2）相同负重的比例比距离。

课段课时

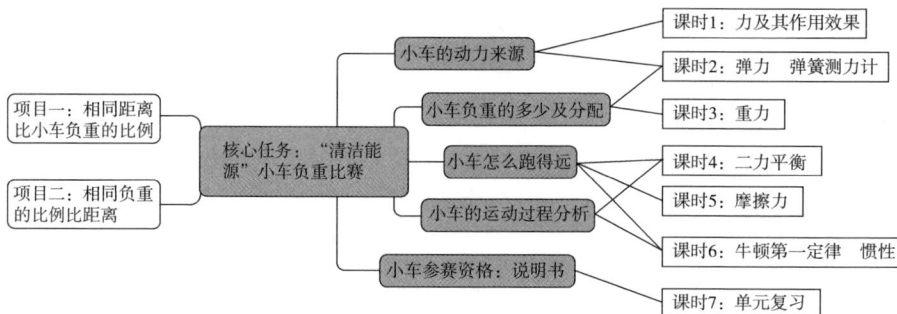

教学目标之课时目标

认识力的作用效果，会用示意图描述力。

1.1 通过自学能写出力的符号、单位，会估测力的大小。（物理观念、科学思维）

1.2 通过生活经验和实验能辨别力的作用效果。（物理观念、科学思维）

1.3 通过现象能归纳力的定义，区分施力物体和受力物体。（物理观念、科学思维）

1.4 经历探究，通过实验认识物体间力的作用是相互的，并能解释相关现象。（物理观念、科学探究、科学态度与责任）

1.5 通过自学和微课能说出力的三要素，初步有控制变量的意识。（物理观念、科学思维）

1.6 通过自学和小组合作学会正确画力的示意图，体会物理的建模思想。（物理观念、科学思维）

1.7 通过对交通事故视频分析提高交通安全意识；通过对中国航天发展的介绍让学生增强民族自豪感。（科学态度与责任）

教学重点

教学目标1.2和1.4。

教学难点

教学目标1.6。

教学流程

教学流程表

教学程序	教师活动	学生活动	设计意图及教学评价
课前准备	屏幕展示： 1. 班级学生提交的预习效果检测的反馈数据； 2. 预习检测的优秀学生名单； 3. 展示错题率高的题存在的问题。	小组内交流预习学案和预习效果检测题。	培养学生的自学能力、总结实验现象的能力；大数据反馈预习效果，课上可补弱；减轻课上负担。
创设情境，引入新课	播放"幽灵撞车"视频，提出问题：都说有视频有真相，那么，视频中的画面是真的吗？真有超自然现象吗？	观看视频，思考提出的问题。	以网上爆火的视频引入课题，引发学生的兴趣和思考；这个视频也与本章的核心任务"车"相关联。
一、力的作用效果	介绍：刚才老师发的气球怎么都变大了？气球受到的力我们看得见吗？看不到，但是我们能看到力作用在气球上的效果：气球变鼓了。那么力的作用效果是什么？ 任务一： 通过回答演示实验的力的作用效果课检查学生的预习掌握情况。 演示1：手拉弹簧； 演示2：手压桌子。 再次演示：手逐渐用力按压贴有微小形变检测器的小桌（自制），请学生观察压力传感器显示数字的变化。 	学生表述力的作用效果：力可以改变物体的形状，力还可以改变物体的运动状态。 观看教师的演示实验，回答力的作用效果。 演示1：改变弹簧的形状； 演示2：改变桌子的形状（微小形变，可能回答不出）。	评价教学目标1.2的学习情况。 自制的贴有微小形变检测器的小桌，通过将微小形变转换为电信号显示，通过投影，效果明显。让学生知道，看不见不等于不存在，有利用转换法进行实验的意识。

（续表）

教学程序	教师活动	学生活动	设计意图及教学评价
一、力的作用效果	强调：当力作用在物体上时，物体就会发生形变，只是有些形变很微小，我们的眼睛分辨不出来。可通过转换法证明。 演示3：磁铁不接触小球，却可吸引小球由静止到运动。 演示4：手拿缠住橡皮的绳，让橡皮绕手匀速转动。 强调：小球的运动方向变了，或速度大小变了，我们都称之为小球的运动状态改变。也就是说物体的运动状态不变是指运动速度大小和方向都不变。 总结力的作用效果并指出，这4个演示实验还告诉我们利用力的作用效果反过来可以确认力的存在。	演示3：改变小球的运动状态（运动的速度）； 演示4：改变橡皮的运动状态（运动方向）（有可能回答不出来）。	演示3为后面的"不接触物体也可以产生力"做铺垫； 演示2和4是突破学生预习时的疑惑点。 承上启下，并让学生知道转换法（可以通过看见的力的作用效果判断看不见的力的存在）。
二、力的定义	任务二： 1.这些不同的现象都属于力的现象，就会有共同的地方，你能从这些现象中提炼出它们共同的特征吗？也就是归纳出什么是物理学中的力？（科学归纳法） 手　对　弹簧　的拉力作用 手　对　桌子　的压力作用 磁铁　对　钢球　的吸引力作用 绳　对　橡皮　的拉力作用 2.介绍物理学中力的含义：物体对物体的作用。一个力必然联系着两个物体，一个是施力物体，一个是受力物体。	学生科学归纳：力是一个物体对另一物体的作用。 能判断施力物体和受力物体。	评价教学目标1.3的学习情况。 让学生初步有科学归纳的意识。

（续表）

教学程序	教师活动	学生活动	设计意图及教学评价
二、力的定义	3. 强调：力分为接触力和非接触力。接触力的施力物体是接触的物体。	跟踪检测一：根据力的定义，辨析对错。 1. 单独一个物体也能产生力的作用。（错） 2. 不接触的两个物体之间一定没有力的作用。（错） 3. 橡皮绕手做匀速转动时，橡皮是受力物体，手是施力物体。（错）	
三、物体间力的作用是相互的（深入理解力的定义）	任务三： 1. 展示交通事故的图片，提出问题：一天，两车发生了相撞的交通事故。一位交警前来处理，说："我一定要找出是哪辆车先撞上另一辆车的。"（哪一辆车是施力物体，哪一辆车是受力物体？）从力学的角度分析：你认为这位交警能找出那辆车吗？ 	请学生发表观点，引出探究的问题。	评价教学目标1.4的学习情况。 从常见的交通事故情境中提出问题引发学生思考，并提出探究的问题。

教学程序	教师活动	学生活动	设计意图及教学评价
三、物体间力的作用是相互的（深入理解力的定义）	2. 探究：力的作用是单向的还是相互的？用两只气球模拟两辆车，介绍实验要求，学生做探究实验。 （1）图中两只气球由于受压都发生了形变，试猜测：下面哪种挤压方式能产生这种效果？ A. 左球不动，右球压向左球 B. 右球不动，左球压向右球 C. 两球同时向中间压 （2）通过这个实验，你对力有什么新的认识？ （3）解决情境问题：根据结论，你认为这个交警能找出哪辆车是施力物体吗？为什么？如何找到负主要责任的车辆呢？	学生按照要求做探究实验。 小组展示： （1）A、B、C都能产生图示效果。 （2）结论：力的作用是相互的。 （3）物体间力的作用相互的，施力物体同时是受力物体。从力学角度不能找出，但可以从交通规则上找出负主要责任的车辆。	学生探究实验，让学生切身体会物体间力的作用是相互的。 情境问题的解决让学生知道可以多角度思考、解决问题。
	3. 一对相互作用的力间有什么关系呢？教师演示用两个力传感器代替气球做实验： A. 左手的传感器不动，右手的传感器拉左手的； B. 右手的传感器不动，左手的传感器拉右手的； C. 两手同时向外拉传感器。 	学生分析屏幕上的数据可得结论：一对相互作用的力同时产生，同时消失，大小相等，方向相反。	传感器的数据易让学生得到相互作用的力间的关系，可突破难点。

（续表）

教学程序	教师活动	学生活动	设计意图及教学评价
三、物体间力的作用是相互的（深入理解力的定义）	4.利用板书小结：力是物体对物体的作用，这种作用是相互的。指出力总是同时成对出现的，并且强调施力物体同时是受力物体。	跟踪检测二：小明在家积极帮妈妈做家务。如图所示，妈妈准备做西红柿炒鸡蛋，他先帮妈妈打好鸡蛋，将鸡蛋在碗沿撞击，鸡蛋破裂，碗完好无损。下列说法正确的是（ ） A.撞击时，只有鸡蛋受到力的作用 B.撞击时，只有碗受到力的作用 C.使鸡蛋破裂的施力物体是小明的手 D.该现象说明力的作用是相互的	跟踪检测既考查了知识点的掌握情况，也让学生了解，我们身边处处有力的作用。
四、力的三要素和力的示意图	任务四： 1.提出问题：请同学们再次观察交通事故的照片，左侧车的哪个部位发生形变，它的形变情况与什么因素有关呢？	学生根据预习可回答出影响力的作用效果的因素是力的大小、方向、作用点。	评价教学目标1.2、1.5、1.6的学习情况。

（续表）

教学程序	教师活动	学生活动	设计意图及教学评价
	2. 展示影响力的作用效果的三要素：大小、方向、作用点。重点强调力的大小的单位，1 N是多大？		通过交通事故的情境图片接着检测学生对力的"三要素"的预习掌握情况，引导学生学会从生活中发现物理问题。
四、力的三要素和力的示意图	展示预习效果反馈的学生做的正确率不高的第3题，让学生理解力的单位N的大小。 3. 提出问题：若左侧车以10^4 N的力撞上右侧车，请找出力的三要素。你能在图中形象直观地表示出这个力的三要素吗？ 播放微课："力的示意图"。 4. 小组内交流力的示意图的画法，选出最佳方案进行展示，需介绍画力的示意图的步骤。 5. 板书强调： （1）力的示意图的画法口诀：一定点（确定受力物体上力的作用点），二画线，三画尖（判断力的方向），四把数据标尖边（表示力的种类和大小）。 （2）用形象直观的图表示出抽象的力，这是研究物理问题常用的建立物理模型法。	跟踪检测三： 如图所示，用手拧矿泉水瓶盖时，按通常经验，沿顺时针方向可使瓶盖拧紧，沿逆时针方向可把瓶盖拧松，这表明力的作用效果与力的_____有关。手拿一瓶500 mL的矿泉水，施加的力的大小约是_____。 A. 0.5 N B. 5 N C. 50 N 学生观看微课，画力的示意图；组内交流，总结力的示意图的画法。小组展示并总结出画力的示意图的步骤。	通过微课培养学生的自学能力；组内交流突破画力的示意图的难点。

教学程序	教师活动	学生活动	设计意图及教学评价
盘点收获	盘点收获：1、知识层面 2、方法层面 展示本节课的知识框架，你认为"幽灵撞车"的视频是真的吗？	学生发表自己的观点：不是真的，力的存在需要两个物体：一个是施力物体，另一个是受力物体。	评价教学目标1.1、1.2、1.3、1.4、1.5、1.6的学习情况。 不能轻易相信网络传言，学会用科学知识辨真伪。
	揭示真相：某网站已对这段视频进行了辟谣，它其实是通过后期剪辑的，删除了撞击中的其他车辆。 跟踪检测四：观看剪辑前的视频，你还能从中发现哪些力学知识呢？	学生根据本节所学内容拓展思维，回答问题。	拓展思维，一个动态图片中包含着本节所学的所有知识点。
达标检测	1. 北京时间2022年11月29日23时08分，搭载神舟十五号载人飞船的长征二号F遥十五运载火箭在酒泉卫星发射中心点火发射。11月30日，神舟十五号与神舟十四号的两个乘组在太空"胜利会师"。 （1）长征二号运载火箭能够升空的原因是火箭向下喷燃气时，_____，并且说明力能改变火箭的_____。 （2）火箭起飞时获得的推力为$2.8×10^6\,N$，画出力的示意图。		针对教学目标进行练习巩固；德育渗透。

（续表）

教学程序	教师活动	学生活动	设计意图及教学评价
达标检测	2.（1）天宫课堂第一课时，王亚平在水膜上贴上一朵提前做好的折纸花，看到花开放了，说明力可以改变物体的_____。 （2）天宫课堂第三课时，陈冬老师向大家展示了空间站常用的工具——T字扳手在空中旋转的样子。如图所示，用扳手拧螺母时，受力物体是_____，施加在扳手上的力作用在B点比作用在A点时省力，说明力的作用效果跟力的_____有关。顺时针扭动扳手，螺丝变紧，逆时针扭动扳手，螺丝变松动，说明力的_____影响力的作用效果。 （3）天宫第二课时，王亚平拿起冰墩墩的力大约为_____。 A. 0.15 N B. 1.5 N C. 15 N		
结束语	2022年，我国航天经历了不平凡的一年，在探月与深空探测方面都取得了不错的成就。我国科学家在"嫦娥五号"取回的月壤中发现了一种月球的新矿物，并命名为"嫦娥石"；我国首次火星探测任务"天问一号"团队获得国际宇航联合会2022年度"世界航天奖"；载人航天方面，神舟十四号、神舟十五号接力腾飞，中国空间站全面建成。同学们，相信只要我们保持高昂的战斗力继续拼搏，一定会克服重力、弹力、摩擦力，战胜压力、浮力，获得更大的支持力。为伟大的中国梦贡献自己的力量！		德育渗透。
作业设计	1. 思考：目前你要做的"清洁能源"小车的动力来源可以是什么？如何获得？ 2. 撑竿跳项目中包含了那些力学知识？请做一个有关力学方面的解说。		拓展思维；应用所学解决问题。

板书设计

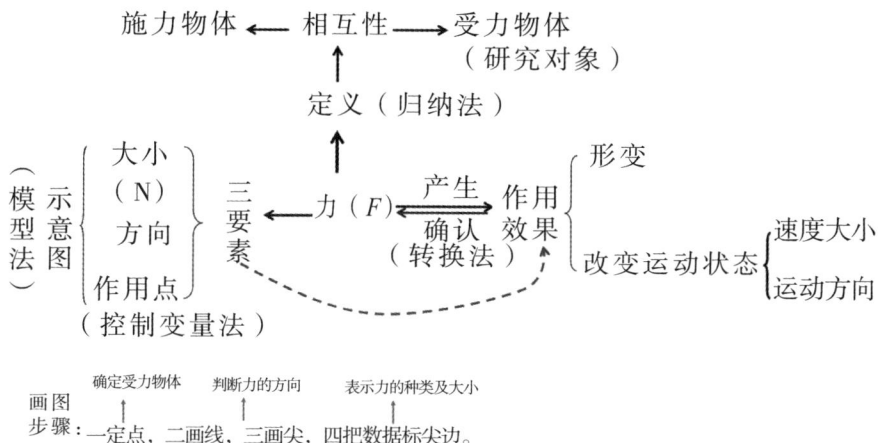

点评

本节课以大单元、任务式学习为主体，以新能源电动车设置一系列情境，贯穿本节课知识点，学习任务目标明确，紧扣新课标要求，让学生在生活化的情境中理解、掌握知识。教学方法多样，创设丰富的实验教学情境，如拉弹簧、压桌面等，有助于学生理解力的概念及作用效果。通过严谨地整合教材知识，站在单元整体教学目标的高度，有助于学生系统地学习和掌握知识，显著提升学生学习积极性和主动性。

——郭宝江

（正高级教师，山东省特级教师，全国优秀教师）

19

重力 *

| 课型 | 新授课 | 教材版本 | 人教版 |

课标要求

《义务教育物理课程标准（2022年版）》P15：

2.2.3 通过常见事例或实验，了解重力……

2.2.4 能用示意图描述力。会测量力的大小。

教材分析

本节是《义务教育教科书（六·三学制）物理八年级下册》（人教版）第七章第3节《重力》。

"重力"是与人类生活密切相关的一种力，它对压力、支持力、浮力等知识的学习非常重要。本节由"重力的大小""重力的方向""重心""重力的由来"四部分内容构成，分别从力的概念和力的三要素两条线索，来认识重力。与学习第1节"力"一样，学生必须经历对重力的感知、描述和测量等过程，最终形成对重力的整体认识，同时，这又对第1节认识力起到巩固提高的作用。

学情分析

学生在学习本节之前已经掌握了力的概念及作用效果、力的三要素、弹簧测力计的使用等相关知识，学生在生活中对重力也已经有所了解，但对为什么地面

---

* 执教老师为张长胜（滨州市沾化区利国乡实验学校教师，获评滨州市教学能手、优秀班主任、学科带头人，沾化区优秀教师、学科带头人）。

附近的一切物体都受到重力的作用以及重力的三要素往往没有深入思考过。一个看似简单的概念的形成还需要经历大量的思考和论证过程，本节课重点需要学生经历科学探究过程，培养学生提出问题、分析问题、交流和合作等能力。

教学目标

1. 能通过分析生活现象及实验现象归纳出重力的概念，明确重力方向及作用点，能解释生活中与重力有关的一些物理现象，逐步形成运动和相互作用的观念。

2. 经历探究重力的大小跟什么因素有关的实验过程，了解重力大小跟质量的关系。会根据$G-m$图像分析处理实验结果。

3. 了解重力的由来。

教学重点

探究重力大小跟物体质量的关系。

教学难点

重力的方向及应用。

教学流程

教学流程表

教学程序	教师活动	学生活动	设计意图及教学评价
新课引入	播放短视频：这学期我们换教室了。 提问：乒乓球、课本、篮球、杯子中的水等，这些物体的运动有什么共同的特征？	观察视频中掉落乒乓球、课本等现象。思考这些物体的运动都有什么共同特征。	利用同学们所熟悉的学习、生活场景，提出相关的物理问题，从而引出课题，体现了从生活走向物理的教学理念。

（续表）

教学程序	教师活动	学生活动	设计意图及教学评价
新课学习模块一：重力的概念	观看视频材料中不同物体运动的图片，思考以下问题： （1）它们为什么都落向了地面？ （2）请各小组交流，你们能给重力下一个定义吗？	仔细观察这些物体运动的共同特点，尝试给重力下定义。	通过引导学生观看视频材料中不同物体的运动情况，总结其运动的共同特征，得出结论，培养学生提炼归纳的能力。
模块二：重力的大小 / 启发猜想	组织活动： 活动一：在视频里，换教室的过程中，我们发现有的同学选择搬桌子，有的同学选择搬凳子。如果是你，你会怎样选择？为什么？请同学到前面分别搬动桌子与凳子，感受重力的大小。 活动二：请同学们拿起桌面上两个不同的金属圆柱体，掂一掂哪个重？哪个轻？结合我们刚才的体验，请同学们进一步思考：这几个质量不同的物体，谁受到的重力更大？	积极思考，大胆猜想，交流展示。 尝试将同学们的猜想进行归类、交流。	培养学生敢于猜想、理性分析、归类探究的意识与能力。
模块二：重力的大小 / 动手探究	实验探究：探究物体所受的重力跟物体质量的关系。 提示：设计实验时注意思考以下三个问题。 （1）实验中改变哪个物理量？怎样改变？ （2）实验中需要测量和记录哪些物理量？ （3）选择什么测量工具？	任务一：分别用弹簧测力计测量50 g、100 g、150 g、200 g钩码所受的重力，并填在相应表格内。 任务二：根据实验数据作出G与m的关系图像。	培养学生动手操作，获取与处理信息，以及进行交流、评估、反思的能力。

教学程序		教师活动	学生活动	设计意图及教学评价
模块二：重力的大小	归纳总结	组织交流、引导归纳：请同学们交流一下你们的实验结果及发现、归纳的实验结论以及对实验的改进意见。	任务三：根据物体质量与所测得的重力计算每次实验重力与质量的比值，你有什么发现？全班展示交流。	侧重于科学探究过程中操作的规范性、结论的严谨性、交流的条理性、评估反思的科学性进行评价。
模块三：重力的方向	启发猜想	提出问题：你认为重力的方向是怎样的？你的判断依据是什么？	观察图片中物体的运动方向，思考并回答问题。	培养学生敢于猜想、理性分析的意识与能力。
	动手探究	展示器材，提出任务：利用自制的器材，探究重力的方向。	任务一：探究支撑面水平放置时，重力的方向与水平面的几何关系。任务二：探究支撑面倾斜时，重力方向与水平面的几何关系。	通过科学实验使学生建构模型，培养学生动手操作，获取与处理信息，以及进行交流、评估、反思的能力。

教学程序		教师活动	学生活动	设计意图及教学评价
模块三：重力的方向	实践应用	提出任务： 1.利用铅垂线帮助检测教室内的钟表是否挂正。 2.利用铅垂线检验桌面是否水平。	利用铅垂线检验教室内的钟表是否挂正以及学生桌面是否水平。	培养学生的动手操作及知识应用能力。
		观看视频，提出问题：两位同学整理桌面上的书，这位女同学整理的书为什么在桌面上突然倒了下来？ 	观看视频，交流讨论。	培养学生敢于猜想、理性分析的意识与能力。
模块四：重力的作用点		展示物品，提出问题： 利用工具（笔、圆柱体、篮球、不倒翁等），找到它们的重心。通过找物体重心，你能得到什么结论？ 	交流讨论，利用手中的工具找到图中物体的重心。	"重心"是初中物理第一个等效作用点，对于高中"质点"的学习有很大帮助，在这里要帮助学生建立忽略次要因素、抓住主要问题的思想。
模块五：重力的由来		通过以上的学习我们了解到重力的大小、方向、作用点，下面让我们自学教材12页，了解"重力的由来"。	自学教材，了解"重力的由来"。	培养学生自主学习能力。

（续表）

教学程序	教师活动	学生活动	设计意图及教学评价
模块五：重力的由来	知识拓展：讨论我们人类怎样才能"飞出地球"，最后利用视频《90秒回顾中国空间站成长历程》结束课程，激发学生爱国热情及学习物理的兴趣。	观看视频，交流讨论。	激发学生学习物理的兴趣，培养学生的科学态度与责任。
能力提升	提出问题：针对比萨斜塔倾斜度每年都在增加的情况，结合本节课所学知识，对如何拯救比萨斜塔提出可行性建议。	分组讨论：结合本节课重力知识，提出合理性、可行性建议。	培养学生解决实际问题的能力。
课堂小结	提出问题：同学们，回顾本节课的学习内容，请谈谈在本节课的学习过程中都有什么收获。	对知识和能力及学习体验多维度进行小结、交流。	培养学生的梳理反思能力。从交流的条理性、知识的严谨性进行评价。

教学程序	教师活动	学生活动	设计意图及教学评价
课堂达标	（一）基础巩固： 1. 放在地面上的物体受到重力的作用，则重力的施力物体是_____，重力的方向是_____；在墙上挂画框时，可自制一个铅垂线来检查是否挂正，如图所示，若要将画挂正，应将画框的下部向_____（选填"左"或"右"）移动，直至画框竖边与铅垂线重合。 2. 如图所示，纸做的"不倒翁"小鸟翅膀上装有两个回形针，将鸟嘴放在指尖上转动而不会掉下来。下列说法正确的是（　　） A. 装回形针降低了小鸟的重心 B. 装回形针升高了小鸟的重心 C. 小鸟的重心一定在其几何中心上 D. 小鸟不掉下来是因为鸟嘴上有胶水 3. 如果没有重力，下列说法不正确的是（　　） A. 河水不再流动，再也看不见大瀑布 B. 人一跳起来就离开地球，再也回不来了 C. 物体被丢出后仍会落到地面 D. 杯子里的水倒不进嘴里	独立思考完成。	巩固知识，加深理解。

（续表）

教学程序	教师活动	学生活动	设计意图及教学评价
课堂达标	（二）能力提升： 4. 小明把细线的一端固定在一个三角板的直角顶点上，另一端绑上了一个重物并让其自由地下垂于三角板的底边，这样就做成了一个"水平仪"。当小明把这个水平仪的底边紧贴在河边的一块草坪上时，可看到铅垂线与三角板底边的相对位置如图所示，则河边的草地是下列选项中的（　　） 5. 一辆自重是4.0×10^4 N的卡车，装载着20箱货物，每箱货物质量是400 kg，行驶到一座立有限重标志的桥前，桥前的标牌如图所示，问：（$g=10$ N/kg） （1）这辆卡车总重多少牛？ （2）这辆卡车能安全过桥吗？ 		
作业布置	动手动脑学物理：1、2、5题。	独立思考完成。	检验学习效果。

板书设计

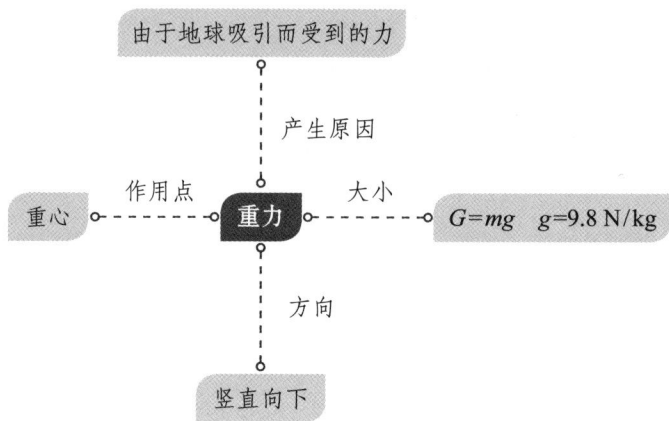

点评

本节课以学生熟悉的换教室情境引入，突出情境化教学。通过插图、实验、模型、投影、多媒体课件等直观教学手段，使物理情境具体化、形象化，有利于激发学生的学习兴趣，促使知识由具体感知向抽象思维的转化。本节课采用了小组合作的形式，通过定标导学、自主学习、小组合作、释疑深化、自主学习、主题提升六个环节，让学生学会自学与合作。以教学目标区分模块，从情境感知到探究认识再到归纳总结，老师适时适当地进行问题引导，充分发挥学生的主体性，提高学生的物理核心素养。

——郭宝江

（正高级教师，山东省特级教师，全国优秀教师）

20

力的平衡 *

课型	新授课	教材版本	沪科版

课标要求

《义务教育物理课程标准（2022年版）》P15：

2.2.4　知道二力平衡的条件。

例5　分析静止在水平桌面上杯子的受力情况。

要求学生通过牛顿第一定律和力的作用效果，认识力的关系。

教材分析

本节是《义务教育教科书物理八年级全一册》（沪科版）第七章第三节《力的平衡》。

本节包括力的平衡和二力平衡的条件等知识，是在学习了力的三要素、力的作用效果、牛顿第一定律、力的合成后，对这些知识的简单综合应用，要求学生具备一定的逻辑思维和分析能力。但课标的要求是知道二力平衡的条件，因此教学设计要降低难度。同时，通过这一节的学习，为后面压强和浮力的学习做好铺垫。

---

* 本课执教老师为赵俊（山东省济南汇文实验学校教师，曾获山东省科技竞赛优秀辅导教师，济南市首届"双领军"学科教师、学科专家、优秀科技辅导员、优秀科技工作者、创新能手、教学能手，天桥区百佳教师、学科素质标兵等称号；曾获全国信息技术整合课一等奖，山东省"一师一优课"，山东省中小学教育科研优秀成果二等奖，济南市青年科技奖、中学物理教学改革创新大赛一等奖、中小学青年教师新课程教学能力大赛二等奖等荣誉）。

学情分析

八年级的学生对新事物有强烈的好奇心和求知欲，但逻辑思维和抽象思维有待培养和提高。通过前面的学习，学生们对于力的有关知识有了初步的了解，初步经历了物理探究实验的过程，初步掌握了学习、探究物理知识的部分方法，具备了一定的实验操作能力和合作意识。

教学目标

1.通过观看视频，了解平衡状态。

2.通过引导讨论，建立知识结构，复习分力与合力。

3.通过引导分析以及观看视频，复习同一直线上二力的合成。

4.通过实验探究，学习二力平衡的条件。

5.通过利用新知分析、解决实际问题，树立物理观念，培养发明创造的意识和能力，厚植爱国主义情怀。

教学重点

二力平衡的条件。

教学难点

二力平衡的条件。

教学流程

教学流程表

教学程序		教师活动	学生活动	设计意图及教学评价
新课引入		播放有关"平衡术"表演的视频，激发学生的学习兴趣。	观看有关"平衡术"表演的视频，引起思考。	从"平衡术"的视频引入，给学生们视觉上的冲击，增强他们对"平衡状态"的感性认识。
新课学习		播放关于生活中平衡实例的视频，引导学生分析物体平衡时的受力情况。	观看生活中平衡实例的视频，分析物体平衡时的受力情况。	观看生活中平衡实例的视频，让学生充分感受到身边的"平衡"，同时引导学生分析物体平衡时的受力情况，并通过知识框架，在回顾牛顿第一定律的基础上，一步步将学生引入新课的学习。这样设计的好处在于两个方面：一是让学生体验"学习平衡"从生活中来，体验运用物理知识分析生活中的平衡，符合"从生活走向物理，从物理走向社会"的新课程理念；二是通过引导学生建立牛顿第一定律的知识框架，帮助学生深入学习知识间的逻辑关系，培养他们分析问题的能力，符合学生的认知规律。
模块一：平衡状态	联系生活，分析平衡			
	知识建构，温故知新	在回顾牛顿第一定律的基础上，引导学生学习什么是平衡状态。	思考学习平衡状态。	
模块二：复习铺垫	分力与合力	结合牛顿第一定律和平衡状态，引导学生复习合力与分力的知识。	结合牛顿第一定律和平衡状态，复习合力与分力的知识。	对合力和分力以及同一直线上二力的合成，进行知识和实验探究过程、方法的复习巩固，为二力平衡条件的学习和探究做好铺垫。

（续表）

教学程序		教师活动	学生活动	设计意图及教学评价
模块二：复习铺垫	同一直线上二力的合成	提出问题并交流讨论： （1）作用在同一直线上的两个力，有哪两种情况？ （2）如何用板夹、橡皮筋、弹簧测力计等器材探究同一直线上二力的合成？ 播放"探究同一直线上二力合成"的实验视频，总结结论： （1）同一直线上，方向相同的两个力的合力，大小等于这两个力的大小之和，方向跟这两个力的方向相同，即 $F_合=F_1+F_2$； （2）同一直线上，方向相反的两个力的合力，大小等于这两个力的大小之差，方向跟较大的那个力的方向相同，即 $F_合=F_1-F_2$（$F_1>F_2$）。	交流讨论教师提出的问题。 观看实验视频。	对同一直线上二力的合成进行复习时，采用了在引导学生交流讨论的基础上，播放实验视频的形式，既实现了课程内容的既定目标，又使得教学方法不拘泥于一格，扩大了课堂教学的容量。
模块三：二力平衡的条件	复习引导	结合牛顿第一定律和平衡状态，引导学生分析：在两个力的作用下物体处于平衡状态，合力为0。	学习平衡状态。	本部分重点在于引导学生对于二力平衡条件的实验探究，让学生经历实验探究的过程，学习实验探究的方法，总结实验探究的结论。 本部分旨在培养学生提出问题、分析判断问题、收集和处理数据、总结概括的能力，以及与人交流、合作的意识。
	实验探究	回忆思考问题： （1）力的三要素是什么？ （2）它们为什么被称为力的三要素？ （3）力的作用效果是什么？ （4）静止和匀速直线运动状态哪个更易于控制？	学生们利用二力平衡分组实验器材，进行分组实验，并填写实验表格。	

（续表）

教学程序		教师活动	学生活动	设计意图及教学评价
模块三：二力平衡的条件	实验探究	根据所学提出科学猜想： （1）两个力应该作用在同一物体上； （2）两个力的大小可能相等； （3）两个力的方向可能相反； （4）两个力可能作用在同一直线上。 	分析实验表格的内容，总结结论： 二力平衡的条件是作用在同一物体上的两个力，大小相等、方向相反，作用在同一直线上。	
能力提升	应用新知	（1）请观察下面五幅图，其中两个力一定平衡的是哪个？ （2）请在下图中画出静止在水平桌面上的饮料瓶的受力示意图，并与同学比较结果。如果饮料瓶所受的重力是 $5N$，你能判断桌面对它的支持力的大小是多少吗？ 	分析讨论。	通过对典型例题的分析，让学生巩固并运用二力平衡的条件，解决简单的物理问题。

（续表）

教学程序	教师活动	学生活动	设计意图及教学评价
思考讨论	课件呈现：社交平台上有关"立扫帚"的谣言。	学生活动："立扫帚"。解释"立扫帚"的物理原理——学习物理，探求真知，攻破谣言！	引入了社交平台上的谣言。在这一环节中，先让学生实践"立扫帚"，以事实击破谣言，同时运用二力平衡条件的知识，对其进行受力分析，彻底扫除学生内心中的疑惑。这一环节的设计，培养了学生运用物理知识探求真理的意识和精神，以及实事求是的科学态度，能够从物理的视角解决实际的问题，初步形成相应的物理观念。
能力提升 挑战自我	教师展示：用两个叉子辅助塑料花片，将其立在玻璃杯底上。思维拓展：问题①：利用叉子立住塑料花片，你能想到生活中的哪些物品？问题②：利用叉子立住塑料花片，你能创造出哪些有用的物品？	挑战将塑料花片立在玻璃杯底上，并利用所学知识进行解释。 思考讨论教师提出的问题。	承接"立扫帚"，进一步挑战"立塑料花片"，二者都是利用了二力平衡的条件，虽然操作难度上有所增加，但却激发了学生们的兴趣和积极性。在此基础上，教师利用两个叉子，与塑料花片组合后，呈现出一个"桥"的形状，很轻松地将塑料花片立在玻璃杯底上，让学生在感受平衡魅力的同时思考问题。这样设计的目的在于，让学生在实践的基础上，通过问题的引导，进行思维上的发散、联想和叠加，潜移默化地教会学生发明创造的方

（续表）

教学程序		教师活动	学生活动	设计意图及教学评价
能力提升	挑战自我			法，培养他们的创新精神和创新能力，帮助他们树立起学习和创造的信心！
联系生活		播放有关"桥"的视频。	观看视频，体会有关"桥"等建筑中对力的平衡的应用，厚植爱国主义情怀。	通过上一环节中利用叉子立住塑料花片，学生们已经联想到了生活中的桥。因此，在此播放"中国桥梁"的视频，让学生了解我们"中国桥梁"的世界之最，为我们华夏民族的伟大智慧感到骄傲和自豪，爱国主义情怀油然而生！
课堂小结		总结本节所学内容。	思考本节所学内容。	培养学生的梳理反思能力。
课堂达标		学案"课堂检测"。	独立思考完成。	检验学习效果。
作业布置		1. 完成课本138页"作业"的内容。 2. 小组合作完成小实验：确定形状不规则物体的重心。 3. 自主选择完成： （1）写一篇"立扫帚"的调研报告； （2）写一篇关于"桥"的小论文。	独立思考完成。	巩固知识，加深理解。

板书设计

力的平衡

一、平衡状态：静止或匀速直线运动。

二、力的平衡：物体在受到几个力作用时，保持静止状态或匀速直线运动状态，我们就说这几个力平衡。物体在受到两个力作用时，保持静止状态或匀速直线运动状态，我们就说这两个力平衡。

三、二力平衡的条件：作用在同一物体上的两个力，大小相等、方向相反，作用在同一直线上。

点评

本节课从"平衡术"表演入手，对生活中常见的"平衡"物体受力分析，并加以复习铺垫，降低了实验探究的难度，引导学生深入学习现象与知识之间的逻辑关系，学生在探究二力平衡条件时思路更明确、清晰。还有一个亮点在于击破"立扫帚"这类风靡社交平台的谣言，培养了学生运用物理知识探求真理的意识和精神，然后通过"立塑料花片"引到"中国桥梁"，培养学生能够从物理视角解决实际问题，初步形成相应的物理观念，为中华民族的智慧而骄傲，厚植爱国情怀。

——郭宝江

（正高级教师，山东省特级教师，全国优秀教师）

21

摩擦力 *

| 课型 | 新授课 | 教材版本 | 鲁科版 |

课标要求

《义务教育物理课程标准（2022年版）P15：

2.2.3 通过常见事例或实验，了解重力、弹力和摩擦力，认识力的作用效果。

要求了解摩擦力并认识其作用效果。物质运动和相互作用的规律是物理学的核心内容，也是学习物理学的基础。

教材分析

本节是《义务教育教科书（五·四学制）物理八年级下册》（鲁科版）第六章第五节《摩擦力》。

《摩擦力》这一节是在学习了"弹力"和"重力"的基础上对力的进一步学习，是力学的重要组成部分，它与学生的生活实际及生产实际联系十分密切。教材以"探究影响滑动摩擦力大小的因素"为主线，让学生经历探究滑动摩擦力大小与压力大小、接触面粗糙程度关系的过程。

在通过实验获得摩擦力的有关知识后，注重引导学生运用所学的知识去

---

* 本课被评为淄博市2021年度"一师一优课、一课一名师"活动特等奖优课、山东省2021年度"一师一优课、一课一名师"活动一等奖优课。执教老师为宋振伟（山东省淄博市桓台县实验学校教师，曾获评淄博市优秀教师，桓台县教育教学突出贡献个人、优秀班主任、首批骨干教师、教学能手、书香建设先进教师、教学先进教师、优秀党员等）。

分析、解释大量生活生产中的摩擦现象，其中还编入"气垫船"等与现代科技联系很密切的内容，很好地体现了"从生活走向物理，从物理走向社会"的新课程理念。

本节中"探究影响滑动摩擦力大小的因素"是一个完整的科学探究过程，通过让学生经历科学探究，学习如何科学猜想、设计实验表格、分析论证，感悟科学方法也是本节的重点。

学情分析

通过前面的学习，学生已经学习了力的基本知识，对力的三要素已经有所了解，同时还学会了弹簧测力计的使用和匀速直线运动等知识，所以学生对于本节"摩擦力"的学习已经有了一定的知识储备。在实际生活中，学生对"摩擦力"也有初步的认识，但易误认为"摩擦力"是"阻碍物体运动"的力。对于摩擦力的方向，学生理解起来可能抽象一点，在实际教学中，教师应通过让学生亲自动手体验，同时结合多媒体，帮助学生理解和掌握。

大部分学生对摩擦力有比较丰富的认识，让学生认识到摩擦力的存在，了解压力大小和接触面的粗糙程度对摩擦力大小的影响以及增大和减小摩擦的方法，都不是十分困难。但运用控制变量法进行"影响滑动摩擦力大小的因素"的实验探究，学生还是比较陌生的。教学中，在注重锻炼学生理论联系实际能力的同时，更要关注学生科学探究能力的提高。

教学目标

1. 知道滑动摩擦力大小和接触面粗糙程度、接触面之间压力大小的关系；知道增大和减小摩擦力的方法，并能在日常生活中应用这些知识。

2. 经历影响滑动摩擦力大小因素的探究过程，学习从实验数据归纳简单的物理规律，培养学生的分析、概括能力。

3. 通过对摩擦力的分析，激发用基础知识解决实际问题的热情，养成用所学知识解决生活、生产问题的习惯。

教学重点

1. 探究影响滑动摩擦力大小的因素。
2. 应用增大和减小摩擦力的方法解释实际问题。

教学难点

1. 理解如何测量滑动摩擦力。
2. 探究影响滑动摩擦力大小的因素。

教学用具

教师演示器材：多媒体、引体向上训练器、纸杯、大豆、白纸、砂纸、大木板、小木块、弹簧测力计、海绵垫、自制气垫船、轴承等。

学生分组器材："影响滑动摩擦力大小的因素"实验器材套装（自制教具）。

教学流程

教学流程表

教学程序	教学内容	设计意图及教学评价
一、创设情境，引入新课	提出问题：物理来源于生活，惊喜无处不在。如果把两本书的纸张交错着叠放在一起，会有什么奇迹发生？ 学生感受：三名同学上台，一名拉住引体向上训练器把手，用力做好引体的动作，两名同学抬起横杆，让学生观察能否承担一个人的体重？ 教师点拨：书的纸张没有被拉开，拉住把手的同学也被提了起来，这正是利用了摩擦力。（教师板书课题）	激发学生对科学的求知欲以及探求科学知识的兴趣，体现出"从生活走向物理"的新课程理念。
二、新课教学	问题1：教师引导学生联系生活实际，列举与摩擦力有关的现象。 学生：推箱子、滑滑梯、擦火柴、自行车刹车、写字等。 问题2：我们列举的这些摩擦力现象有什么特点呢？	创设情境，联系生活。

教学程序	教学内容	设计意图及 教学评价
（一）滑动摩擦力	学生：相互接触、相对运动、阻碍（摩擦力产生后对物体的运动有什么影响）。 总结：两个互相接触的物体，当它们做相对运动时，在接触面上会产生一种阻碍相对运动的力，这就是滑动摩擦力。 问题3：两个相互接触并发生相对运动的物体表面为什么会产生摩擦力呢？（多媒体展示电子显微镜下轮胎、课桌、纸张表面的放大图片） 学生：物体表面是粗糙的，并且不同物体的表面粗糙程度不同。	引导学生思考产生摩擦力的原因并为后续学习做好铺垫。
（二）影响滑动摩擦力大小的因素	一、提出问题 创设情境：纸杯拔河比赛。（在桌面上铺两张纸片，把两个纸杯放在纸片上，中间用细线连接，拖动纸片，利用纸片对纸杯的摩擦力拉纸杯，最后纸杯没有滑落出纸面者获胜） 器材：纸杯、大豆、白纸、砂纸等。 学生活动： 1.改变纸杯内大豆的重力进行比赛。 2.改变纸杯底下的纸张材质进行比赛。（一个用白纸，一个用砂纸） 3.改变纸杯与纸张的接触面积进行比赛。（把纸杯密封后倒立放置） 二、猜想与假设 通过以上学生活动，引导学生猜想影响滑动摩擦力大小的因素：压力大小、接触面的粗糙程度、接触面积等。	让学生感知摩擦力的存在，激发学习兴趣，活跃课堂气氛。 创设情境，引导学生提出问题进而进行猜想假设。

（续表）

教学程序	教学内容	设计意图及 教学评价
（二）影响滑动摩擦力大小的因素	三、实验探究 （一）介绍实验器材 问题：木块在木板上运动时，会受到木板的摩擦力。那么，怎样才能测量出此时的摩擦力呢？ 操作要领：匀速直线拉动木块。 分析：通过多媒体播放用手拉动弹簧测力计测量滑动摩擦力的视频。让学生体会，拉动弹簧测力计，让木块保持水平匀速直线运动难度比较大，弹簧测力计处于运动状态，不方便读数。引导学生思考：我们能否改进下实验器材？ 教师介绍改进方案：弹簧测力计固定在竖直的木板上，细线绕过底部的滑轮与木块连接，我们可以通过增减木块上方的金属块来改变压力大小。水平小木板的一面是木质的，一面固定了毛巾（或塑料片），用来改变接触面的粗糙程度。实验过程中，拉动水平小木板，此时木块受到小木板向右的摩擦力和弹簧测力计向左的拉力，读出弹簧测力计的示数，就是木块受到的滑动摩擦力的大小。 （二）设计方案，进行实验 学生小组讨论，设计实验方案和实验数据表格： 【探究1：滑动摩擦力大小与压力大小的关系】 1.把木块放在小木板上，拉动小木板，读出弹簧测力计的示数f_1；	比较传统实验器材和改进后实验器材的优劣，为后续利用改进后的实验器材开展探究实验做好准备。

教学程序	教学内容	设计意图及教学评价
（二）影响滑动摩擦力大小的因素	2. 在木块上放1个金属块，拉动小木板，读出弹簧测力计的示数f_2； 3. 在木块上放2个金属块，拉动小木板，读出弹簧测力计的示数f_3。 【探究2：滑动摩擦力大小与接触面粗糙程度的关系】 1. 把木块放在小木板固定塑料片的一面上，拉动小木板，读出弹簧测力计的示数f_1； 2. 把木块放在小木板上，拉动小木板，读出弹簧测力计的示数f_2； 3. 把木块放在小木板固定毛巾的一面上，拉动小木板，读出弹簧测力计的示数f_3。 【探究3：滑动摩擦力大小与接触面积的关系】 1. 把木块平放在小木板上，拉动小木板，读出弹簧测力计的示数f_1； 2. 把木块侧放在小木板上，拉动小木板，读出弹簧测力计的示数f_2； 3. 把木块竖放在小木板上，拉动小木板，读出弹簧测力计的示数f_3。 【探究4：滑动摩擦力大小与运动速度的关系】 1. 把木块平放在小木板上，慢速拉动小木板，读出弹簧测力计的示数f_1； 2. 把木块平放在小木板上，中速拉动小木板，读出弹簧测力计的示数f_2； 3. 把木块平放在小木板上，快速拉动小木板，读出弹簧测力计的示数f_3。 **【实验记录单】** **实验：探究影响滑动摩擦力大小的因素** 1. 滑动摩擦力大小与压力大小的关系 	实验次数	木块对木板的压力情况	滑动摩擦力的大小f/N
1	较小	
2	适中	
3	较大			注重学法指导，培养学生设计实验的能力和合作学习的能力。 培养学生的观察能力、动手操作能力和运用表格分析数据、解决问题的能力。

（续表）

教学程序	教学内容	设计意图及教学评价
（二）影响滑动摩擦力大小的因素	2. 滑动摩擦力大小与接触面粗糙程度的关系 	实验次数	接触面粗糙情况	滑动摩擦力的大小 f/N
1	较光滑	
2	较粗糙	
3	很粗糙	| 3. 滑动摩擦力大小与接触面积的关系 | 实验次数	接触面积情况	滑动摩擦力的大小 f/N
1	平放木块	
2	侧放木块	
3	竖放木块	| 4. 滑动摩擦力大小与运动速度的关系 | 实验次数	运动快慢情况	滑动摩擦力的大小 f/N
1	慢速	
2	中速	
3	快速		 实验结论： 四、分析与论证 对表中数据，进行分析处理，交流成果。 实验结论： 滑动摩擦力的大小只与压力大小和接触面的粗糙程度有关，与接触面积、运动速度无关。 当接触面的粗糙程度一定时，表面受到的压力越大，滑动摩擦力越大； 当表面受到的压力一定时，接触面越粗糙，滑动摩擦力越大。	给学生一个空间，让他们去发挥，给学生一个机会，他们会创造一个惊喜。 培养学生分析问题、解决问题的能力，并学会口头表述自己的观点。

教学程序	教学内容	设计意图及教学评价
（三）摩擦与生活	五、交流与评估 1. 学生交流在实验中的收获和需要改进的地方。如：木块与小木板发生相对运动时，只要压力大小和接触面的粗糙程度没有改变，只是拉动木板的速度改变了，滑动摩擦力的大小不会改变。所以在利用改进的实验器材进行实验探究时，可以不用匀速直线拉动下方的小木板，便于操作和读数。 2. 教师演示实验：气垫船和滚动轴承模型。 师生互动交流：使接触面分离和变滑动为滚动的方法也可以减小摩擦力。 3. 安全教育：进入冬季，雨雪天气，路面会形成一层水膜，摩擦力会大大减小。老师的脚就是这样伤到的，在此提醒同学们，雨雪天气一定注意交通安全。 4. 拓展延伸： 思考：手握一个重为 10 N 的水杯静止在空中，水杯受摩擦力吗？摩擦力的大小、方向又是怎样？ 5. 多媒体播放：《没有摩擦的世界》。	从物理走向生活，多列举生活中的例子，让学生体会到生活中处处都有物理的理念。 让学生运用本节课所学的摩擦力以及二力平衡的相关知识解决实际问题，同时也让学生了解静摩擦力。
三、课堂小结	以小组为单位，相互交流本节课所学知识、方法和感悟。	谈本课收获。
四、课堂检测	教师巡视、讲评。	测评练习。
五、德育	2020 年 11 月 24 日，中国成功发射了"嫦娥五号"月球探测器，并取回了月壤样本。这份月壤样本将大大更新人类对月球、地球以及太阳系的认识，具有重大的科学意义	

（续表）

教学程序	教学内容	设计意图及教学评价
五、德育	和价值。希望同学们，系好人生第一粒扣子，走好人生每一步。好好学习，努力拼搏，为伟大的中国梦贡献自己的力量！	

板书设计

摩擦力

一、滑动摩擦力

相互接触

相对运动

阻碍

二、探究影响因素

压力大小

接触面的粗糙程度

接触面积

运动速度

三、摩擦与生活

增大　减小

点评

在本节课的教学设计中，宋老师以情境引领、以问题导学，巧设了纸杯拔河比赛情境，启发学生思考问题，进而猜想假设，培养学生设计实验和合作学习的能力，尝试用控制变量法去设计实验，与此同时，改进实验器材，比较优劣，让学生对实验理解更有深度。整节课关注学生知识建构过程，关注学生物理思维训练；合理利用信息化技术，演示实验可视性强；内容充实且关联性强，素材选择具有代表性，难度适中。

——郭宝江

（正高级教师，山东省特级教师，全国优秀教师）

22

摩擦力 *

| 课型 | 新授课 | 教材版本 | 鲁科版 |

课标要求

《义务教育物理课程标准（2022年版）》P29探究类学生必做实验：

4.2.2 探究滑动摩擦力大小与哪些因素有关。

例2 用弹簧测力计、平板、细绳、长方体物体、棉布、毛巾等，探究滑动摩擦力大小与哪些因素有关。

教材分析

本节是《义务教育教科书（五·四学制）物理八年级下册》（鲁科版）第六章第五节《摩擦力》。

本节包括以下三部分的内容：滑动摩擦力的概念、影响滑动摩擦力大小的因素、增大与减小摩擦的方法。在学习摩擦力时，为了不使问题复杂化，教材中没有提出静摩擦的问题，而是统称为摩擦。教材对滚动摩擦也没有单独讲述，而是作为减小摩擦的方法来介绍的。教材中没有具体讲述摩擦力产生的原因，教学中使学生有所了解即可，不必引申。教材首先通过分析一些事例使学生认识摩擦力的存在，并在此基础上说明摩擦力是阻碍物体相对运动的；随后研究滑动摩擦力的大小跟哪些因素有关；摩擦在生活和生产中都有重要的意义，教材最后用较大篇幅讲述了增大摩擦和减小摩擦的方法。虽

---

* 本课被评为教育部2017年度"一师一优课、一课一名师"活动"优课"。执教老师为张晓杰（招远市泉山学校教师、烟台市优秀教师、教学能手，招远市学科带头人）。

然教学的重点在于应用摩擦知识解释实际现象，学会根据不同条件选择增大或减小摩擦的方法，但这些应用都基于对影响摩擦力大小因素的理解，因此，应充分重视探究影响摩擦力大小因素的实验。

学情分析

学习本课的八年级学生已有一定的认知和生活经验，学生对摩擦力有一定的感知，能列举出生活中常见的摩擦力，但也仅此而已，一些具体的问题，如"怎样的两个物体间会产生摩擦力""摩擦力大小与什么有关""有哪些方法可以改变摩擦力的大小""摩擦力并不完全是阻力，有时也是动力"等，学生还是无法解释。本节课在讲授、实验中要针对这些难点，设置问题暴露学生认知的不足，而后进行概念转化，帮助学生能更好地理解摩擦力。在这之前学生刚学习了"重力"，知道可以用弹簧测力计来测量力的大小。而摩擦力跟重力一样是一种常见的力，在生活中无处不在，学生除对摩擦力的概念比较生疏外，已基本具备自主探究的条件。

教学目标

1. 知道摩擦力的存在和对物体运动的作用。

2. 知道影响滑动摩擦力大小的因素。

3. 认识摩擦的利与弊以及增大和减小摩擦的方法。

4. 经历探究滑动摩擦力大小与什么因素有关的实验过程，培养学生实事求是的科学态度。

5. 通过对摩擦的分析，激发用物理知识解决实际问题的热情，养成用所学知识解决生活、生产问题的习惯。

教学重点

1. 通过具体事例引导学生思考增大、减小摩擦的方法。

2. 通过实验探究影响滑动摩擦力大小的因素。

教学难点

1. 设计探究实验。

2. 会解决实际生活中有关增大摩擦和减小摩擦的问题。

教学流程

教学流程表

教学程序	教师活动	学生活动	设计意图及教学评价
情境引入	1. 演示：两本书页页叠加，向两边拉很困难。（边演示边讲解） 2. 展示图片：生活中推箱子、拉小车的情境。在这些活动中，摩擦力是无处不在的。 引导分析：在推箱子时，先要用力才能将静止在地面上的箱子推动；而箱子在地面上滑动时，人也会觉得很费力气；地面要是不粗糙，脚和地面之间会打滑；要是没有摩擦，手也推不住箱子。若是要移动特别重的物体，我们就希望能用带轴辘的小车，这样拉动起来会比较省力；当然，也希望手握的牵引绳不要太光滑，粗糙些会更容易握住。 模块一：建立摩擦力的概念 【感知摩擦力】 1. 学生完成"做一做"，指导学生实验操作，谈对摩擦力的认识。	1. 学生通过观看演示实验、生活图片对摩擦力产生感性认识。 2. 学生边观察边思考问题。 3. 根据老师的引导明确课堂所要研究的任务。 做一做： 	1. 让学生了解摩擦力与我们的生活息息相关，激发他们学习摩擦力的兴趣和好奇心。 2. 体现物理来源于生活并能应用于生活的教学理念。

（续表）

教学程序	教师活动	学生活动	设计意图及教学评价
探究新知	2. 归纳摩擦力的概念 教师纠正，并在多媒体上投影摩擦力的概念：两个相互接触的物体，当它们做相对运动时，在接触面上会产生一种阻碍相对运动的力，这种力叫滑动摩擦力 3. 认识摩擦力的特点 摩擦力是怎么产生的？归纳摩擦力的方向、作用点、产生的条件。 4. 启发学生尝试对摩擦进行归类 静摩擦、滑动摩擦、滚动摩擦 课件展示三种摩擦的实例，加深学生对知识的理解和对三种摩擦的区分。 【能力提升】 针对有的同学可能会产生疑问："玻璃杯表面很光滑，会有摩擦力吗？"讲解有些物体表面"看起来"光滑，但是借助光学仪器观察，它们之间的接触面是凹凸不平的。 也就是说有时候"眼见不一定为实"，要想得出正确的结论要经过严谨的研究。 【小结】 产生摩擦力的三个条件： （1）相互接触，挤压有弹力； （2）接触面粗糙； （3）物体间有相对运动或相对运动趋势。	1. 手平放在桌面上，用力推，使手在桌面上运动，感受有没有一个阻碍手运动的力。 2. 手平放在桌面上，用力推，保持手不动，感受有没有一个阻碍手运动的力。 3. 手平放在桌面上，不用力推，保持手不动，感受有没有一个阻碍手运动的力。 4. 手在空中握玻璃杯，保持静止，感受有没有一个阻碍玻璃杯运动的力。 5. 手握玻璃杯，使玻璃杯贴近手缓慢下滑，感受有没有一个阻碍玻璃杯运动的力。 学生讨论，根据实验体会，用自己的语言叙述摩擦力是如何产生的。	创设问题情境，激发学生研究摩擦力的兴趣。 让学生感知摩擦力的存在，总结摩擦力的特点，培养学生总结问题的能力，激发学生的学习兴趣。

（续表）

教学程序	教师活动	学生活动	设计意图及教学评价
探究新知	【观察、思考】 图中，向右用力推刷子，我们看到刷子的毛是向左弯曲的，好像很不情愿"离开"原来位置的样子。同学们，从这张图，你受到什么启示了吗？是谁在阻碍刷毛的运动？ 刷毛由于受到桌面施加的向左的摩擦力，而向左弯曲。 【小结】 摩擦力的方向与相对运动(趋势)的方向相反。 【分析】 这里说的"相反"是物体间的相对运动方向，而不是研究对象自身的运动方向。 分析1：人推箱子时，箱子相对于地面是水平向右运动的，地面给箱子的摩擦力是与箱子运动的方向相反的——水平向左。此时，摩擦力就是箱子水平向右运动的阻力。 分析2：有时候摩擦力的方向与研究对象的运动方向是相同的，此时摩擦力就是动力。比如人在走路时，脚向后蹬地，地面阻碍脚向后运动，施加给脚向前的摩擦力。而人正是向前运动的，此时这个向前的摩擦力，就是人前进的动力。	观察推动刷子时刷毛弯曲的方向，结合摩擦力的概念，学生讨论，小组交流，总结摩擦力的方向与物体运动方向的关系。 学生讨论，小组交流。 通过反馈练习，使学生掌握摩擦力示意图的画法。	

（续表）

教学程序	教师活动	学生活动	设计意图及教学评价
探究新知	模块二：探究影响滑动摩擦力大小的因素 请完成课本"观察与实验"，小组合作探究，发挥集体的智慧，共同经历实验过程。 1.提出问题 滑动摩擦力的大小可能与哪些因素有关？ 2.猜想与假设 （1）指导学生根据已有经验科学猜想； （2）指导学生将各种猜想整理归类。 激励、评价、归纳概括并板书：可能与压力大小有关；可能与接触面粗糙程度有关；可能与接触面积大小有关等。 3.设计实验，进行实验 教师指导学生设计实验： （1）如何测定滑动摩擦力的大小？ （2）如何探究与压力大小的关系？ （3）如何探究与接触面粗糙程度的关系？ （4）如何探究与接触面积大小的关系？	学生动手实验。 学生猜想、交流。 学生讨论，小组交流设计方案，设计表格。 确定实验方案，采用控制变量的方法。 学生进行实验、观察现象、记录数据，并将数据填写在自己设计的表格内。 甲 弹簧测力计示数 $F=0.5$ N 乙 弹簧测力计示数 $F=0.8$ N 丙 弹簧测力计示数 $F=1.2$ N 若时间允许，让学生完成下面的实验探究：学生将长方形木块分别平放、侧放，用弹簧测力计匀速拉着木块在水平木板上运动。	让学生根据前面的感知大胆猜想，培养学生敢于猜想、理性分析的意识和能力。 对学生进行鼓励，培养他们热爱科学的情感和实事求是的科学态度。 注重学法指导，培养学生设计实验的能力和合作学习的能力。 培养学生的观察能力、动手操作能力和运用表格分析数据、解决问题的能力。

（续表）

教学程序	教师活动	学生活动	设计意图及教学评价
	（5）如何探究与速度的关系？各个小组学生交流实验方案，教师进行必要的补充，确立实验方案。 学生实验，教师巡回指导。 4. 分析与论证 对表中数据，进行分析处理，交流成果： （1）当接触面的粗糙程度相同时，压力越大，滑动摩擦力越大； （2）当压力相同时，接触面越粗糙，滑动摩擦力越大； （3）滑动摩擦力的大小与接触面积的大小无关。 5. 交流与评估	谈一谈自己在实验中的收获和需要改进的地方。	给学生一个空间，让他们去发挥；给学生一个机会，他们会给你一个惊喜。
探究新知	模块三：增大和减小摩擦的方法 课件展示：磁浮列车、气垫船、轴承、车胎。 归纳总结： 让学生归纳总结增大或减小摩擦的方法。	阅读课本17～18页，小组交流增大或减小摩擦的方法。 阅读课本17页"想想议议"，交流讨论怎样增大摩擦，列举出3个生活中关于利用摩擦和增大摩擦的例子。 小组辩论： 观察课件并结合教材，举例说明增大或减小摩擦的方法。	从物理走向生活，列举生活中的例子，让学生感受生活中处处有物理的理念。 培养学生梳理反思、归纳总结的能力。

（续表）

教学程序	教师活动	学生活动	设计意图及教学评价
探究新知	读一读：请阅读课本19页"科学技术 社会"《汽车刹车之后》，与同学交流什么是反应距离？什么是制动距离？停车总距离包括哪些？影响汽车制动距离的主要因素是什么？在雨雪天，汽车制动距离将怎样改变？ 练一练：请完成"动手动脑学物理"1、2题。	小组讨论、交流、补充。学生将大木块平放在桌面上用弹簧测力计匀速拉动，然后又将大木块平放在几根圆木棒上，用弹簧测力计匀速拉动，比较两次弹簧测力计的示数的大小。 小组交流。	培养学生活学活用、解决生活中实际问题的能力。
巩固练习	1. 列举出生活中增大有益摩擦的事例。 2. 体操运动员在单杠上表演大回环前，为什么要在手上擦些镁粉？	学生练习，及时反馈信息。	培养学生理论联系实际、综合运用知识的能力。
总结提升	以学生"学到了什么"为线索进行小结，交流自己的收获，提出自己的困惑。 在学生小结的基础上，教师再做适当的补充。	学生交流自己的收获和感悟，提出自己的学习困惑。	注重对学生的评价与指导，让学生知道探究过程比单纯的学习知识更重要。
课后作业	1. 以"假如没有摩擦"为题，写一篇科学小论文。 2. 观察自行车哪些地方用了增大摩擦和减小摩擦的办法，为什么？ 3. 改进实验（如：测滑动摩擦力的大小时弹簧测力计不方便读数，因为很难让物体匀速运动。如何解决这一问题？）。	学生去观察、查阅、思考，动手动脑完成作业。	分层布置作业，使学生都能体验到成功的喜悦。 理论联系实际，体会物理的实用性，将快乐的物理学习从课内延伸到课外。

板书设计

摩擦力

1.滑动摩擦力的概念：

两个相互接触的物体，当它们做相对运动时，在接触面上会产生一种阻碍相对运动的力，这种力叫滑动摩擦力。

2.影响滑动摩擦力大小的因素：

（1）压力的大小；（2）接触面的粗糙程度。

3.科学探究方法："控制变量法"与"转换法"。

4.增大有益摩擦和减小有害摩擦的方法：

压力大小、接触面粗糙程度的变化。

点评

本节设计以实例为基础，通过讨论分析，知道摩擦现象；通过观察实验，得出影响滑动摩擦力大小的因素；把教科书和多媒体动画有机结合起来，培养学生观察、分析、归纳、探索物理规律的能力和动手操作、自主探究的能力。能够根据学生已有的认知和生活经验，巧妙设计问题暴露学生认知的不足，针对这些难点，设计有效的探究活动，进行概念转化，帮助学生更好地理解摩擦力。

——郭宝江

（正高级教师，山东省特级教师，全国优秀教师）

23

压力的作用效果 *

| 课型 | 新授课 | 教材版本 | 沪科版 |

课标要求

《义务教育物理课程标准（2022年版）》P15：

2.2.7　通过实验，理解压强。知道增大和减小压强的方法，并了解其在生产生活中的应用。

例8　估测自己站立时对地面的压强。

核心素养

该课程目标属于一级主题"运动和相互作用"中的二级主题"机械运动和力"的内容。通过对压力和压强概念的学习，使学生形成关于压力和压强的物理观念，通过探究压力的作用效果跟压力大小和受力面积大小的关系，培养学生的观察能力、初步的信息收集能力、分析概括能力、信息交流能力、科学探究能力和科学思维，通过用压强知识解释生活中的现象，知道增大和减小压强的方法，培养学生科学的态度和社会责任感；培养学习物理的兴趣等。

---

* 本课被评为济南市"一师一优课、一课一名师"活动"优课"；区优质课一等奖。执教老师为程杰（济南市济阳区澄波湖学校教师，济南市教书育人楷模、巾帼建功先进个人，济阳区名师、教学能手、学科带头人）。

教材分析

本节是《义务教育教科书物理八年级全一册》（沪科版）第八章第一节《压力的作用效果》。

本章是初中力学内容的重点知识，而"压强"的概念又是本章知识结构的核心，也是生活生产中应用十分广泛的一个概念，在学生解释一些自然现象时经常使用。"压力"和"压强"是两个重要的力学概念，是在学习"力的作用效果"和"弹力"的基础上进行的，而且也为学生以后学习液体压强、大气压、浮力知识做必要的准备，具有承前启后的作用。压强的概念较为抽象，学生初学极易与压力的概念混淆，为让学生较好地理解压强与压力的区别，做好探究压力作用效果有关因素的实验是本节课的关键。根据学生情况和课程标准，并且依据新课标以学生为主体、提倡探究式学习的教育理念，提高学生核心素养，本节课主要采用探究式教学法，让学生在老师的引导下，通过自主探究来发现自然规律。因此本节课的学习要充分强调学生是学习主体的新课程理念，以探究式学习和合作学习方式，强调实验的重要性。在教学过程中贯彻"从生活走向物理，从物理走向社会"的理念。

学情分析

1. 在本节学习之前，学生已经学习了力学的初步知识，并学习了两个重要的力——重力和摩擦力，这些知识都是本节学习的认知基础，学生有初步的受力分析能力，因此学生已经具备前置的认知基础。

2. 学生通过一学期多的物理学习，已经经历了简单探究实验的过程，对如何用控制变量法探究自然规律有一定的认识，比值定义、对比、归纳等学习方法在以前的学习中已有所涉及，这为本节课的探究学习提供了方法基础，但学生通过实验现象寻找规律的能力还比较薄弱。因此，教学中应注重学习方法的引导。

3. 初中学生有一定的观察能力，也具备了较强的独立思维能力，但抽象思维能力尚未成熟，对于本节内容所学习的压力，由于学生前置知识的干扰，学生可能会以为压力一定就是由重力产生的，会影响对压力的正确理解；已有的压力大作用效果就明显的思维定势和压力总等于重力的认知误区，也是本节课要解决的难点所在。而且学生形象思维不够，对受力面积的理解不到位，在教学中应通过具体的实例加以解释。

教学目标

1. 知道压力的概念，知道压力的作用效果与哪些因素有关；理解压强的概念以及定义式，知道其国际单位；能运用压强定义式进行简单的计算；知道增大或减小压强的必要性和在具体情况下如何增大或减小压强。

2. 能灵活运用自主、合作、探究的学习方法，在探究的过程中会运用"控制变量法""分析归纳法""比值定义法"和"转换法"的科学探究方法。经历实验探究压力的作用效果与哪些因素有关的过程，培养观察、初步的信息收集、分析概括和信息交流的能力。

3. 通过对日常生活生产中改变压强大小的解释，培养应用知识和解决简单问题的能力。

4. 通过对日常生活生产中压强现象的解释，养成将物理知识应用于日常生活生产的意识。通过分析导入视频"渔夫救出陷入淤泥的老人"及遇到紧急情况如何自救，培养安全意识。

教学重点

探究影响压力作用效果的因素；理解压强的概念；能运用压强的公式进行有关计算，解释简单现象。

教学难点

理解压力与重力的区别；理解压力和压强的概念；通过探究实验，学习下定义的科学方法。

教学流程

教学流程表

教学程序	教师活动	学生活动	设计意图及教学评价
创设情境	1. 首先让我们认真观看一段近期网络点击量很高的视频，并提出问题："这段视频对你有怎样的启示？" 2. 学生观看视频："渔夫救出陷入淤泥的老人"。教师提出问题："我们在感叹平凡的渔夫做了一件不平凡的事的同时，思考他在救老人危难时用到了哪些物理知识。" 本节课我将和大家一起走进《压力的作用效果》一课，明确一下本节课的学习目标。	通过观看视频激发学生的探索欲望。	调动学生的多种感官，感受压力的存在与作用效果的不同，激发学生的学习热情，并进行情感教育。
进行新课	一、压力（时间6分钟） 问题1 教师演示海绵的凹陷，学生用圆珠笔尖或三角板尖压在手指上，两手指感觉一样吗？当在雪地上行走时，脚很容易陷入积雪中，这是为什么？ 1. 感受压力 小演示实验：教师手中拿一块海绵，用力压，海绵凹陷得厉害。提出问题：海绵受到了什么力？通过什么判断力的大小？ 2. 认识压力 展示课件中的三幅图，分别画出地面、墙面、斜面所受压力的示意图（师生共同完成）；寻找三幅图中压力示意图的共同点。师生共同总结压力的定义、产生原因、作用点、方向。压力的方向：垂直于物体表面，并指向被压物体。 3. 压力与重力 问题2 前边学过重力，大家想一下，压力是不是重力？它们有什么区别？在什么情况下，压力和重力相等呢？ （1）演示引导：将重物放在海绵上，逐渐增加重物观察海绵形变程度的变化，并说出压力大小变化情况。思考：压力就是重力吗？压力都是由重力产生的吗？什么情况下压力与重力大小相等呢？（教师引导学生自己总结）	学生回答：受到了压力，通过海绵凹陷的程度判断。（分析物理研究方法：转换法） 学生交流讨论，一名同学回答：共同特点是垂直于受力物体的表面。 一名同学回答压力产生的原因、作用点、方向。 学生在导学案上作压力和重力的示意图。	这个环节通过教师的演示实验，使学生能够体会压力的方向及其作用效果，比教师直接告知印象要深刻得多。通过教师的演示实验，让学生明确了物理研究方法"转换法"，并为下面的实验探究打下基础。

（续表）

教学程序	教师活动	学生活动	设计意图及教学评价
	（2）教师强调学生回顾教材第143页内容，并画出导学案上第一个问题中重力与压力的示意图（强调作图一定规范）。 （3）小组交流讨论压力和重力的区别与联系；提问两名同学。	同学1回答压力与重力的区别与联系。 同学2回答只有静放在水平面上时，物体对支持面的压力大小才等于重力大小	
进行新课	探究压力作用效果与哪些因素有关 提出问题 猜想与假设	问题3 观察课本图8-1，人在雪地上行走很容易陷下去，而穿了滑雪板的运动员不仅不会陷进雪里，而且还能在雪地上滑行，这是为什么呢？大家猜一猜，压力的作用效果会与哪些因素有关呢？ 1.教师的演示实验：用手指摁压气球并用针扎破，分析力的作用效果的不同。 2.教师：针对下面要做的实验，认真观察现象，提出问题并且进行合理的猜想。 （1）学生观察实验：将一张纸平铺开，用一支笔横着扔向纸，再竖着扔向纸，看有什么现象？ （2）学生体验：如图1所示两手拇指分别压在铅笔两端，向中间挤压，发现接触笔尖的手指受压的感觉比另一只手要强得多，并且越用力这种感觉越明显。如图2所示，一只手用手掌托住气球，另一只手用手指顶着气球，与手掌接触的那部分气球形变较小，而手指顶着的那部分气球形变较大，手指越用力这种形变越明显。 图1　　图2	学生观察分析。 学生实验： （1）用手指挤压铅笔。 （2）用手掌和手指挤压气球。 学生：提出问题并合理猜想。	本环节层层引导、步步深入，学生从自己的求知欲望出发提出探究课题，激发学生的探究热情，培养学生的发散思维。"授之以渔"，注重对学生进行方法指导，充分发挥学生的想象力和创造力，利用日常生活中物品进行实验，学生体验"瓶瓶罐罐当仪器，拼拼凑凑做实验"的乐趣。

（续表）

教学程序		教师活动	学生活动	设计意图及教学评价
进行新课	二、探究压力作用效果与哪些因素有关	提出问题 猜想与假设	3. 根据实验的现象，引导学生提出问题并进行合理的猜想；完成导学案上的问题2。	猜想："压力的作用效果可能与受力面积有关"（学生提出的问题有的有依据，有的可能没有依据，教师多问一问为什么，引导他们得出正确猜想）。	培养学生的归纳分析能力。合作交流意识及语言表达能力，使学生充分体验成功的喜悦。
		设计实验	小组讨论： （1）参考桌面上的器材，思考利用控制变量法设计方案用来验证自己小组的猜想是否正确，同时也思考别人的猜想是否正确。可以是一个方案，也可以是几个方案，力所能及。 （2）学生介绍自己的方案，师生做简单的分析和统计，并给予肯定。	学生讨论怎样去设计实验，教师可给一些引导，如： （1）怎样看出压力的作用效果？ （2）由于压力的作用效果可能与两个因素有关，所以在进行实验时要采用控制变量法。	
		实验探究	现在就用实验来验证一下猜想对不对。下面小组内同学相互合作，共同完成课本第143页的实验探究：压力的作用效果与哪些因素有关。小组根据设计方案进行实验，教师强调注意事项。（整个过程教师巡视）	学生分组完成探究活动，交流讨论，得出实验结论。	

（续表）

教学程序		教师活动	学生活动	设计意图及教学评价
进行新课	二、探究压力作用效果与哪些因素有关	实验探究	1. 根据自己的设计，选择合适的器材进行实验。 2. 要利用控制变量法来进行实验才能得出正确答案。 3. 及时记录实验中所观察到的现象和新发现的问题或所遇到的困难和失败，这些都是我们今后实验的经验。 4. 在学生探究实验后，教师选两组谈谈他们是怎么做的并重新演示。	分析归纳，得出结论。 各小组边演示边讲解，相互交流，取长补短。 倾听、感悟、鼓励、质疑。	
		实验结论	为了比较压力作用效果的不同，人们引入了"压强"的概念，那么，如何给"压强"下一个完整的定义呢？ 由实验观察可知：当受力面积相同时，压力越_____，压力的作用效果越明显；当压力相同时，受力面积越_____，压力的作用效果越明显。 引出"压强"的概念。 三、压强 知道了压强的定义，能不能根据压强的定义给出压强的计算公式呢？压强的计算公式是什么？式中各字母表示什么物理量？各物理量的单位分别是什么？此公式的变形公式有哪几个？ 1. 引导：压力的作用效果不仅跟压力的大小有关，还跟受力面积的大小有关。为了比较压力的作用效果，物理学中引入压强的概念，即压强是表示压力作用效果的物理量。	小组交流讨论得出结论。 1. 在建立压强概念、得出压强的计算公式后，请学生讨论压强与压力、受力面积的关系。	使学生对物理单位大小有基本的认识。

（续表）

教学程序	教师活动	学生活动	设计意图及教学评价
进行新课	提醒：要比较压力的作用效果，应取相同受力面积（即单位面积）上受到的压力。 2. 教师强调学生自学完成导学案问题3，了解压强的定义。（整个过程教师巡视） 课件展示： （1）定义：物理学中把物体所受压力与受力面积的比叫压强。 （2）公式：$p=\dfrac{F}{S}$（注意：S是指物体相互接触且受压的面积，单位一定要用m^2）。 公式说明：物理上用p表示压强，用F表示压力，用S表示受力面积。 （3）单位：帕斯卡，简称"帕"，$1\ Pa=1\ N/m^2$。 （4）$1\ Pa$的物理意义：每平方米的物体表面上受到的压力是$1\ N$。 （5）介绍：帕是一个很小的单位，一张报纸平摊在桌面上时，对桌面的压强约$0.5\ Pa$。因此，我们通常用百帕或千帕作压强的单位。 （6）拓展：帕斯卡是法国科学家，为了纪念他在物理学研究方面作出的贡献，以他的名字作为压强单位的名称。 （7）学生板演例题：一支铅笔尖端的面积是$0.5\ mm^2$，尾端的面积是$0.4\ cm^2$，两手指从两端用$4\ N$的力相向压住铅笔时，两手指受到的压强各是多大？ 四、学以致用（生活中的物理学） 问题：生活中增大压强和减小压强的例子有哪些？ 1. 回顾上课开始时的导入视频，教师提问：渔夫怎样救老人于危难之中，用到了哪些物理知识？ 找一名同学回答，从提走重物（压力）与渔夫趴到淤泥中（受力面积），分析压力的作用效果。	2. 一名学生进行板书导学案例题。 3. 教师与学生共同分析例题数据，回顾前面所做的小实验，用理论支撑实验。 1. 学生回答。	这一环节主要是巩固知识、应用知识，考虑到课堂时间，导学案安排了两个例题，其中例2为备用例题。 这个环节回顾导入视频，对本课的知识加深理解。使学生对生活中增大压强和减小压强的意义有了深刻的感知，充分体现了物理知识与生活的密切联

（续表）

教学程序	教师活动	学生活动	设计意图及教学评价
进行新课	2. 教师提出生活中这种现象很多，小组交流举出例子并分析。 3. 提问5~6个小组，总结增大压强与减小压强的方法。 4. 教师与学生共同列举出自然界中动物利用压强的例子，例如啄木鸟的喙、鸭子的脚蹼、骆驼的脚掌，共同总结"物竞天择，适者生存"的道理。	2. 小组体验并交流：学生根据已有的生活经验，进行分类和归纳。 学生思考并回答：在压力不变时，利用增大受力面积的办法，可以减小压强。 学生举例：履带拖拉机有宽宽的履带、骆驼有宽大的脚掌、钢轨铺在枕木上等。 学生思考后总结增大压强与减小压强的方法。	系，培养学生热爱科学、热爱生活的情感。既考查学生的知识迁移能力，又很好地调节了课堂气氛。
	五、课堂检测 1. 教师要求学生完成导学案上的课堂检测的内容。 2. 找同学核对答案并订正。（整个过程教师巡视）	1. 学生认真完成导学案。 2. 一名学生核对答案，其余学生订正。	通过此环节巩固所学。
归纳总结	1. 师生共同利用这一节课的内容来分析解决引入中的问题后进行总结。 2. 思考并互相交流，谈收获、体会等。	1. 同桌两人相互交流。 2. 一名同学总结。	这节课用问题引入，以解决问题结束，体现学以致用的思想。

（续表）

教学程序	教师活动	学生活动	设计意图及教学评价
布置作业	1. 课下思考：一名儿童在玩耍时，不慎掉落冰面上中，在没有任何工具的情况下，应怎样避免压破冰层，救出儿童？ 2. 课题：了解生活生产中减小和增大压强的方法。	作业设计是让学生从身边熟悉的生活现象入手，去探究并认识物理规律，同时让学生体会到物理在生活生产中的实际应用。	
延伸兴趣	【活动流程】制订查阅和查找方式；收集相关的材料；分析材料并得出一些结论；评估；交流与合作。 【备注】① 网上查找及采访获得的资料，要有学习的过程记录。② 发现新问题。		

板书设计

压力的作用效果

一、压力

1. 定义：物理学中将垂直作用在物体表面的力叫压力。

2. 产生原因

3. 作用点

4. 方向

二、压强

1. 定义：物体单位面积上受到的压力叫压强。

2. 公式：$p = \dfrac{F}{S}$。

3. 单位：F（N）　S（m^2）　p（帕斯卡Pa）

三、例题：略。

点评

在本节课的教学设计中，程老师创设生活情境和物理小实验，去感知压力和压强，让学生体验"瓶瓶罐罐当仪器，拼拼凑凑做实验"的乐趣。了解生活和自然界中增大和减小压强的例子，有讲有练，学以致用，加深学生对物理知识的理解，促进学生对物理知识的迁移应用。另外本节另一特色是基于核心素养导向的大单元教学设计理念，形成压力及压力的作用效果——压强的大概念观，发挥了统领整章的作用。以活动为中心，培养学生的实践能力和创新能力，增强学习的深度和广度，促进个性化学习，以及培养团队协作能力。

——郭宝江

（正高级教师，山东省特级教师，全国优秀教师）

24

压力的作用效果 *

课型	新授课	教材版本	沪科版

课标要求

《义务教育物理课程标准（2022年版）》P15：

2.2.7　通过实验，理解压强。知道增大和减小压强的方法，并了解其在生产生活中的应用。

例8　估测自己站立时对地面的压强。

要求学生通过实验探究了解影响压力作用效果的因素，得到压强定义，并能熟练运用压强公式，解决生活中的实际问题。

教材分析

本节是《义务教育教科书物理八年级全一册》（沪科版）第八章第一节《压力的作用效果》。

本节内容是在学生对力有了初步认识的基础上，进一步深入学习力的作用效果及其影响因素。教材从生产生活着手，引导学生感受日常生活中力产生的不同作用效果，继而引发学生思考：压力有哪些具体作用效果？压力的作用效果与哪些因素有关？引导学生通过动手体验、观察实验和合作探究等学习方式，总结出影响压力作用效果的两个因素：压力大小和受力面积。教

＊本课获得2023年度临沂市初中物理优质课评选一等奖第一名。执教老师为王锟（临沂市东兴实验学校教师，临沂市河东区优秀班主任）。

材知识点层层递进，体现出严谨的科学态度。依靠探究实验，引出压强的物理观念。在压强概念的基础上，总结出增大与减小压强的方法。

学情分析

八年级学生有一定的生活经验，加上前两章的学习，对日常生活中的力学现象有一定的认知。依据中学生思维智力发展规律，虽然他们的逻辑思维能力有了一定的发展，但还是需要直接、感性经验的配合。在课堂教学中要以实验探究为主，落实科学探究核心素养，贴近学生生活实际：设置趣味性强的演示实验激发学生探索欲望；学生利用压强演示器探究压力作用效果与哪些因素有关，进一步体会转换法和控制变量法的科学研究方法，在探究活动中培养学生观察现象、总结规律的能力，提高探索兴趣，培养科学态度和科学精神；继而得到压强概念，推导出压强公式；最后，通过对生活实例的分析，得到改变压强的方法并能够利用压强知识，解释生活现象，解决生活问题。

本节课以科学探究为主，学生经历了从感性认识到理性认识、从生活情境到物理知识的思维蜕变过程，用所学知识解决生活问题，提升社会责任感，契合新课标下的科学态度与责任的核心素养内涵。

教学目标

1. 物理观念：通过观察，初步认识压力可以使物体产生形变，了解力的作用效果，通过探究实验知道压力大小和受力面积对力的作用效果的影响，形成"压强"的基本概念，掌握压强公式。

2. 科学思维：经历探究实验，验证压力与受力面积对压力作用效果的影响，总结探究结论。养成综合分析、科学推理、论证、质疑和模型建构的科学思维习惯。

3. 科学探究：熟练应用转换法与控制变量法，经历压力作用效果实验探究，自主设计实验、操作实验、收集处理数据，总结归纳出比较压力作用效果的方法，引出压强概念，了解改变压强大小的方法。

4. 科学态度与责任：密切联系实际，用所学压强知识解决生活中的问题，提升社会责任感，提高科学技术应用于日常生活和社会的意识。通过北京冬奥会中国滑雪运动员的优异表现提升学生爱国情怀。

教学重点

探究影响压强大小的因素。

教学难点

压强概念的建构。

教学流程

教学流程表

教学程序	教师活动	学生活动	设计意图及教学评价
新课引入	"钉床"实验： 课前准备好装有少量水的气球。 教师演示实验：气球在单个牙签上发生爆炸，而在很多牙签做成的钉床上不会爆炸。 提问：为什么会发生这种情况？"钉床"有什么魔力？	观察演示实验现象，积极踊跃地思考如何破解钉床之谜。	学生直观感受到压力作用效果的不同，为研究压力作用效果提供丰富的素材，激发学生的探究兴趣。
新课学习模块一：感受压力	视频演示几组情境： 		

（续表）

教学程序		教师活动	学生活动	设计意图及教学评价
模块一：感受压力		教师活动1： 根据要求画出力的示意图，思考压力与重力的区别。 ① 人对雪面的力　② 骆驼对斜坡的力　③ 啄木鸟对树干的力 教师活动2： 人走在松软雪地上时深陷雪中，运动员踩在雪板上飞速奔驰；骆驼不会陷入沙漠里，啄木鸟轻易啄开树木。力的作用效果有所不同。 教师活动3： 老师给学生们带来一些未开封的奶茶，请学生们依据生活经验，探索如何顺利地把吸管插入到奶茶中。	学生活动1： 学生通过观察压力的示意图，总结出压力的大小、方向及作用效果，能够对压力与重力进行区分。 学生活动2： 学生用两个手指抵住圆珠笔两端，体会两只手指痛感的不同，并观察凹陷程度的不同。 学生活动3： 结合生活经验总结出： ① 用吸管尖锐的一端插入； ② 要将吸管用力地插入奶茶中。	学生通过观察，自主思考，总结出压力的特点。 全体学生一起动手体验，直观感受压力作用效果的不同。动手体验与生活经验相结合，为后续猜想做好铺垫。
模块二：探究压力作用效果的影响因素	启发猜想	提问：压力的作用效果可能与哪些因素有关呢？ 请同学们根据刚才观察的现象并结合已有的生活经验进行猜想。 教师将学生猜想归类： 1. 可能与压力大小有关； 2. 可能与受力面积有关。	结合刚才的体验，积极思考，大胆猜想，交流展示。 尝试将同组内的的猜想进行归类，并将组间猜想进行交流。	以问题引导，培养学生敢于猜想、理性分析、归类探究的意识与能力。 从归类的科学性、可操作性进行评价，引导改进。

教学程序		教师活动	学生活动	设计意图及教学评价
模块二：探究压力作用效果的影响因素	动手探究	提出探究要求： 应该如何设计实验验证压力作用效果是否与以上两因素有关？ （可通过海绵的凹陷程度判断） 请同学们参考实验导航来设计实验、制订计划。 	利用老师提供的实验器材，学生小组内部积极讨论、设计实验方案，并进行实验，收集证据。 实验一：在托盘上分别放1块铁块与2块铁块（改变压力大小），观察海绵的凹陷程度。 实验二：在托盘上固定放置1块铁块，换大小不同的压强块（改变受力面积），对比两次海绵的凹陷程度。	培养学生动手参与实验，获取信息，处理数据，得出结论及进行交流、评估、反思的能力。 侧重于科学探究过程中操作的规范性、结论的严谨性、交流的条理性、评估反思的科学性进行评价。
	归纳总结	组织交流、引导归纳： 请同学们交流本组实验结果及发现，归纳实验结论，并提出改进意见。 教师提醒学生注意及时记录实验数据，并根据数据及观察到的现象，归纳得出实验结论。	全班展示交流。 实验结论： ① 当受力面积相同时，压力越大，压力的作用效果越明显； ② 当压力大小相同时，受力面积越小，压力的作用效果越明显。	所有学生动手参与实验，在探究实验过程中，进一步熟练运用转换法与控制变量法。获得新知识，满足自身求知欲。 侧重于思路的逻辑性、语言的规范性进行评价。

（续表）

教学程序	教师活动	学生活动	设计意图及教学评价
模块三：压强	教师活动1： 比较压力的作用效果： ① 受力面积相同，比较压力大小； ② 相同大小的压力，比较受力面积。 提出问题：如果压力不同，受力面积也不同，怎么比较压力的作用效果？ 引入压强概念：物体所受压力的大小与受力面积之比。 公式：$p=\dfrac{F}{S}$。 单位：帕斯卡（符号：Pa）。 教师活动2：根据所学知识，估算物理课本平放在课桌上时，对桌面的压强大小（$g=10$ N/kg）。	学生活动1： 认真思考后回答：压力不同，受力面积也不同的话，可以比较物体单位面积上所受的压力。 学生活动2：估测课本对桌面压强大小，提供不同数据。 利用电子秤称出课本质量，计算出重力大小； 利用刻度尺测量课本长度和宽度，计算出课本面积； 用压强公式计算课本平放在课桌上时，对桌面的压强大小。	培养学生对知识点类比延伸的能力，并能感受到生活中一些事物所产生压强的大小。 侧重于对压强概念、公式运用的规范性与熟练性进行评价。
模块四： 压强的增大与减小	展示多组生产生活实例，提出问题： 有哪些是增大压强的实例？又有哪些是减小压强的实例？分别是如何做到的呢？	1.增大压强的方法： （1）增大压力； （2）减小受力面积。 2.减小压强方法： （1）减小压力； （2）增大受力面积。	学生归纳改变压强的方法，并利用所学知识解决生活中的问题。 培养学生的科学态度与责任。 侧重于知识归纳能力、设计方案可行性进行评价。

（续表）

教学程序	教师活动	学生活动	设计意图及教学评价
联系生活	视频展示：餐厅工作人员的手经常被沉重的面粉袋勒出深深的印痕，请同学们根据所学知识，如何帮助他们解决这个问题，减轻手的酸痛感？	分组讨论，根据减小压强的方法设计不同的解决办案。	
课堂小结	请同学们总结一下：通过本节课的学习，你都有什么收获？（知识和能力两个方面）	从知识与能力两个方面的收获进行交流、总结。	培养学生的梳理反思能力。从交流的条理性、知识的严谨性进行评价。
课堂达标	学案：1、2、3题。	独立思考完成。	检验学习效果。
作业布置	1. 基础作业： 小明的质量是50 kg，小明双脚站在水平地面上时对地面的压强为1.0×10^4 Pa，则双脚的总面积为_____cm^2；当他行走时，对地面的压强_____（选填"小于""等于"或"大于"）1.0×10^4 Pa。 2. 课后实践作业： 估测自己站立时对地面的压强，并阐明用到的方法。	独立思考完成。	检测学生的掌握情况，落实教学评一致性，评估改进教学各环节。 侧重于考查学生对知识的理解，培养学生的科学思维。

板书设计

8.1 压力的作用效果

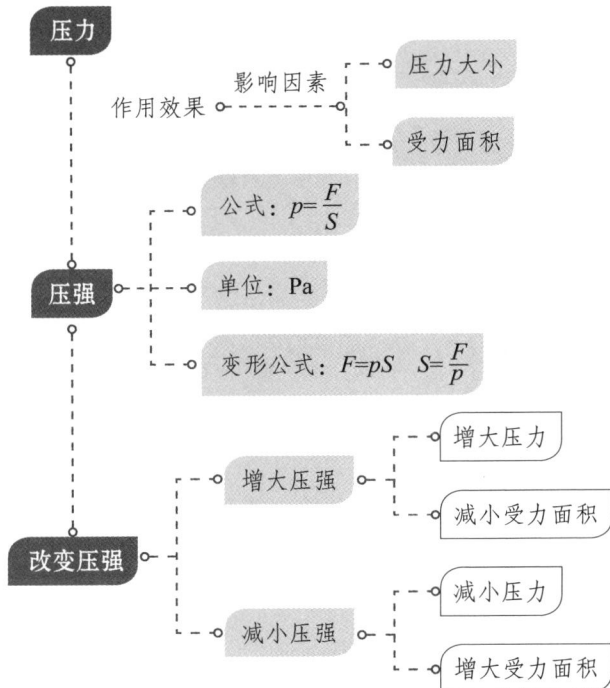

点评

王老师从一根牙签能轻松扎破气球，一堆牙签反而扎不破这一看似矛盾的现象入手，激发学生的探究兴趣，通过学生活动启发学生猜想，创新实验器材，让学生在探究过程中进一步体会转换法和控制变量法的运用，提高学生的动手能力和实验素养。以科学探究为主，学生经历了从感性认识到理性认识、从生活情境到物理知识的思维蜕变过程，用所学知识解决生活问题，提升社会责任感，契合新课标下的科学态度与责任的核心素养内涵。

——郭宝江

（正高级教师，山东省特级教师，全国优秀教师）

25

压强 *

| 课型 | 新授课 | 教材版本 | 人教版 |

○ 课标要求 ○

《义务教育物理课程标准（2022年版）》P15-P16：

　　2.2.7　通过实验，理解压强。知道增大和减小压强的方法，并了解其在生产生活中的应用。

○ 教材分析 ○

　　本节是《义务教育教科书（六·三学制）物理八年级下册》（人教版）第九章第1节《压强》。

　　本节内容是学生在学习了第七章《力》，已经明确力可以使物体产生形变或改变运动状态的基础上，进一步学习压力的作用效果，并引入"压强"的概念。"压强"既是对压力作用效果的进一步描述，又是后续认识浮力产生原因等知识的基础，因此是初中物理的重要教学内容。本节课，教材从观察压力作用效果展开，然后转入研究、总结压力作用效果的影响因素，进而引出"压强"概念，然后进一步应用压强知识解决实际问题，并为学习液体压强和大气压强做好铺垫，最后联系生产生活归纳总结增大或减小压强的方法。

---

　　* 执教教师为李艳［枣庄市市中区实验中学正高级教师，入选教育部新时代名师培养人选（2022—2025）；曾获全国优秀教师、山东省特级教师、齐鲁名师、山东省教学能手、山东省五一劳动奖章、山东省三八红旗手、枣庄市劳动模范、枣庄市有突出贡献的中青年专家、枣庄市优秀共产党员等荣誉称号；出版个人专著《行思教学在路上》，多篇论文发表在物理核心期刊；主持多项省级课题并结题；入选国培计划专家库］。

学情分析

学生已经学习了力学的基础知识，也基本掌握了物理的探究方法。另外，八年级学生具备一定的观察能力，也具备了较强的独立思考能力，但抽象思维能力尚未成熟，理解能力普遍不高，往往需要直接、感性实验的支持。本节内容所要学习的压力的作用效果和压力的区别，是本节课要解决的难点所在。八年级学生对新事物的好奇心和求知欲很强，对任何事情总想"一探究竟"，因此，我借助小游戏"扔飞镖"导入新课，提高学生动手操作能力，激发他们自主探求物理知识奥妙的欲望；然后，通过动手作图，引导学生通过观察学会区分压力与重力；接着引导他们猜想并小组合作探究影响压力作用效果的因素；通过分享设计方案进一步总结影响压力作用效果的因素，类比"速度"的概念，小组讨论引出"压强"的概念；最后，一起走进生产生活中的物理进行归纳总结增大或减小压强的方法。学生经历了从感性认识到理性认识、从生活情境到物理知识的思维蜕变过程，体现了"从生活走向物理，从物理走向社会"的新课程教学理念。

教学目标

1. 通过作图分析，准确描述压力的概念，对比压力和重力的区别，提高观察能力、分析概括能力。

2. 通过实验探究，知道压力作用效果跟压力的大小和受力面积的关系；通过类比"速度"，说出"压强"概念，熟练写出压强公式、单位，并能用压强公式进行简单计算，进一步了解和学习研究物理问题的方法。

3. 通过生活实例和压强公式，分析改变压强的具体方法，并能解释与压强有关的生活现象，感受科学的魅力。

教学重点

掌握压强的概念和计算方法。

教学难点

正确理解压力和压强的概念。

教学流程

教学流程表

教学程序		教师活动	学生活动	设计意图及教学评价
创设情境导入新课		小游戏：扔飞镖，让学生分别用有箭头和没有箭头的飞镖射到靶上。（注意安全）提问：通过小游戏我们可以发现压力在物体上产生的效果不同，现在，同学们最想了解的问题是什么？	积极参与游戏，仔细观察并积极动脑思考。	锻炼学生动手操作能力，激发学生求知欲。
新课学习任务一：压力的概念		1. 展示3幅图片及相关问题。2. 作图：物体对支撑面的压力的示意图和物体受到的重力的示意图。3. 展示习题，引导学生画图并解释。	仔细观察，理解压力的概念，并尝试流利且正确地表述。区分重力与压力，画出图中的压力并解释。	为学习压力作用效果做好铺垫。
任务二：压力作用效果及压强的简单计算	活动一：探究压力的作用效果与哪些因素有关	实验：（1）将铅笔水平挤压在两手指间，体会两只手的感觉有什么不同？（2）用力再大点又有什么感觉？（3）用手握鸡蛋和在碗边磕鸡蛋，哪种情况鸡蛋更容易碎？（4）观察在不同的压力下，压力小桌使海绵产生的形变程度，这说明了什么？提问：压力的作用效果与哪些因素有关？首先请同学们根据刚才的实验观察，结合已有的生活经验进行猜想。	积极参与，积极思考，大胆猜想，交流展示。	培养学生积极体验、敢于猜想、理性分析、归类探究的意识与能力。

（续表）

教学程序		教师活动	学生活动	设计意图及教学评价
任务二：压力作用效果及压强的简单计算	启发猜想	猜想： （1）压力作用效果可能与压力大小有关； （2）压力作用效果可能与受力面积的大小有关。		
	动手探究	提出探究要求： 下面请同学们参考学历案中的实验设计来进行探究。注意及时记录观察到的现象，归纳得出实验结论，并反思实验中的不足，提出改进意见。做完实验后，小组讨论并做好全班展示交流的准备。	分组探究： 实验一：探究压力作用效果与压力大小的关系； 实验二：探究压力作用效果与受力面积大小的关系。	培养学生动手操作，获取与处理信息，得出结论，以及对科学探究过程和结果进行交流、评估、反思的能力。
	归纳总结	组织交流，引导归纳： 请同学们交流一下你们的实验结果及发现，归纳实验结论以及对实验的改进意见。	全班展示交流。	
	活动二：类比"速度"探究"压强"及相关计算	提出问题： （1）1 N和2 N的力分别作用在2 m² 的面积上，哪个效果更明显？ （2）1 N的力分别作用在2 m²和3 m²的面积上，哪个效果更明显？ （3）1 N的力作用在2 m²的面积上，2 N的力作用在3 m²的面积上，哪一个力产生的效果更明显？	积极思考，小组讨论，总结比较压力作用效果的方法，建立"压强"的概念。 认真思考、理解。	通过物理思想方法的渗透，培养学生的科学素养和综合能力。
		练习巩固： 利用压强公式进行简单计算： 游客在水平沙滩上驾驶四轮沙滩摩托车，摩托车和人的总重约为3.2×10³ N，每个车轮与沙地的接触面积约为0.02 m²。问：摩托车对沙地的压强是多大？	规范作答，注意计算题解题步骤。	培养学生灵活运用知识的能力以及严谨的科学态度。

（续表）

教学程序	教师活动	学生活动	设计意图及教学评价
任务三：增大或减小压强方法	PPT图片播放。 提出问题： 任何物体能承受的压强都是有限度的。交通部门为防止路面被损坏严禁车辆超载。为什么车辆超载会对路面造成破坏？ 练习1：能区分学历案T9中分别是通过什么方法减小压强或增大压强的。 练习2：见教材第32页"动手动脑学物理"T2、T3。	认真观察PPT播放的生活图片。 积极思考，进行交流并总结。 积极思考、判断，并用物理语言表达。	培养学生观察分析能力。
能力提升	PPT展示： 如图所示，图钉帽的面积为 $1\ cm^2$，图钉尖的面积为 $0.05\ mm^2$，手指对图钉帽的压力是 $10\ N$，墙面能承受的最大压强为 $4\times10^6\ Pa$。 （1）求手指对图钉帽的压强； （2）求图钉尖对墙的压强； （3）能否将图钉压入墙面？	积极思考，认真作答。	培养学生的知识灵活运用能力。
联系生活	PPT演示： （1）科技中的物理应用领域：材料科学、机械工程、土木工程等； （2）生活中的物理：图钉按入墙面。 任务：请大家课后继续收集生活中有关压强的应用的实例。	认真观看，积极思考。	培养学生关注科学技术、自然环境、人类生活和社会发展的意识。

教学程序	教师活动	学生活动	设计意图及教学评价
课堂小结	请同学们总结一下：通过本节课的学习，你有哪些收获？（知识和能力两个方面）	小结、交流。	培养学生的梳理反思与语言表述能力。
课堂达标	学历案：A、B、C组。	独立完成。	检验学习效果。
作业布置	展示图片： （1）生活中，菜刀用了一段时间会变钝，如何让变钝的菜刀使用时能满足我们生活需求？ （2）《天工开物》中描述了古代劳动人民在田间割稻、脱粒等情境。 资料一：割稻——有经验的农民在割稻谷前会把镰刀口磨锋利，收割结束，把剩余的秸秆翻埋入田地里。 资料二：脱粒——在松软的田地里会放一个木桶，木桶底部宽大，用力将稻草击打到木桶边缘，谷粒脱落在木桶内。 请你调查有关改变压强的方法和相关知识。	课后调查。	培养学生收集信息、解决问题的能力。

板书设计

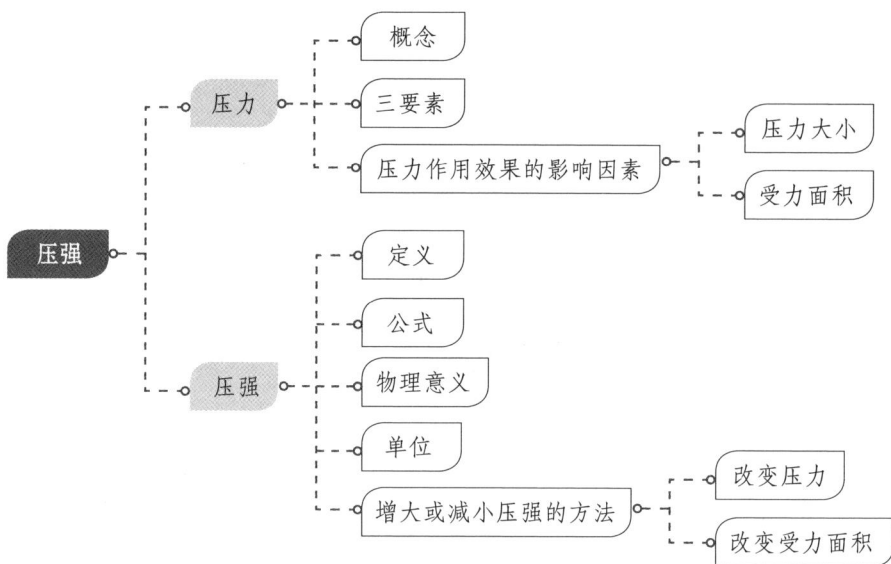

点评

李老师的本节新授课教学设计任务明确，重难点突出，活动设计简洁明了，课堂达成度较高，让学生在轻松愉快的氛围中完成本节课的学习任务。设计的学生小实验、活动和作业布置紧跟课本，适度拓展。注重了教学评一体化，在教学过程中及时进行评价，有助于教师更好地了解学生的学习情况，及时调整教学方法和策略，从而提高教学质量；并能增强学生的学习动力，实现个性化教学，提高教学的有效性。

——郭宝江

（正高级教师，山东省特级教师，全国优秀教师）

26

液体压强　连通器 *

课型	新授课	教材版本	鲁科版

课标要求

《义务教育物理课程标准（2022年版）》P16：

2.2.8　探究并了解液体压强与哪些因素有关。

P29探究类学生必做实验：

4.2.3　探究液体压强与哪些因素有关。

例3　用水、盐水、压强计等，探究液体压强与哪些因素有关。

P16活动建议：

（3）查阅资料，了解我国"奋斗者"号载人潜水器的深潜信息，讨论影响其所受液体压强……大小的因素。

（4）查阅资料，了解我国长江三峡水利枢纽工程中船闸是怎样利用连通器特点让轮船通行的。

教材分析

本节是《义务教育教科书（五·四学制）物理八年级下册》（鲁科版）第七章第二节《液体压强》和第三节《连通器》。

教材内容分为三大部分：液体压强的特点，液体压强的大小和液体压强

* 执教教师为：潘书朋（山东省莱州市玉皇中学，高级教师，曾获烟台市学科带头人、烟台市教育科研先进个人、烟台市实验教学先进个人等称号）；秦静（山东省莱州市教学研究室初中物理教研员，曾获烟台市教学能手、烟台市初中教育教学工作先进个人、烟台市实验教学先进个人等称号）。

的实际应用（连通器）。本节课内容是压强在液体物态中的体现，因为该节知识比较抽象，学生已有的感性认识少，并且还用到了密度和力的平衡的知识，所以对学生来说这是难点。由于压强在不同物态中表现的特点不同，其计算和测量也有区别，另外，液体压强密切联系固体压强和气体压强，起到承前启后的作用，所以为帮助学生形成系统完整的压强知识，一定要重视本节内容的教学。

学情分析

初中阶段学生的形象思维能力相对较强，抽象思维能力相对较弱，注意力不能持久集中。每个学生的智力发展、认知水平、兴趣爱好虽各不相同，但是都喜欢看实验和做实验，并有一定的生活积累。学生对液体压强会有一定的认识，但只停留在感性认识的阶段。如果直接让他们想办法设计出证明液体压强存在的实验，未免难度过高。然而学生的思维是活跃的，求知欲强，而且固体、液体的压强既具有共性，又有其自身的特性，因此，本节设计是安排在学生学习了固体压强概念之后，再根据固体压强的特点，通过类比和观察实验，体会液体内部存在压强及液体内部压强的方向；通过实验探究了解液体压强的大小跟什么因素有关；通过理论推导液体压强的大小与液体密度和深度的关系；通过观察实验，知道连通器的结构特点和原理；通过讨论分析，了解连通器在实际中的应用。

教学目标

1. 物理观念：通过观察实验初步感知液体压强特点，通过实验探究了解影响液体压强的因素，并且能够利用液体压强的知识解释连通器的工作原理。

2. 科学思维：通过观察实验结合模型建构，理论推导液体压强的大小计算公式。

3. 科学探究：体验实验探究的过程，激发主动学习的兴趣。通过演示实验培养观察能力，通过探究实验了解影响液体压强的因素。

4.科学态度与责任：通过查阅资料，了解我国"奋斗者"号载人潜水器的深潜信息，讨论影响其所受液体压强的因素，了解我国长江三峡水利枢纽工程中船闸是怎样利用连通器特点让轮船通行的，提升民族自豪感，增强实现中华民族伟大复兴的使命担当意识。

教学重点

本节课重点放在知道液体压强的特点，并且解释社会生活中连通器等相关现象。

教学难点

本节课难点是如何引导学生探究影响液体压强大小的因素，对设计出来的实验方案进行改进并得出影响液体压强大小因素的结论。

教学流程

教学流程表

教学程序	学生活动	教师活动	设计意图及教学评价
创设情境 提出问题	活动1：情境体验，走进物理 观看"蛟龙"号模型。 观看"奋斗者"号微视频。	1.课前检查学生学前准备情况，并及时进行激励性评价。 2.创设情境，导入新课（展示"蛟龙"号模型，播放"奋斗者"号微视频）。 3.板书本节课题，展示课时学习目标——学什么（探究并了解液体压强与哪些因素有关；知道连通器的结构特点和原理，了解连通器在实际中的应用）。	活动1在开课伊始通过展示"蛟龙"号载人潜水器模型，播放"奋斗者"号刷新下潜深度微视频，介绍我国自行设计、自主集成研制的深海载人潜水器的发展历程，利用新闻热点激发学生强烈的求知欲望，培养学生爱国主义情怀。这样的设计思路符合"从生活走向物理"的新课程理念，也符合学生的认知规律。

（续表）

教学程序	学生活动	教师活动	设计意图及教学评价
实验探究 解决问题	活动2：观察实验，体验感知 1. 学生动手操作，体验感知液体对容器底部和侧壁是否产生压强。 2. 学生继续体验感知液体内部是否也有压强。 	1. 教师从固体压强切入，烧杯由于受重力，所以会对桌面产生压强。接着提出问题——倒入杯中的水是否也会因受重力对容器底产生压强。在此基础上，引导学生动手体验。 2. 参与学生分组讨论，得出液体压强的初步特点：液体对容器底部、侧壁、内部都有压强（板书）。	活动2"观察实验"是学生初步体验液体压强特点的环节，这一环节教师并没有直接告诉学生"液体压强有什么特点"，而是让学生动手操作，体验感知。在此基础上，师生共同学习，思维碰撞，通过橡皮膜前后的变化，得出液体压强的初步特点，这种学习流程符合学生的认知规律，也是课堂"真学习"的具体体现。
	活动3：合作学习，实验探究 1. 认识压强计。 （1）结构：U形管、橡皮管、探头、橡皮膜。 （2）使用原理：橡皮膜受到压强时，U形管中左口右液面产生高度差。液面高度差越大（小），压强越大（小）。	1. 教师播放"压强计"的微视频，并且强调使用注意的问题。 （1）压强计在使用时，橡皮管不能弯折。 （2）可以通过旋钮的转动来改变橡皮膜在液体里的方向。	活动3"实验探究"带领学生深度体会液体压强的特点，这也是2022年版课程标准探究类学生必做实验之一，必做实验的设计旨在体现物理课程实践性的特点，培养学生发现问题与提出问题的能力、收集数据与处理数据的能力、分析论证与解释交流的能力，引导学生学会学习、学会合作，培养学生严谨认真、实事求是的科学态度。

（续表）

教学程序	学生活动	教师活动	设计意图及教学评价
实验探究解决问题	2. 学生猜想影响液体压强的因素可能有哪些? 提出问题：液体内部的压强可能与哪些因素有关? 作出猜想：液体内部压强可能与哪些因素有关? 设计实验方案： （1）探究液体压强与方向的关系。 （2）探究液体压强与液体深度的关系。 （3）探究液体压强与液体密度的关系。 3. 分组实验，得出结论。 （1）保持探头在水中的深度不变，改变探头的方向，观察U形管左、右液面的高度差是否变化。 思考：同一深度各方向的压强有什么特点? 结论1：液体内同一深度，各个方向的压强相同。 （2）增大探头在水中的深度，观察U形管左、右液面的高度差是否变化。 思考：液体内部的压强和深度有什么关系? 结论2：液体内部，压强随深度的增加而增大。	2. 引导学生作出猜想，并明确猜想的依据，培养学生科学猜想的习惯，组织学生交流实验方案，明确实验方法。 实验方法：控制变量法、转换法。 （1）探究液体压强与方向的关系，要保持_____不变，改变_____，观察_____。 （2）探究液体压强与液体深度的关系，要保持_____不变，改变_____，观察_____。 （3）探究液体压强与液体密度的关系，要保持_____不变，改变_____，观察_____。 3. 实验前，教师进行温馨提示： （1）改变深度方法：松开螺丝，上下调整即可； 改变橡皮膜方向方法：手拿胶管，转动上端的旋钮即可。 （2）压强计上的胶管不能弯折。	这一环节学生在教师的引导下能根据实验目的，运用"控制变量法"设计实验方案，通过小组合作，正确使用实验器材进行科学探究，收集数据，对收集的数据进行整理，归纳总结，形成结论并作出解释。

（续表）

教学程序	学生活动	教师活动	设计意图及教学评价
实验探究解决问题	（3）换用酒精和硫酸铜溶液，在深度相同时，观察U形管左、右液面的高度差是否变化。 思考：液体内部的压强是否与液体密度有关？ 结论3：深度相同时，液体密度越大，压强越大。 4.学生归纳总结液体压强的特点：液体内部向各个方向都有压强； 在同一深度，液体向各个方向的压强都相等；液体压强随深度的增加而增大；液体的压强还与液体的密度有关，深度相同时，液体密度越大，压强越大。	（3）实验前，U形管中液面不平时，请卸下胶管接头，再重新接好。 （4）深度是指从液面向下到某处的竖直距离。 4.引导学生分析实验数据，得出实验结论。	在学生实验探究过程中，教师要参与其中，给学生必要的提示，以提高实验效率，避免实验中不必要的错误出现，整个实验探究过程依次进行，环环相扣，逻辑性强，促进学生能力的培养。 学生自己总结实验规律，培养他们对数据的处理能力。
模型建构深化问题	活动4：模型建构，理论推导。 1.学生观察不同类型的潜水服，用学过的知识解释原因。 	1.教师投影各种类型的潜水服，引导思考并解释。	活动4先通过让学生观察不同类型的潜水服，加深对"同种液体的压强随深度的增加而增大"的理解。

教学程序	学生活动	教师活动	设计意图及教学评价
模型建构 深化问题	2. 观察演示实验，根据橡皮膜的不同形状，思考老师提出的问题。 （1）观察：玻璃管中倒入水后，橡皮膜形状的特点；玻璃管放入水中，橡皮膜形状的变化；当橡皮膜变平时，玻璃管内外水面高度的特点。 （2）分析：从二力平衡的角度分析橡皮膜所受向上和向下压强的大小关系。 3. 推导：利用压强公式和重力公式推导出液体压强的公式。 （1）$F=G=mg=\rho_液 Vg=\rho_液 gSh$； （2）$p=\dfrac{F}{S}=\dfrac{\rho_液 gSh}{S}=\rho_液 gh$。 理解：公式中各个物理量的含义及其单位。着重理解深度的含义："自由液面到液体中某点的竖直距离"。 	2. 提出问题：液体的压强跟液体的密度、深度有关，那么液体内部某处压强的大小如何确定呢? 演示实验：在扎有橡皮膜的玻璃管中先倒入水，让学生观察橡皮膜的形状，再逐渐放入水中，让学生观察橡皮膜形状的变化。 浸入液体中前 部分浸入液体中 3. 引导学生建立液体内液柱的模型：设想液体中有一深度为h、横截面积为S的液柱，如果能计算出这段液柱对S产生的压强，就能得到液体在这个深度各个方向上的压强。	由于液体压强的内容比较抽象，为了突破"液体压强的大小"这一难点，先通过实验引导学生建构物理模型，然后再进行理论推导，这样的处理就大大降低了思维难度，学生很顺利得出液体压强公式。

教学程序	学生活动	教师活动	设计意图及教学评价
模型建构 深化问题	4．例题：当我们的深海载人潜水器——"奋斗者"号，成功下潜到水下10 909 m时，计算出"奋斗者"号此时受到的液体压强。（$\rho_{海水}$≈1.0×10^3 kg/m³，g=10 N/kg） 思考："奋斗者"号为什么要有特制的、厚厚的"铠甲"？	4．教师引导学生运用学到的液体压强公式尝试解释液体压强特点。	在此基础上再通过例题计算"奋斗者"号在10 909 m的马里亚纳海沟承受的巨大压强，从而感受到我国科学技术的进步对全球深渊科学的发展具有十分重要的意义。
联系实际 拓展问题	活动5：联系实际，拓展问题。 1．学生思考三峡大坝设计为下宽上窄形状的原因。 2．学生观看微视频，自然注意到三峡船闸，产生质疑——轮船是如何顺利通过船闸的？ 	1．教师播放微视频——三峡大坝，提出问题引发学生思考其形状设计的巧妙之处。 2．教师在播放微视频的同时，引发学生思考：我国三峡大坝是举世瞩目的工程，三峡大坝上下游的水位差最高可达113 m。巨大的落差有利于产生可观的电力，但也带来了航运方面的问题，解决这个问题的途径就是修建船闸，那么船是如何从上游通过船闸驶往下游的呢？这就需要继续学习液体压强的应用——连通器。	活动5设计的环节是液体压强的应用——连通器。为了更好地进行衔接，前面学习了液体压强随着深度的增加而增大，就可以很好解释三峡大坝设计成下宽上窄的形状的原因，在让学生观看微视频的时候，自然也就引出三峡船闸，也就为接下来学习连通器做了很好的衔接。

（续表）

教学程序	学生活动	教师活动	设计意图及教学评价
联系实际拓展问题	3. 学生根据教师的提示，将U形管连接橡皮管的一端拔下，注意观察现象。 现象：U形管两侧的液面保持相平。 4. 学生动手操作，体验感知，发现当连通器里装有同一种液体，液体不流动时，各容器中的液面总保持相平。 5. 学生利用液体压强知识，同样采用模型结构的方法对连通器的工作原理进行解释。 	3. 教师引导学生：接下来请同学们进行下面的操作——刚才我们在探究液体压强与哪些因素有关的实验中，将探头浸入液体中，U形管两侧出现了高度差。现在请同学们将U形管连接橡皮管的一端拔下，注意观察实验现象。 4. 教师继续引导：其实大家看到的U形管就是一个连通器，为了让大家更加深刻理解连通器的构造和工作原理，我们再来做一个实验，在如下的容器中缓慢注入带颜色的水，静止后注意观察液面的情况。 5. 教师继续引导：连通器各容器各液面相平的原因，可用液体压强的知识解释。	在学习连通器的构造特点和工作原理时，是在前面探究液体压强与哪些因素有关的基础上，利用U形管继续拓展研究。 对于连通器工作原理的解释也是在前面推导液体压强公式需要建构模型的基础上，采用同样的方式进行建构模型，理论分析，这样的设计非常流畅，一气呵成。

（续表）

教学程序	学生活动	教师活动	设计意图及教学评价
联系实际 拓展问题	6. 学生和教师一起利用船闸模型演示轮船是如何通过船闸的，进一步了解连通器的工作原理。 7. 学生讨论分析连通器在实际生活中的其他应用：茶壶、锅炉水位计、乳牛自动喂水器、喷泉……	6. 教师与学生合作完成轮船（用乒乓球替代）通过船闸的演示实验，让学生加深理解。 7. 教师继续提出问题：其实在实际生活中还有很多连通器的实例，下面请同学们思考、讨论、交流，你还知道哪些应用属于连通器？	
梳理反思 回答问题	活动6：结合自主学习单，从三个方面将本节课进行梳理反思，完成本节课的概念图。 *这节课我的收获有哪些？ *我还有哪些疑问？ *我还想要知道的是什么？	1. 引导学生结合自主学习单，进行梳理反思。 2. 对学生完成的概念图进行点评激励。	活动6设计的梳理反思是为了让学生知道自己"学到了什么"，为此可以引导学生借助康奈尔笔记（5R笔记），利用概念图对本节内容进行整理，形成知识网络，并且通过对实验探究的反思，增强学生动手操作的能力和意识。
	活动7：自我检测。 完成纸笔反馈练习。	依据素养目标设计习题，安排学生进行课堂自我检测。	活动7设计的反馈练习是教师依据素养目标精心设计的习题，安排学生进行课堂自我检测，对本节课学生的学习情况进行及时反馈，检验学生"学得怎么样"。
创新实践 能力提升	活动8：学生课后完成以下创新实践活动。 ◎动手操作，创新实践 请大家利用身边的物品（如饮料瓶、橡胶管、漏斗等）合作进行模拟帕斯卡裂桶实验。	1. 教师播放"帕斯卡裂桶实验"微视频，利用身边的物品合作进行模拟实验，并且强调一定要注意安全！	活动8设计的"创新实践"是学生所学知识的迁移应用，分两个层次进行：首先是引导学生回顾物理学史，利用身边的物品进行创新实践。其次，让学生查阅

（续表）

教学程序	学生活动	教师活动	设计意图及教学评价
创新实践能力提升	◎查阅资料，搜集信息 查阅资料，了解我国"奋斗者"号载人潜水器的深潜信息，讨论影响其所受液体压强的因素。了解我国长江三峡水利枢纽工程中船闸是怎样利用连通器特点让轮船通行的。	2. 根据学生的认知基础，设计"创新实践"内容，引导学生动手操作，查阅资料，并在学生进行综合性实践过程中给予指导帮助。	"奋斗者"号载人潜水器和三峡船闸的有关信息，这些实践活动非常具有综合性，这是2022年版课程标准第16页提出的"活动建议"，也是课程标准提出的一次跨学科实践中"物理与社会发展"的创新设计。
课堂小结	自主设计知识树，梳理知识、能力、素养多维度的收获。	教师将学生梳理的内容拍照上传，组织学生进行交流展示。	培养学生的梳理反思能力。从知识的条理性、素养的形成性多维度进行评价。
作业布置	基础类： 1. 比较图甲、乙中各点的压强大小。 2. 关于连通器的理解正确的（　）		巩固知识，加深理解。

（续表）

教学程序	学生活动	教师活动	设计意图及教学评价
作业布置	A.连通器至少有两个开口 B.连通器只有两个开口 C.在连通器中倒入液体后，各液面一定相平 D.底部互相连通的容器叫连通器 能力类： 如图所示，甲、乙两个试管中都装有水，甲试管竖直放置，乙试管倾斜放置，则甲、乙两试管底部受到的压强大小关系如何？ 实践类： 实践小组利用身边物品，设计制作一个小型船闸模型。		实现"做中学""学中创"。

板书设计

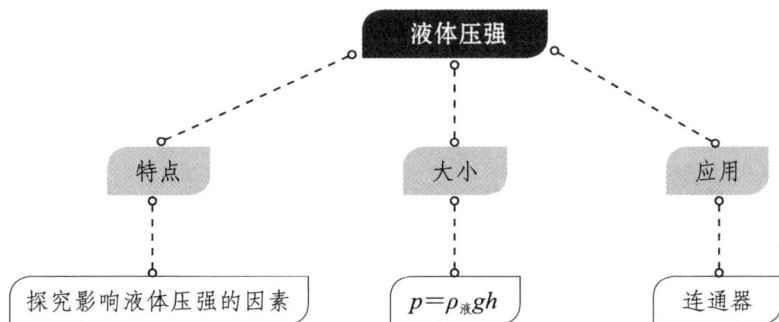

点评

本节课以"奋斗者"号的新闻情境作为引入，激发学生学习热情，整个教学设计环环相扣，循循善诱，对液体压强的特点，老师放手让学生自主设计实验，完成实验，提高学生实验动手能力；液体压强公式以模型建构进行突破，前后知识进行联系，也便于学生理解。在连通器教学中，让学生利用船闸的模型进行演示，加深学生对连通器的理解，非常有创意，学生在玩中学，大大提升学生对物理的学习兴趣。采用任务驱动法、自主学习、合作探究等方法进行深度学习。通过观察实验结合模型建构，理论推导液体压强的大小计算公式，促进学生的科学思维素养的提升。

——郭宝江

（正高级教师，山东省特级教师，全国优秀教师）

27

液体压强 *

课型	新授课	教材版本	鲁科版

课标要求

《义务教育物理课程标准（2022年版）》P16：

2.2.8　探究并了解液体压强与哪些因素有关。

活动建议：

（3）查阅资料，了解我国"奋斗者"号载人潜水器的深潜信息，讨论影响其所受液体压强和浮力大小的因素。

课程标准中要求理解压强，并通过实验，探究并了解液体压强与哪些因素有关，会简单运用公式计算液体压强的大小，并能解释生活中的相关现象。

教材分析

本节是《义务教育教科书（五·四学制）物理八年级下册》（鲁科版）第七章第二节《液体压强》。

本节课的内容既是对上一节压强知识的扩展，也是后面学习大气压强、流体压强的基础和铺垫。液体压强是在学生学习压力，认识压强的物理意

---

* 本课在山东省基础教育优质课省级评选中荣获普通初中学段物理学科一等奖，并在2023年山东省教师教育网远程培训《山东省初中物理课堂教学基本要求（试行）》栏目中作为典型课例。执教教师为吴卫锋（东营市广饶县英才中学教师，山东省齐鲁名师建设工程人选，东营名师，东营市教学能手、学科带头人、教书育人楷模，广饶县有突出贡献的中青年专家）。

义、建立概念和得出计算公式后提出的，学习液体在静止时内部产生的液体压强，为学习大气压强和后续学习液体浮力打下基础。本节课从帕斯卡裂桶实验引入液体压强，然后通过小实验了解液体对容器底和侧壁有压强，再通过压强计探究液体压强与哪些因素有关，得出液体压强的特点。通过潜水深度不同，需要的装备不同引出液体压强的计算，推导计算公式 $p=\rho gh$，并进行应用。

《义务教育物理课程标准（2022年版）》中要求用水、盐水、压强计等，探究液体压强与哪些因素有关，此实验为探究类学生必做实验。本节课通过对压强计的使用，进一步体会转换法和控制变量法的科学研究方法，让学生在探究活动中培养观察现象、总结规律的能力，提高探索兴趣，培养科学态度和科学精神。在实验基础上，引导学生利用模型推导液体压强大小的公式，进一步认识液体压强只与液体密度和深度有关，与前面的实验紧密结合。最后要求学生能用液体压强的基本知识解释有关的生活现象，体现从生活到物理的新课程理念。

学情分析

八年级学生思维活跃，对待新知识有强烈的好奇心和求知欲，但缺乏理性思考，逻辑思维能力有待提升，因此本节课我让学生从体验到实验，再到探究，让学生经历从感性认识到理性思考、从定性分析到定量研究的思维蜕变过程。学生已经有了力的基本概念以及力和运动的关系的基础，在初步了解压力和压强之后具备了进一步研究液体压强的能力。

教学目标

1. 物理观念：通过体验、实验认识液体压强的存在，能准确陈述液体压强的特点；通过实验探究液体压强与液体深度和密度的关系，能用液体压强的特点来解释简单的生产、生活中的问题；能熟练写出液体压强公式，并能进行简单计算。

2. 科学思维：经历探究液体压强特点的过程，进一步熟悉利用转换法、控制变量法和物理模型等方法来解决问题，养成综合分析、科学推理、论证、质疑和模型建构的科学思维习惯。

3. 科学探究：经历探究液体压强特点的实验过程，加深对中学物理探究实验方法的认识和理解，提升基于观察和实验提出问题、形成猜想、设计实验与制订方案、获取与处理信息证据、解释、交流等科学探究能力，突出设计实验、动手操作、收集数据和分析归纳等方面的探究能力。建构物理模型，经历推导液体压强公式的过程。

4. 科学态度与责任：在观察、交流分析、探究的过程中培养严谨认真、实事求是的科学态度，利用"奋斗者"号了解我国现代化建设的成就，提升爱国主义情怀、民族自豪感和实现中华民族伟大复兴的使命感。

教学重点

通过实验探究液体压强的特点，知道液体压强与液体深度、液体密度的关系。

教学难点

应用液体压强特点和液体压强公式解决实际问题。

教学流程

教学流程表

教学环节	教学内容	教师活动	学生活动	设计意图及教学评价
实验导入	模拟帕斯卡裂桶实验	1. 准备：连接在一起的玻璃箱和塑料管、漏斗、玻璃缸和一杯染红的水。 2. 操作：将一大桶水不能压碎的玻璃箱放入一个更大的玻璃缸中，并提供一杯水。 3. 两名学生将水注入塑料管。 4. 提出问题：一杯水重力不大，为什么能压碎玻璃箱呢？	两名学生操作，将染红的水注入塑料管，其余学生观察实验，思考：为什么一杯水就能压碎玻璃箱？	创设大情境，形成感觉冲击力。重现帕斯卡裂桶实验，引发思考，激发学生的学习兴趣和探究欲望。

（续表）

教学环节	教学内容	教师活动	学生活动	设计意图及教学评价
实验导入	模拟帕斯卡裂桶实验			
体验与实验	体验：液体压强的存在，证明液体内部能产生压强	1. 分享游泳时感受到的水的压迫感，让学生体会液体压强的存在。 2. 体验活动：将塑料袋套在手上，观察塑料袋，浸入水槽后，塑料袋有什么变化，再体会手的感觉，思考说明了什么问题。 	回忆游泳的感受。 认真阅读体验活动的要求。 全体学生参与体验，分享自己的体会。	遵循认知规律，体现物理的实践性。通过体验感受液体内部能产生压强，让同学们联想到生活中的游泳，并通过塑料袋亲手体验水产生的压强。
	实验：液体对容器底和侧壁能产生压强	1. 液体对容器底和侧壁能否产生压强呢？猜想一下。 2. 怎样用实验证明呢？谁能说说自己的想法，可以借助实验台上的器材。 3. 学生实验：玻璃容器下端和侧边的橡皮摸凸起，塑料瓶侧边的孔越靠下喷射得越远。 	根据自己的生活经验，猜想液体对容器底和侧壁能否产生压强。 根据实验器材设计方案。 小组合作，动手操作。 汇报实验过程。	以提高全体学生的核心素养为宗旨，让学生从简单的实验入手。全体学生共同参与体验和实验，为每一位学生的学习提供机会。

（续表）

教学环节	教学内容	教师活动	学生活动	设计意图及教学评价
体验与实验	归纳：液体压强的原因	1. 思考：液体为什么能产生压强呢？ 2. 引导学生回顾固体压强的产生原因，比较固体、液体之间的区别，引导获得重力和流动性。	通过实验分析液体能够产生压强的原因，归纳总结。	突出问题导向，引导学生分析、概括，从物理学视角进行解释。
探究实验	认识压强计	1. 认识压强计。通过自制教具把学生观察橡皮膜的形变转换成U形管液面的变化，把塑料瓶改装成探头，就制成了压强计。 2. 转换法的介绍。把不便于观察的微小变化转换成容易观察的现象的方法。 3. 压强计的构造和使用方法。	观察并思考老师的自制教具。 学习转换法，体会如何把不明显的现象转换为容易观察的现象。 了解压强计的构造和使用方法。 	教师通过自制教具过渡到压强计，使物理贴近学生生活，顺其自然地讲解压强计的构造和使用，减轻了学生理解的难度。
	问题	1. 提出问题：液体压强的大小可能与哪些因素有关呢？ 2. 猜想与假设：引导学生猜想可能与深度、液体密度、质量、容器形状、橡皮膜的方向有关。 3. 控制变量法的介绍。	思考液体压强的大小可能与哪些因素有关。 根据生活经验和前期的实验，形成猜想假设。 了解控制变量法。	注重问题导向，合理设计探究活动，激发学生探究欲望，提高核心素养。
	证据	1. 设计实验与制订计划。 2. 小组讨论实验方案。 3. 确定实验方案： （1）在圆筒的水中，使探头深度为3 cm，改变探头方向，记录U形管中液面高度差。 （2）在圆筒的水中，使探头深度为6 cm和9 cm，分别记录U形管中液面高度差。	根据猜想与假设，设计实验和制订计划。 小组讨论实验方案。 汇报小组讨论形成的实验方案，借鉴其他同学的方案，予以修正。	强调真实的问题情境，发展学生核心素养。实验中教师提供了两个圆筒水槽，分别盛有水和盐水，还有一个盛有水的方形水槽，让学生充分

（续表）

教学环节	教学内容	教师活动	学生活动	设计意图及教学评价
探究实验	证据	（3）在圆筒的盐水中，使探头深度为6 cm和9 cm，分别记录U形管中液面高度差。 （4）在方形容器的水中，重做实验，比较U形管中液面高度差。	与老师一起形成实验方案。 明确实验步骤和操作规范。 探究实验。	探究液体压强与深度、液体密度、质量、容器形状、橡皮膜的方向的关系。
	解释	1. 投影实验报告。 2. 分析数据，寻求得出结论的依据。 3. 师生共同得出结论： （1）液体内部向各个方向都有压强，同种液体的同一深度，向各个方向的压强相等。 （2）同种液体深度越大，液体压强越大。 （3）液体压强还与液体的密度有关，深度相同时，液体密度越大，压强越大。 （4）液体压强与质量、容器形状、底面积、探头方向等无关。	完成实验报告。 分享自己小组的实验数据和实验结论。 展讲影响液体压强的因素：与深度和液体密度有关，与质量、容器形状、底面积、探头方向等无关。 学习使用转换法和控制变量法。	学生动手实验，在探究实验中和交流汇报中提升动手操作能力、逻辑思维能力和语言表达能力，学生在探究中思考并实践控制变量法、转换法等物理方法，综合提升物理学习能力和学科核心素养。
	交流	1. 在实验过程中，吸取了哪些经验教训？ 2. 如何改进探究实验？	总结实验过程中的经验教训，提出改进方案。	增强学生对科学探究的评估反思能力。
公式推导和数字实验	公式推导	1. 液体内部某个深度的压强如何计算？ 2. 物理模型，演示自制教具——扎有橡皮膜的矿泉水瓶。 3. 引导学生推导液体压强的计算公式。	思考压强的计算公式。 物理模型法的理解。 利用压强定义进行推导，得到液体压强的计算公式。	

教学环节	教学内容	教师活动	学生活动	设计意图及教学评价
公式推导和数字实验	数字实验	通过压强传感器演示，可以直接显示压强的大小，学生操作，投屏实验。找到在液体密度一定时压强与深度的定量关系。	观察压强传感器器材。两名学生操作。数据分析，找到定量关系。	灵活选用教学方式，合理利用数字实验，提高学生的物理学科素养。通过数据分析验证假设，通过理论探索得出规律，通过数字实验找出物理量之间的定量关系，用已学知识去探索获取新知，多视角学习液体压强的大小和计算公式。解释导入实验中压碎玻璃箱的原因。
	例题计算	1. 呼应导入实验，通过计算解释为什么一杯水能压碎一个玻璃箱。 2. 学生解答。 3. 分析水产生压强大小与深度有关，跟水的质量、容器形状和底面积没有关系。	回顾导入实验。学生应用所学公式计算水的压强。 分析水的压强与深度有关，与水的多少无关。	
交流收获	分享学习收获	1. 总结学习内容。 2. 通过本节课的学习，请同学们谈谈自己的收获和疑惑。	学生各抒己见，在知识层面、方法层面和情感层面分享自己的收获。	注重以评价促进学生发展，发挥评价的育人功能。交流收获和疑惑，注重评价功能。
作业设计		1. 基础作业：某时长江三峡大坝蓄水深度为136 m，坝底所受水的压强是多大？（已知$\rho_水$=1×10³ kg/m³，g=10 N/kg） 2. 实践作业：学校在整修操场时，要确定相距十几米远的两点是否在同一水平面上。在没有测平仪的条件下，工人师傅找来了一段几十米长的透明塑料管。你知道他要怎么解决问题吗？		作业要让不同层次的学生都有获得感，实践作业贴近和联系生活，与父母共同实践，促进家庭和睦。

（续表）

教学环节	教学内容	教师活动	学生活动	设计意图及教学评价
板书设计		液体压强 — 原因、特点、大小、应用；转换法、控制变量法、物理模型；重力、流动性；深度、密度；$\rho=\rho gh$；连通器		构建知识框架，形成知识网络，凸显单元教学。前后呼应到目标达成，再到知识生成。

点评

本节课体现以学生为主体，充分让学生去动手、动脑、观察和思考，把学生作为教学环节的中心。吴老师注意整个过程的引领，启发学生，通过自制教具，引入数字化实验数据处理软件，数据处理更加直观，让学生真正理解、掌握并运用知识。合理设计探究活动，构建知识框架，凸显单元教学。

——郭宝江

（正高级教师，山东省特级教师，全国优秀教师）

28

大气压强 *

课型	新授课	教材版本	人教版

课标要求

《义务教育物理课程标准（2022年版）》P16：

2.2.8 ……知道大气压强及其与人类生活的关系。

教材分析

本节是《义务教育教科书（六·三学制）物理八年级下册》（人教版）第九章第3节《大气压强》。

本节课对大气压强的研究是在前面所学的基础上，结合二力平衡、压力、压强、液体压强等内容来认识的，既是对前面固体、液体压强知识的复习巩固，又是对压强知识的深化和提高，也为后面学习流体流速与压强关系以及浮力奠定坚实的基础，在物理知识的学习中起到了承上启下的作用。本节课的学习以大量的演示实验和学生体验活动为载体，让学生边学习，边体验，边思考。在注重符合学生认知特点的基础上，引导学生通过观察实验，合作探究，分析推理，类比迁移等，从创造情境中概括出大气压强的现象的共同特点，完成从经验性常识向物理概念和规律的转变，对人们的日常生活、生产技术和科学研究等都有广泛的意义。

---

* 执教教师为杨海燕（日照市五莲县街头镇初级中学教师，曾获日照市学科带头人、教学能手、优秀教师、优秀乡村教师，五莲名师等称号）。

学情分析

对本节课的学习，学生有一定的知识储备，前面已经学过了压力、压强、液体密度、液体压强，学生通过生活经验对大气压已有所了解，但是大气看不见、摸不着，学生对大气压的感性认识比较少，不一定能确信大气压的存在，所以本节课的教学从实际现象出发，通过观察、探究、体验让学生获得大气压确实存在的证据，逐步引导学生得出大气压强确实存在的结论。这种教学设计符合学生的认知特点，体现了从生活走向物理的新课程理念。

教学目标

1. 通过观察、体验大气压强的存在，了解大气压强的方向，加强对物体相互作用的理解。

2. 通过观察实验提出问题，合作探究大气压强测定的方法、原理、过程和结论，培养科学推理、科学论证的能力。

3. 能利用大气压强的知识解释日常生活的一些简单现象。

4. 在观察、探究、分析、交流的过程中，培养严谨认真、实事求是的科学态度。

教学重点

大气压强的存在和大气压强值的测定。

教学难点

运用大气压强知识解释生活现象。

教学流程

教学流程表

教学程序	教师活动	学生活动	设计意图及教学评价
引入	1. 课前准备：一小段蜡烛、盛有红色液体的浅容器、较粗的试管、火柴。 2. 现场操作：将蜡烛固定在盛有红色液体的浅容器中，液体未没过蜡烛。未点燃蜡烛，把试管罩在短蜡烛上；点燃蜡烛，再把试管罩在短蜡烛上。 3. 提出问题：为什么点燃蜡烛后试管中的液面会上升？	全体同学观察老师的操作，并思考为什么点燃蜡烛后试管中的液面会上升。	创设情境，设置意外，激发学生的学习兴趣和探究欲望。
问题探究 大气能否产生压强？	1. 提问：前面学过的液体压强产生的原因是什么？ 2. 运用类比的方法请同学们猜想一下，大气会不会产生压强？	1. 学生回答：液体压强产生的原因是液体有重力，而且具有流动性。 2. 因为气体也有重力，也具有流动性，所以学生猜想大气也会产生压强。	训练学生的科学思维，学会知识迁移。
大气压的存在	引导学生完成分组实验： 1. 隔空压球 把漂浮在水槽中的乒乓球，用透明塑料杯盖住后，垂直压下去，观察乒乓球在水中的位置有什么变化。	1. 学生亲自操作并观察乒乓球在水中的位置的变化。	让学生经历探究大气压强存在的实验活动，培养学生的分析推理能力和科学探究能力，让学生亲身感受大气压强的存在，感悟科学实验在认识自然过程中的重要性。

（续表）

教学程序	教师活动	学生活动	设计意图及教学评价
问题探究 大气压的存在	2. 逆流而上 把大试管在水槽装满水，把小试管全部没入大试管中，把大试管倒置让水流出，观察小试管的运动方向。 3. 教师提出问题：问什么塑料杯没有接触乒乓球却能把它压倒水中？小试管为什么没有随着水流流下来，反而向上流？它们在谁的作用下实现了现象中的情况？	2. 学生操作"逆流而上"的实验，并观察小试管的运动方向。 3. 学生动脑思索并回答老师提出的问题。（乒乓球的上方只跟空气接触，小试管的底部也只跟空气接触，所以它们都是在空气的作用下，才有这样的现象。）	
大气压强的方向	让学生完成覆管实验，思考大气压的方向。引导学生得出大气内部向各个方向都有压强。 	完成覆管实验，思考大气压的方向，得出结论：大气内部向各个方向都有压强。	让学生经历探究大气压强方向的过程。
大气压值的测定	1．教师演示实验：在塑料瓶中倒少量入热水，过一段时间后倒掉热水，并拧紧瓶盖，让学生观察会有什么现象。让生讨论：为什么瓶子瘪了？	1.学生观察老师的演示实验，并思考瓶子为什么会变瘪。	

（续表）

教学程序		教师活动	学生活动	设计意图及教学评价
问题研究	大气压值的测定	2. 让学生完成分组实验，体验大气压的值很大。借此机会让学生观看模拟马德堡半球实验的视频，让学生体会到，大气压强比我们感受到的还要大。 3. 师：大气压很大，但它到底多大？你能否想办法测出其值是多大？ 演示实验：大气压可以托起依次变高的水柱，让学生讨论在此实验的基础上，能否找出测出大气压强值的方法。 用水柱太高，不方便操作，用水银代替。最早用水银柱测定大气压的是意大利科学家托里拆利。（播放托里拆利实验的视频，点明水银有剧毒，不适合现场操作） 4. 引导学生推导大气压强的值。	2. 学生分组实验，体验大气压强的大小： （1）单人拉开注射器； （2）双人拉开吸盘。 3. 经历：托里拆利实验过程（观看视频）。观察教师的演示实验，并思考测出大气压强值的方法。 最后讨论得出：如果能测量出大气压能托起水柱的最大高度，则水柱产生的压强等于大气压强。 4. 利用等效思想合作探究得出。 $p_0 = p_液$ $= \rho_{水银} g h$ $= 13.6 \times 10^3 \text{ kg/m}^3 \times$ $\quad 9.8 \text{ N/kg} \times 0.76 \text{ m}$ $= 1.013 \times 10^5 \text{ Pa}$	让学生亲自体验大气压很大，并经历托里拆利实验的探究过程，亲自推导出大气压强的值。训练了学生的科学思维、逻辑思维和科学推理的能力。（纸上得来终觉浅，绝知此事要躬行）

（续表）

教学程序		教师活动	学生活动	设计意图及教学评价
阅读自学	大气压的影响因素	1. 教师提出问题：大气压的测量工具是什么？影响大气压值的因素是什么？ 2. 播放视频，验证高度对大气压的影响。 	1. 学生阅读教材回答教师提出的问题。 2. 学生观看视频，注意液柱从1楼到18楼高度的变化，验证大气压随高度的升高而降低。	通过对教材的阅读和对视频的观看，分析出问题的答案，培养学生自主学习的能力。
知识应用	大气压强现象及其应用	1. 引导两学生完成演示实验：喝饮料。吸满杯和吸半杯饮料，并让学生解释现象。 2. 演示用真空收纳袋收纳羽绒服。 3. 让学生举例说明大气压在生活中的应用。 4. 引导学生用水槽中的注射器、胶头滴管、吸盘挂钩等物体体会大气压的应用。	1. 观看演示实验。 2. 解释： （1）为什么满杯的吸不出，半杯的可以吸出？ （2）满杯的饮料，怎样做就可以吸出？ 3. 举例说明大气压在生活中的应用。 4. 用水槽中的注射器、胶头滴管、吸盘挂钩等完成实验体会大气压在生活中的应用。	让学生将理论与实际应用联系起来，从物理走向生活。
呼应引入	分析原因解释现象	带领学生回顾课堂开始的引入小实验，引导学生分析：为什么点燃蜡烛后试管中的液面会上升？	学生积极思考讨论回答，再一次体会大气压强的现象及应用。	首尾呼应，使课堂足够完整。
课堂小结		引导学生回顾总结本节课所学的知识内容、学习方法，教师补充板书。	回顾总结本节所学的内容、方法，构建思维导图框架。	通过学生自主总结、补充，构建本节课的思维导图框架。

（续表）

教学程序	教师活动	学生活动	设计意图及教学评价
课堂达标	1. 由于空气也受_____力的作用，而且能流动，因而空气内部向_____方向都有压强。 2. 大气对浸在它里面的物体的压强叫_____，简称_____。 3. 著名的_____实验有力地证明了大气压强的存在，_____最早测出了大气压强的值。 4. 自来水笔吸墨水时，把笔上的弹簧片按几下，笔胆里气体压强_____，在_____的作用下，墨水被"吸"到橡皮管里去了。 5. 在做托里拆利实验时，如果使玻璃管倾斜，那么管内水银柱（　　） A. 长度减小　　B. 高度不变 C. 高度增大　　D. 高度减小	独立完成。	评价学生的学习效果。
作业设计	用纸杯、矿泉水瓶和吸管制作一台"饮水机"。 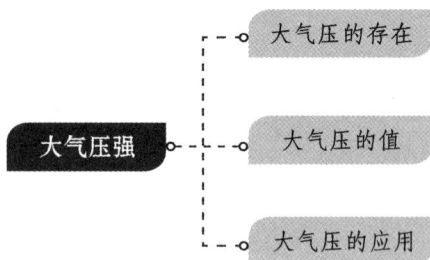		把所学知识运用到生活生产中，体现从物理走向生活的理念。

板书设计

```
                    ┌──o 大气压的存在
                    │
         大气压强 o──┼──o 大气压的值
                    │
                    └──o 大气压的应用
```

点评

　　杨老师在本节的教学设计中，运用了很多的分组实验，把看不见的大气压强让学生能亲身感受到它的存在，同时经历托里拆利实验的探究过程，自己去推导大气压强的数值，训练了学生的科学思维、逻辑思维和科学推理的能力。明确教学目标，以问题为驱动，以实验为平台，在"做中学""用中学"中提高学生对液体压强学习的兴趣，让学生积极主动地参与到学习中。

——郭宝江

（正高级教师，山东省特级教师，全国优秀教师）

29

在流体中运动 *

| 课型 | 新授课 | 教材版本 | 教科版 |

课标要求

《义务教育物理课程标准（2022年版）》P16：

2.2.8 ……了解流体压强与流速的关系及其在生产生活中的应用。

例9 了解铁路站台上设置安全线的必要性。

要求学生通过实验探究了解"对于流动的液体和气体，在流速大的地方压强小，流速小的地方压强大"。学生能利用知识分析情境，进行知识的迁移与深度学习。

教材分析

本节是《义务教育教科书物理八年级下册》（教科版）第十章第一节《在流体中运动》。

本节是压强与浮力的一个过渡，气体压强与流体的关系属于流体力学的知识。该知识在日常生产和生活中有较广泛的应用，因此课程标准中增加了对这个知识点的知识与能力要求。教材通过奥托·李林达尔模仿仙鹤的翅膀形状，设计和制造了实用的滑翔机的科学史来创设情境，把学生引入要探究的问题：鸟是怎样翱翔的？通过实验探究鸟翼的升力，了解升力是怎样产生的。然后通过活动得出流体压强与流速的关系，最后用这一关系解释生活中的有关现象。

---

* 本课在菏泽市2019年度"一师一优课、一课一名师"活动中被评为"市级优课"。执教教师为盛翠红（成武县伯乐实验学校教师，菏泽市教学能手、优秀教师。）

学情分析

八年级的学生思维方式要求逐步由形象思维向抽象思维过渡。教学中要设置大量的情境及实验，调动、利用其形象思维。为了较好地完成教学任务，达到理想的教学效果，本节课设计了丰富的具有针对性的实验探究活动，结合具有启发性的链条式问题，使学生对流体压强与流速关系逐步由感性认识上升到理性认识，实现深度学习。既锻炼了学生的科学探究能力，也培养了学生良好的科学思维习惯和严谨科学的学习态度，达到了学以致用的目的。本节课首先利用吹乒乓球的实验设境激趣导入新课，激发学生了解流体压强与流速关系的兴趣，然后分析向两张纸中间吹气，两张纸向中间靠拢的现象，让学生认识到流体压强与流速存在关系并进行猜想，动手实验探究得出结论，并利用结论分析飞机升力产生的原因，最后"联系生活"环节中学生解释铁路站台的安全线、海难事故、高层失火及大风为什么能掀翻屋顶等生活现象。学生经历了从感性认识到理性认识、从生活情境到物理知识的思维蜕变过程，奠定了"从生活走向物理，从物理走向社会"的新课程教学理念。

教学目标

1. 了解流体压强与流速的关系；了解飞机升力是如何产生的。

2. 通过观察实验现象和生活情境，结合实验探究和理论分析，获得新知识。

3. 在应用理论分析现象的过程中，收获学习的成就感。

教学重点

了解流体压强与流速的关系，能解释生产生活中的常见现象。

教学难点

设计与组织学生认识"升力"。

教学流程

教学流程表

教学程序	教师活动	学生活动	设计意图及教学评价
新课引入	演示：吹风机吹乒乓球。 提问：利用大功率的吹风机向下吹气，乒乓球却没有掉下来，这是为什么呢？	观察实验现象，思考乒乓球没有掉下来的原因。	通过实验，激发学生的学习兴趣。
新课学习模块一：伯努利的发现	实验：取两张活页纸，手握两张纸，让纸自然下垂，如果在两张纸中间向下吹气，你猜猜看两张纸将怎样运动。 吹气↓	学生观察实验现象。	简单易得的实验器材，有利于学生亲自动手实践，并尝试解释原因。
模块二：探究流体压强与流速的关系 启发猜想	分析现象：吹气前后，两张纸外侧的大气压并没改变，但是纸向中间靠拢，这个现象说明中间的气体压强变小了。实验中，我们通过纸的运动状态的变化，来显示两张纸中间气压的变化。 吹气↓ $p_小$ p_0 → ← p_0 提问：通过这个实验发现，流体压强与流速之间有什么关系？	学生根据引导认识到流体的压强与流速存在关系。 学生猜想：流体速度越大，压强越小。	实验结合理论分析，让学生体会科学探究的思路与方法。

（续表）

教学程序		教师活动	学生活动	设计意图及教学评价
模块二：探究流体压强与流速的关系	动手探究	结合吹纸的实验，根据温馨提示利用身边器材设计并完成实验，要求每个小组设计并完成1~2个实验，实验后做好实验展示的准备。温馨提示：1.利用你选好的器材，你准备采用什么方法增大流体的流速，增大哪个位置的流速？2.通过什么现象显示流体压强的变化？	分组探究：实验一：探究空气这种流体的压强与流速的关系；实验二：探究水这种流体的压强与流速的关系。讨论并设计实验。	采用问题引领策略，用一连串的问题引导学生分析问题，促使学生想出解决问题的方法，提高学生分析问题、解决问题的能力，发展学生的逻辑思维。
	归纳总结	每组派两名同学，一名同学上前面再现实验，另一名同学按屏幕上的提示汇报实验。汇报要点：1. 采用了_____方法增大了流体的速度。2. 增大了_____位置的流速。3. 通过_____现象显示出流体压强的变化。4. 此现象说明对于流动的_____，在流速越大的地方压强_____。实验结论：在流体中，流速大的位置压强小，流速小的位置压强大。组织交流、引导归纳：同学们交流实验结果及发现，归纳实验结论以及对实验的改进意见。	全班展示交流。	学生对实验书面或口头描述较差，应训练他们对实验的观察和陈述，物理语言的使用力求准确规范。
模块三：模型探究，联系生活		1. 播放视频供学生观看，提出问题：飞机的机翼和鸟翼有什么共同的特点？2. 老师展示飞机机翼模型（一个上凸下平的机翼，一个上下一样平的机翼）并模拟风洞实验。	列举出机翼与鸟翼的共同点。	通过对比实验使学生深刻认识到机翼的上凸下平的形状是它获得升力的奥密。

（续表）

教学程序	教师活动	学生活动	设计意图及教学评价
模块三：模型探究，联系生活	 3. 利用多媒体动画师生共同讨论总结： 机翼成上凸下平的形状，飞行时机翼上方气流速度大，气压小，机翼下方气流速度小，气压大，由此产生向上的压力差就是飞机获得的升力。	观察并由认知冲突引发思考。	
	解决课前提出的问题：利用大功率的吹风机向下吹气，乒乓球却没有掉下来，这是为什么呢？ 提供日常生活中的有关情境图片：铁路站台设置的安全线、海难事故、高层失火、大风为什么能掀翻屋顶（杜甫在《茅屋为秋风所破歌》当中写道"八月秋高风怒号，卷我屋上三重茅"）等，学生利用知识分析情境，进行知识的迁移与深度学习。	认真学习，抓住要领，理解本质。	呼应课前的情境，学生能自己解决课前的问题，获得了学习成就感，提高了物理学习的兴趣。
能力提升	理论分析： （一）赛车上的气流偏导器 家用小汽车在高速公路上"发飘"的例子，引发思考： 赛车的尾翼与飞机机翼的形状相似，但安装的时候，方向相反，相当于倒置的机翼。这样合力的方向是向下的，为高速行驶中的赛车提供了向下的压力，可以帮助赛车更好地抓地，提高安全性。	小组讨论抢答。	利用学生的生活经验创设情境，引发思考。

（续表）

教学程序	教师活动	学生活动	设计意图及教学评价
能力提升	（二）球类运动 1. 对乒乓球运动中的上旋球与下旋球进行理论分析。 2. 观看足球运动中的香蕉球视频并进行理论分析。		学生体会"从生活走向物理，从物理走向社会"的新课程理念。
课堂小结	1. 流体。 2. 流体压强与流速的关系。 3. 解释飞机获得升力的原因。	回顾总结。	培养学生的梳理反思能力。
课堂达标	学案：1、2、3题	独立思考完成。	检验学习效果。
作业布置	（一）基础巩固： 1. 如图所示，行驶中的汽车车窗紧闭，当打开天窗时，天窗外的空气流速_____车内的空气流速，天窗外空气的压强_____车内空气的压强，所以车内空气被"抽"到车外。（均选填"大于""等于"或"小于"） 2. 如图所示，向两张纸的中间吹气，发生的现象是（　　） 吹气 A. 纸向两边分开 B. 纸向中间靠拢 C. 保持原来位置不动 D. 都有可能	独立思考完成。	巩固知识，加深理解。

（续表）

教学程序	教师活动	学生活动	设计意图及教学评价
作业布置	3.两船近距离并排行驶时将会_____，这是因为两船内侧水的流速_____于两船外侧水的流速，造成了两船内侧水的压强_____于外侧水的压强。 （二）课后实践： 选择完成你感兴趣的实践活动： 1.用简易装置自制冷热水淋浴器。 2.上网搜索或实地参观科技馆中"气流投篮"项目。	课后设计学习，形成报告。	培养学生关注科学技术、自然环境、人类生活和社会发展的意识。

板书设计

第一节　在流体中运动

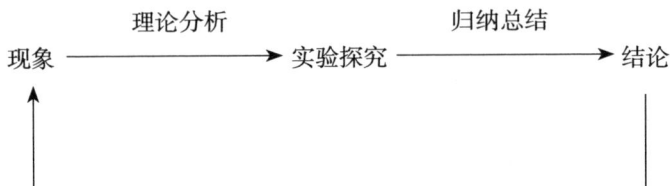

在流体中，流速大的位置，压强小

点评

　　本节课设置了大量的情境及实验，设计了丰富的具有针对性的实验探究活动，结合具有启发性的链条式问题，使学生对流体压强与流速的关系逐步由感性认识上升到理性认识，把抽象思维转换成形象思维。教师对学生的表现给予有效的反馈和评价，准确把握教、学、评在教学过程中的不同功能，实现以评促学、以评促教、以评育人的功能，促进"教—学—评"有效衔接，凸显了学生的主体地位。

——郭宝江

（正高级教师，山东省特级教师，全国优秀教师）

30

认识浮力 *

课型	新授课	教材版本	沪科版

课标要求

《义务教育物理课程标准（2022年版）》P16：

2.2.9 通过实验，认识浮力。

要求认识生活中的物体受到浮力作用，能用浮力知识解释自然界的有关现象，解决日常生活中的有关问题，形成初步的运动和相互作用观念。

能在运用浮力知识解释自然现象和解决实际问题时引用证据，具有使用科学证据的意识。

在关于浮力的科学探究中，能制订初步的实验方案；能正确使用弹簧测力计等相关器材获取实验数据；能通过对数据的比较与分析，发现数据的特点，进行初步的因果判断，得出实验结论。

体会浮力对人类生活和社会发展的影响；具有进一步学习浮力知识的兴趣和严谨认真、实事求是的科学态度；关心我国古代和现代科技成就，借助"山东舰""福建舰"等现代化舰艇为情境逐步养成实现中华民族伟大复兴的责任感与使命感。

---

*本课获山东省"一师一优课"活动优课。执教教师为李金玉（青岛西海岸新区第六初级中学东校区教师，齐鲁名师建设工程人选、济宁市杏坛名师、济宁市特级教师、济宁市教学能手、济宁市四有好老师。）

教材分析

本节是《义务教育教科书物理八年级全一册》（沪科版）第九章第一节《认识浮力》。

本节知识是在综合应用液体压强、压力、二力平衡等知识的基础上展开的，同时本节内容也是后面学习"阿基米德原理"及"物体的浮与沉"等知识的基础。本节内容由"什么是浮力""浮力产生的原因"两部分构成。

学情分析

八年级学生对"神奇"的现象有着浓厚的兴趣，他们对新知识、新规律有着强烈的探求欲望。浮力现象是学生所熟知的物理现象，但学生虽然知道"浮力"这种力的存在，却对浮力产生的原因及浮力的施力物体等问题还缺乏准确的认识，尤其是对在气体中下沉的物体受气体浮力的体验和感悟较少。八年级学生经过前面一段时间的物理学科的学习，具备了一定的实验操作技能和逻辑思维能力，以及信息收集和处理能力，他们是能够顺利完成本节课所提出的问题和相关实验操作的。本节教学中的教学素材、教学情境，有利于培养学生的分析、推理能力，有助于提升学生的科学思维能力。

教学目标

1. 认识浮力，知道浮力的施力物体和浮力的方向。

2. 经历理论分析浮力产生原因的过程，培养逻辑思维能力和分析解决问题的能力。

3. 经历探究下沉物体受浮力的过程，培养获取、处理信息的能力，提升利用证据解释、交流的意识和习惯。

4. 在了解浮力知识的基础上，借助我国现代舰艇发展，激发学生将所学知识服务于人民的责任感和实现中华民族伟大复兴的使命感。

教学重点

认识浸在液体和气体中的物体会受到浮力作用。

教学难点

理解浮力产生的原因。

教学流程

教学流程表

教学程序	教师活动	学生活动	设计意图及教学评价
创设情境，激趣导入	表演魔术："水中沉底的乒乓球"——调动学生，"喊口号"浮起乒乓球——引出浮力。	观察魔术，融入课堂，体验"惊奇""神奇"的"视觉"刺激，产生疑问，引发思考。	激发学生学习兴趣和探求新知的欲望。设置悬念，引入新课。
新课学习 一、认识浮力 1. 列举实例，寻找受浮力的物体	引导学生列举生活中受浮力的物体。	回忆思考，借助经验，列举实例，并试着解释说明物体为何受浮力。	让学习"从生活走向物理"，培养学生对实例进行归纳和概括的意识和能力。观察学生是否能够积极思考，是否能够积极列举实例并对其进行归纳，同时判断学生对受浮力物体的"原本认知"。
2. 设计实验，体验浮力	从刚才列举的实例中找出一些受浮力的物体，设计实验体验物体所受的浮力。	设计实验，体验浮力的存在。如木块在水中浮起来，金属块在水中变"轻"了，将空矿泉水瓶按入水中感到"费力"……感悟：要想认识事物，需要多多体验，领略体验式学习带来的妙处。	彰显体验式教学思想；增加学生对浮力的感性认知，在动手体验过程中，进一步激发学生学习的兴趣和探究的热情。
3. 气体的浮力	展示特殊的奖品——"能飞升的气球"——氦气球。	观察、体验、感悟，回忆过往经历，认识气体的浮力。	在真实的情境中感知空气的浮力，进一步激发学生学习的兴趣和热情。

（续表）

教学程序	教师活动	学生活动	设计意图及教学评价
4. 浮力的方向	教师演示： 1. 用毛线拉着的氦气球。 2. 自制液体浮力方向演示器（浸没在水中被细线拉着的乒乓球）。 	观察思考：认识浮力；浮力方向：竖直向上。	引领学生领悟并尝试运用"转换法"解决问题，培养学生运用转换思想解决问题的意识。
5. 探究：在气体中下沉的气球也会受浮力	提问：平时吹起来的气球在空气中是下落的，它受浮力吗？ 演示实验：介绍实验装置（在杠杆两端挂篮球）和实验的操作，强调实验观察内容。	思考：杠杆两端物体质量不变，尝试解释气球变大后杠杆失去平衡的原因。 认识下沉的气球也会受浮力作用。	利用教师自制教具，引发学生主动思考，分析感悟气体的浮力，引领学生主动"发现"知识。 培养学生推理能力，引领学生进行科学思维。
6. 探究：液体中下沉的物体是否受浮力作用	提问：铁块在水中是下沉的（演示，引发联想），下沉的铁块是否受到浮力作用呢？	设计实验并完成实验，证明下沉的铁块也受浮力作用：用弹簧测力计称铁块的重力，并稍稍用力向上托铁块，观察这时测力计的示数变化，然后将铁块浸入水中，观察测力计示数的变化。 总结：先用弹簧测力计测量铁块在空气中所受的重力，再把铁块浸入液体中，读出弹簧测力计的示数，则铁块受到的浮力可以利用 $F_浮=G-F_拉$ 进行计算（浮力的测量方法）。 思考得出：液体中的物体受浮力作用。	培养学生科学探究的能力，侧重评价学生获取、处理信息的能力。 提升学生使用证据进行解释、交流的意识和习惯。

（续表）

教学程序	教师活动	学生活动	设计意图及教学评价
7. 得出结论	提问：浮力的施力物体是什么？ 引领整合分析。	得出结论：浸在气体和液体中的物体会受到竖直向上的浮力的作用。	在分类对比学习中，发展学生归纳的思维能力。
二、浮力产生的原因 1. 浮力产生的原因	展示自制教具："橡皮膜立方体"。 介绍实验器材并提问：如果将其浸没在水中，会有什么现象发生呢？橡皮膜会有什么变化呢？ 注意：物体下表面没有液体（或与底部密合）时，_____（选填"受"或"不受"）浮力。如：立在河床上的桥墩；陷在河泥里的脚。	思考，讨论，分组观察橡皮膜的变化。 思考讨论得出结论：浮力产生的原因——上、下表面受到的压力差，即 $F_浮 = F_{向上} - F_{向下}$。 思考得出：不受。	将抽象问题形象化，提高实验的"可视度"，提高实验的趣味性，突破教学难点。 经历理论分析，发展学生推理能力。
2. 回扣课前小魔术	回扣课前小魔术，引领学生分析。	利用刚才所学知识分析、"破解"魔术。	培养学生运用知识解释自然现象的意识和能力。
课堂小结	回顾本节学习，你有哪些收获？还有哪些疑惑？	回顾总结，构建知识结构，建立知识系统。	引领学生学会并养成总结和归纳、将知识系统化的习惯，养成反思的良好习惯。 归纳物理科学方法，升华学习情感。

（续表）

教学程序	教师活动	学生活动	设计意图及教学评价
当堂检测	完成本节对应练习册内容。	利用所学知识，解决实际问题——小试牛刀！巩固所学知识。	当堂巩固。
布置作业	1. 完成课后习题。 2. 问题思考：物体所受浮力大小可能与什么因素有关？给出你的猜想和依据。	学生记录作业；建立课后问题解决小组，合作学习，解决课后问题。	把课堂延伸到课下，培养动手实践能力。
评价与反思	本课例将多媒体的辅助作用和书本知识内容有机地结合起来，借助动画、图像使内容形象、生动。本节课将设计实验、生活感受、学习内容有机结合，增强了课堂趣味性，并使这种兴趣转化为持久的情感、态度，让学生从中感受学习物理的乐趣。学生通过收集相关信息，让物理走向社会，有助于学生知识的应用，加深了对这节课内容的理解。 　　本节课强调让学生动手实验，在体验中学习，激发学生"元认知"，破解学生思想深处的"疑点"和教学难点。 　　教学中对于科学思想的渗透是本节一个重要的亮点，通过借助自制教具，既激发了学生学习兴趣和热情，又发展了学生的科学思维能力。		

板书设计

认识浮力

一、认识浮力

1. 浮力：浸在液体或气体中的物体受到的托力。

2. 方向：竖直向上。

3. 测量：$F_浮 = G - F_示$。

二、浮力产生的原因

$F_浮 = F_{向上} - F_{向下}$。

◦ 点评 ◦

　　李老师在本节新授课的教学设计中，把书本知识与情境活动有机地结合起来，借助演示实验使内容形象、生动，设计了易于操作的学生实验，体验浮力的存在，如木块在水中浮起来，金属块在水中变"轻"了，将空矿泉水瓶按入水中感到"费力"……同时本节课将设计实验、生活感受、学习内容有机结合，增强了课堂趣味性，并使这种兴趣转化为持久的情感、态度。教学中对于科学思想的渗透是本节一个重要的亮点，通过借助自制教具，引发学生主动思考，分析感悟物体受到的浮力，引领学生主动"发现"知识。学生通过收集相关信息，既激发了学习兴趣和热情，又发展了科学思维能力，彰显"做中学"体验式教学理念。

——郭宝江

（正高级教师，山东省特级教师，全国优秀教师）

31

浮力 *

| 课型 | 新授课 | 教材版本 | 人教版 |

课标要求

《义务教育物理课程标准（2022年版）》P16：

2.2.9　通过实验，认识浮力。探究并了解浮力大小与哪些因素有关。

P30探究类学生必做实验：

4.2.4　探究浮力大小与哪些因素有关。

教材分析

本节是《义务教育教科书（六·三学制）物理八年级下册》（人教版）第十章第1节《浮力》。本节是在认识了弹力、重力、摩擦力、压力的基础上，学习力学中一种新的力——浮力。教材首先通过鸭子、游船等物体能浮在水面上，让学生认识到浮力是真实存在的；再探究漂浮的物体浮力怎么测量，并通过实验探究沉底物体也受浮力，渗透一种测量浮力大小的方法——称重法；然后认识浮力的方向，浮力产生的原因；最后通过分组实验探究，帮助学生理解决定浮力大小的因素有哪些。

---

* 执教教师为魏艳（日照市岚山区巨峰镇初级中学教师，省初中物理优质课二等奖、日照市教学能手、日照市爱岗敬业优秀教师、日照市岚山区学科带头人、日照市岚山区兼职教研员。）

学情分析

八年级的学生对物理的学习兴趣非常浓厚，但是还停留在浅层次的、直观性的基础上，容易被生活中的假象迷惑，特别是浮力大小与什么因素有关的问题，学生能想到千奇百怪的可能性，需要教师引导学生逐渐探究、逐步明确。

教学目标

1. 通过生活实例、实验探究，认识什么是浮力，了解浮力产生的原因。

2. 会使用弹簧测力计测浮力的大小。

3. 通过转换法、控制变量法等科学研究方法探究浮力的大小与哪些因素有关，培养学生的科学思维与科学探究能力。

4. 激发学生乐于探索的精神，敢于大胆猜想的勇气，以及在实验过程中勇于创新的精神，提高学生学以致用的能力。

教学重点

1. 掌握不同情境下测量浮力大小的方法。

2. 探究发现浮力的大小与哪些因素有关。

教学难点

探究浮力大小与哪些因素有关的实验操作及数据处理分析。

仪器材料

圆柱体块、铁块、铜块、石块、乒乓球、烧杯、水、盐水、水槽、细线、弹簧测力计、抹布等

教学流程

教学流程表

教学程序		教师活动	学生活动	设计意图及教学评价
新课引入		播放贵州非遗表演"独竹漂"视频。 提问：为何表演者能在竹上翩翩起舞？ 展示一组图片：感受浸在液体中的物体受到浮力，如浮在水面上的轮船、漂在死海上的人、游泳的人等；感受浸在空气中的物体受到浮力，如飘在空中的气球、飞艇等。（板书课题）	观察视频中的现象，思考：表演者为什么能漂在水面上不下沉？ 仔细观察图片，归纳相同点。	以非遗表演引入，介绍推广民族非物质文化遗产，提升民族自信心和自豪感，激发学习兴趣。 用学生身边的例子导入，激发学生学习的兴趣，为浮力的深入探究做好铺垫。
新课学习	体验浮力，探究浮力定义	把手边的器材放入水槽浸没后松手，感受什么是浮力。 问：漂浮在水中的物体受不受浮力？ 问：那沉底的物体呢？你怎样证明你的想法是正确的呢？ 拓展：物体在空气中会受到浮力吗？你能设计个实验加以证明吗？	学生自主进行受力分析，利用二力平衡分析出结论。 学生小组讨论，设计实验，并分组进行实验，分析得出：浸在液体里的物体受到的浮力 $F_浮 = G - F$。	培养学生设计实验、动手操作的能力。
	探究浮力的方向	用自制器材演示浮力的方向（细线一端粘在烧杯底，一端拴个乒乓球，往烧杯里加水，观察细线的方向，烧杯倾斜再观察一次）。 小结发现：浮力方向竖直向上。	积极观察，认真思考，大胆总结。	由生活到物理，学生亲自体验，直观感受并进行实验探究，培养了学生归纳问题的能力。

（续表）

教学程序		教师活动	学生活动	设计意图及教学评价
新课学习	浮力产生的原因	自学：浮力产生的原因 让学生先自学课本，再利用自制器材分组体验。利用六面封有橡皮膜的立方体浸入水中，观察现象，并到讲台前面讲解"浮力产生的原因"。 小结板书：$F_浮=F_{向上}-F_{向下}$。	先自学，再体验、观察，最后讲解展示。	培养学生动手操作，获取与处理信息，得出结论，进行交流、评估、反思的能力。
新课学习	探究：影响浮力大小的因素	（1）问："你认为物体受到的浮力的大小可能与什么因素有关？ 猜想的依据是什么？ 引导学生畅所欲言，并说出猜想的依据。 A. 跟液体密度有关 B. 跟排开液体的体积有关 C. 跟物体的密度有关 D. 跟物体的体积有关 E. 跟浸没在液体中的深度有关 ……	大胆提出猜想，说出猜想的依据是什么。	培养学生提出问题的能力。
		（2）问："你打算选择什么样的器材来探究你的猜想是否正确？" 让学生小组协商，自主选择器材，交流实验思路，然后进行分组实验，观察弹簧测力计示数变化，分别测量记录出最大的浮力，来验证自己组的猜想。	自主选择器材，说说实验思路，然后分组实验。	侧重于科学探究过程中操作的规范性、结论的严谨性、交流的条理性、评估反思的科学性进行及时评价。
		（3）汇报数据，分析形成结论：物体受到的浮力大小跟排开液体体积、液体的密度有关，与物体的体积、密度和浸没的深度无关。 师生共同绘制弹簧测力计示数随深度变化的折线图。	交流一下实验结果及发现，归纳实验结论以及对实验的反思。 合作绘制图像。	形成大单元思维，找到知识点的内在联系。

（续表）

教学程序		教师活动	学生活动	设计意图及教学评价
新课学习	实践应用	（1）针锋相对：请你说说谁说的有理，为什么？ 我在深处，受到的浮力大。　我的体积大，受到的浮力大。 （2）分析汤圆刚放入水中下沉，煮熟时漂浮的原因。 汤圆刚放入水中　汤圆煮熟时 （3）回顾课前视频，分析"独竹漂"表演者漂在水面上不下沉的原因。 	完成习题，解决生活中的浮力问题。	学以致用，从物理到生活，深化对知识的理解。 前后呼应，既强化"独竹漂"视频的育人功能，又深化对浮力的理解。
	能力提升	1. 关于浮力，下列说法正确的是（　　） A. 只有浮在液体表面上的物体才受到浮力 B. 一切浸入液体中的物体都受到液体对它施加的竖直向上的浮力 C. 只要物体下沉就不会受到浮力 D. 浮力的方向不一定都是向上的 2. 绳子的下端系着一个铁块，当铁块浸没在水中后剪断绳子，铁块下沉的过程中它受到的浮力将（　　） A. 逐渐变大　　B. 逐渐变小 C. 保持不变　　D. 变为0	理解浮力的定义，知道浮力大小与哪些因素有关。	培养学生应用所学解决实际问题的能力。

（续表）

教学程序	教师活动	学生活动	设计意图及教学评价
能力提升	3. 比较下列物体受到的浮力。 （1）体积相同的铝、铁、铜浸没在水中，哪个受到的浮力大？ （2）如图所示，*A*、*B*两个物体的体积相等，哪个受到的浮力大？ （3）如图所示，*A*、*B*两个金属块的体积相等，哪个受到的浮力大？（$\rho_水 > \rho_{酒精}$）		
课堂小结	请同学们总结一下：通过本节课的学习，你有什么收获？（知识和能力两个方面）	从知识和能力两个方面的收获进行小结、交流。	培养学生的梳理反思能力。 从交流的条理性、知识的严谨性进行评价。
作业布置	收集有关"辽宁舰""山东舰""福建舰"的相关数据（排水量、航速、续航里程等），并尝试阐述"辽宁舰""山东舰""福建舰"对实现"中国梦""强军梦"的重要意义。	独立思考完成。	开放性实践型作业，能最大限度地发挥作业的评价作用和育人功能，培养学生关注人类生活和社会发展的意识。

点评

本节设计顺应学生认知规律，从学生对浮力的原本认知出发，引领学生对浮力逐步探索，不断深化学生对浮力的认识，凸显了学生的主体地位和主观能动性。教学实施过程充分体现了通过实验认识浮力的课标要求。大量情境的创设和开放性实验探究的设计，都很好地突出了学科的育人价值。

——李金玉

[高级教师，齐鲁名师建设工程（2022—2025）人选，济宁市杏坛名师，济宁市特级教师]

32

浮力 *

| 课型 | 新授课 | 教材版本 | 鲁科版 |

课标要求

《义务教育物理课程标准（2022年版）》P16：

2.2.9　通过实验，认识浮力……知道阿基米德原理，能运用物体的浮沉条件说明生产生活中的有关现象。

例10　了解潜水艇的浮沉原理。

要求学生通过实验认识浸在液体或气体中的物体都要受到浮力的作用，浮力的方向总是竖直向上的。例如，通过动手按压水中乒乓球体会浮力；学生利用自制教具观察加水后容器中细线方向并对比重垂线方向来认识浮力的方向。学生在经历合作探究的过程中学会用弹簧测力计测量浮力的大小。

教材分析

本节是《义务教育教科书（五·四学制）物理八年级下册》（鲁科版）第八章第一节《浮力》。

本节综合了液体压强、压力、二力平衡、二力合成等知识，因此对综合分析能力和推理能力的要求比较高。同时浮力的学习也为阿基米德原理、浮力的利用奠定基础。浮力知识与生活联系得非常紧密，对日常生产生活、科

---

* 本课被评为山东省2022年度"一师一优课、一课一名师"活动"优课"。执教教师为吴炳华（威海市文登区教育教学研究中心，山东省优秀教师、威海市教学能手。）

学研究有着广泛的现实意义。

教材在内容的处理上，注重学习目标的达成和德育的渗透。

内容1：增加"想想议议"与浮力相关的图片。图片的情境设计有利于激发学生的学习兴趣，有助于认识浮力现象。

内容2：增加浮力方向的"观察与实验"。感知浮力的方向，增加教材可读性，使学生从感性认识上升为理性认识。

内容3：增加物体浮沉条件"演示实验"。注重知识的衔接，根据受力情况，进行受力分析了解浮沉条件。

学情分析

从知识结构上看，学生已经具备了学习探究浮力的知识基础。从生活经验方面看，学生接触过一些浮力现象，比如，轮船、天鹅会浮在水面上，游泳的时候会感觉受到一个向上的力，把木块按入水中也会感受到一个向上的托力，学生也会在日常生活中把这样的力叫作浮力。看上去学生对浮力的存在并不陌生，但是大部分学生只认为浮在水面上的物体会受到向上的浮力，不会认为下沉的物体也会受到浮力；大部分学生知道浮力的方向是向上的，但并不知道具体的方向是竖直向上的；对于物体的浮沉条件，大部分学生知道与重力有关，根据生活经验学生会产生重力大的物体会下沉，重力小的物体会上浮的错误认知，并不知道物体的浮沉是由浮力和重力共同决定。从技能角度上看，学生已具备了一定的实验探究能力，但初中生的思维方式正逐步由形象思维向抽象思维过渡，因此在教学中应注意积极引导学生应用已掌握的基础知识，通过理论分析和推理判断来获得新知识，发展抽象思维能力。在此过程中仍需以一些感性认识作为依托，可以借助实验突出直观性和形象性，以便学生理解和掌握。

教学目标

1.通过观察和实验，知道一切浸在液体或气体中的物体都受到浮力，浮力的方向总是竖直向上的。

2. 经历合作探究的过程，学会用弹簧测力计测量浮力的大小，养成严谨的科学态度，提升实验探究、观察概括的能力。

3. 知道不同物体浸在液体中的浮沉情况是不同的，会通过受力分析得出物体的浮沉条件。

教学重点

浮力的概念、物体的浮沉条件。

教学难点

浮力产生的原因。

教学流程

教学流程表

教学程序	教师活动	学生活动	设计意图及教学评价
新课引入	播放短视频：奇妙的死海。提问：为什么人在死海中不会沉入水底？	观察视频中的现象，思考人不会沉入死海的原因。	开阔学生眼界，激发学习兴趣。
新课学习模块一：认识浮力	提问：你在生活中有哪些对于浮力的体会或所见所闻呢？浮力的施力物体是什么呢？	学生交流蕴含浮力的现象，思考浮力的施力物体。	通过学生列举的生活现象，判断对浮力的认识。
	（一）浮力的定义：提问：1. 刚才大家列举的例子都是在水中、空气中要上浮的物体，那么在水中要下沉的物体是否受浮力作用呢？2. 给出弹簧测力计、石块、细绳、烧杯、水，你能否设计一个实验来验证你的猜想。	学生思考交流，依据生活经验提出猜想。设计实验方案，进行实验探究。	引起学生的认知冲突，引导学生通过实验进行探究。打破学生的惯性认知，将浮力的学习引向深入。

教学程序	教师活动	学生活动	设计意图及教学评价
模块一：认识浮力	 3.通过对实验数据的分析可以得出怎样的结论？ 4.物体除了在水中受浮力作用外，在其他液体或气体中是否受浮力作用？举例说明。 5.你能否试着对浮力下一个定义？ （二）浮力的方向 提问：1.刚才我们通过实验认识到浮力的方向是向上的，但能不能更加准确具体地描述浮力的方向呢？ 2.利用桌面器材，设计实验验证自己的猜想。（问题：如何将小球所受浮力的方向形象直观地显示出来？如何证明方向是竖直向上的？） 3.引导学生完成实验。 	分析、归纳、总结。 深入思考并通过证据说明。 学生思考并总结。 猜想：竖直向上。 思考老师提出的问题并进行实验方案设计。 以小组为单位进行实验，观察细线的方向及细线与重垂线的位置关系，推理浮力的方向。	通过实验，认识到在水中要下沉的物体也受浮力，完善学生对浮力的认识。 让学生经历从特殊到一般的认识事物的过程，培养归纳思维。 以问题为引领促进学生深度思考。 通过教师演示实验与学生实验的结合，认识到浮力的方向是竖直向上的。
	反馈练习：画出两幅图中物体受到的浮力和重力的示意图。 		阶段检测。

（续表）

教学程序	教师活动	学生活动	设计意图及教学评价
模块二：浮力产生的原因	播放视频。 提问：1. 长方体侧面橡皮膜向内凹陷的程度是怎样的？ 2. 长方体侧面受到水的压强及压力大小是怎样的关系？ 3. 长方体上下表面受到水的压强和压力是怎样的大小关系呢？ 4. 根据观察和分析，是否能够得出浮力产生的原因是什么？	观看视频并积极思考，大胆交流。	向学生提供丰富的感性认识，通过问题引领将感性认识上升为理性认识。
	反馈练习1：教师演示乒乓球魔术实验。将矿泉水空瓶底部剪掉，瓶口朝下，拧开瓶盖，向瓶内注水，观察乒乓球的状态，然后用手将瓶口堵住，再次观察乒乓球的状态，提问：为什么两次实验乒乓球运动状态不同？	学生观察实验，结合浮力产生原因思考为什么用手堵住瓶口乒乓球漂浮。	激发兴趣，巩固提升，提高学生利用已有知识解决问题的能力。
	反馈练习2：一个正方体浸没在水中，在竖直方向上，上表面受到的水的压力是3 N，下表面受到的水的压力是5.2 N，正方体受到的浮力大小是_____N。		评价学生对"浮力产生的原因"这一目标的达成情况。
模块三：物体的浮沉条件	提供乒乓球、铁块、鸡蛋、盐水、水等器材，问：不同的物体浸入到液体中后，它们的浮沉情况一样吗？你能分析它们的受力情况吗？ 引导学生进行受力分析，总结物体的浮沉条件。	把乒乓球和铁块放入水中，把鸡蛋放入调好的盐水中，松手后观察它们的运动情况，利用二力平衡等知识来分析物体的受力情况和力的大小关系。	让学生亲身感知不同物体的浮沉状态，培养理性思维，分析重力和浮力的大小关系，得出浮沉条件。

（续表）

教学程序	教师活动	学生活动	设计意图及教学评价
模块三：物体的浮沉条件	演示实验：鸡蛋在浓盐水中漂浮，在水中下沉，这是为什么？	结合所学思考原因。	学以致用。
	反馈练习1： 质量为0.3 kg的木块漂浮在水面上，则它受到的浮力是_____N。（g=10 N/kg） 反馈练习2： 死海是著名的咸水湖，当人完全浸入死海时，人受到的浮力_____人受到的重力，所以人就自然向上浮起；当人浮在海面上时，人受到的浮力_____人受到的重力。（均选填"大于""小于"或"等于"）		检测评价。
联系生活	播放科技中的物理：潜水艇的浮沉原理。 任务：请大家课后继续收集生产生活中有关浮力应用的实例。	认真观看视频，思考浮力在生活、生产及科技中的应用。	培养学生关注科学技术、人类生活和社会发展的意识。
课堂达标	1. 下列关于浮力的说法正确的是（　　） A. 浮力都是由水产生的 B. 只有在水中上浮的物体才受浮力的作用 C. 在不同液体中浮力的方向会不同 D. 浮力方向与重力方向相反 2. 下列情况下，不受水的浮力的物体是（　　） A. 跨海大桥的桥面　　　B. 水中正在下沉的石块 C. 水中正在上浮的木块　　D. 水中的气泡 3. 如图所示，一个塑料小球堵在一个水池的出口处，水无法排出，则该小球（　　） A. 不受水的浮力，也不受水对它的压力 B. 不受水的浮力，但受水对它的压力 C. 仍受水的浮力 D. 无法判断 第3题图 4. 一物体挂在弹簧测力计下，弹簧测力计静止时示数为8 N，当它浸入水中静止时，弹簧测力计示数为5 N，此时物体所受的浮力为（　　） A. 3 N　　　　　　　　B. 5 N C. 8 N　　　　　　　　D. 13 N 5. 如图所示，浸没在水中的小球所受浮力的方向应为图中_____（选填序号）的方向，这是因为_____。 第5题图		

教学程序	教师活动	学生活动	设计意图及教学评价
课堂达标	6.把皮球按入水中，松手后皮球上浮，这是因为皮球受到的重力_____浮力；当皮球停止上浮，漂浮在水面上时，皮球受到的重力_____浮力。		
课堂小结	请同学们总结一下：通过本节课的学习，你都有什么收获？（知识和技能两个方面）还有哪些困惑？	从知识和技能两个方面的收获进行小结、交流疑难问题。	培养学生的梳理总结能力。
作业布置	1. 两个物体分别挂在弹簧测力计上，将它们同时浸没到水中，发现两个弹簧测力计的示数均不为0，但减小值相同。由此可以判断（ ） A. 两个物体一定处在液体中相同深度 B. 两物体所受的浮力相同 C. 在水中时，弹簧测力计示数是相同的 D. 在空气中，弹簧测力计示数是相同的 2. 一个塑料球放在酒精中处于悬浮状态，放在水中处于漂浮状态，则该球在两种液体中受到的浮力相比（ ） A. 一样大　　B. 在酒精中大　　C. 在水中大　　D. 无法确定 3. 将一小木块分别放入盐水、纯水、酒精中，最终木块都处于漂浮状态，木块受到的浮力大小情况是（ ） A. 在盐水中最大　　　　　　B. 在纯水中最大 C. 在酒精中最大　　　　　　D. 在三种液体中一样大 4. 如图，冰漂浮在水面上，沉于酒精中，下列说法正确的是（ ） A. 冰受到水的浮力小于冰受到酒精的浮力 B. 冰受到水的浮力等于冰受到的重力 C. 冰受到酒精的浮力等于冰受到的重力 D. 冰受到酒精的浮力大于冰受到的重力 第4题图 5. 用弹簧测力计悬吊着一个4 N的物体，当完全浸没在水中时，弹簧测力计的示数为3 N，将物体取下投入水中后，此物体（ ） A. 一定悬浮　　B. 一定上浮　　　　C. 一定下沉　　　D. 无法判断 6. 将一个鸡蛋轻轻放入烧杯里的水中，然后向水中加盐，使鸡蛋上浮，如图所示，在图中画出鸡蛋上浮时的受力示意图。 第6题图

板书设计

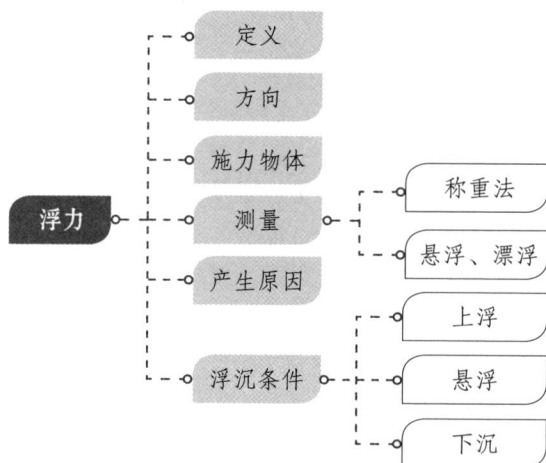

点评

本节教学，通过问题链设计，引领学生经历从形象到抽象、从感性到理性认识浮力的过程。对于浮沉条件的教学，可增加浮沉条件在生产生活中的具体应用，以引领学生更好感悟物理学科的价值。

——李金玉

[高级教师，齐鲁名师建设工程（2022—2025）人选，济宁市杏坛名师，济宁市特级教师]

33

阿基米德原理*

| 课型 | 新授课 | 教材版本 | 鲁科版 |

课标要求

《义务教育物理课程标准（2022年版）》P16：

2.2.9 ……探究并了解浮力大小与哪些因素有关。知道阿基米德原理。

课标解读

第一点要求学生通过实验探究了解浮力大小与哪些因素有关，属于认知目标的理解水平。用实验的方法，得出浮力大小与排开液体重力的关系。第二点要求知道阿基米德原理的内容以及表达式，会应用阿基米德原理进行简单的计算。

教材分析

本节是《义务教育教科书（五·四学制）物理八年级下册》（鲁科版）第八章第二节《阿基米德原理》。

阿基米德原理是初中物理教学的重点内容，也是中考重点考查的内容，在力学知识的学习过程中起到承上启下的作用。这部分内容既是对密度、力、二力平衡、二力合成和压强等知识的深化，又为后面进一步学习机械效

---

*本课被评为教育部2018年度"一师一优课、一课一名师"活动"优课"。执教教师为毕重丽（荣成市第九中学教师，威海市教学能手、荣成市教学能手、荣成名师、荣成市优秀教师、荣成市师德标兵）。

率打下基础。本节内容包括影响浮力大小的因素和阿基米德原理两方面。课程改革后编写的教材在对阿基米德原理这一部分教学内容的编排基本上突出探究过程，体现了让学生探究性学习的教学思想。

通过这部分内容的学习，不仅提高了学生对二力平衡、压力、压强等知识的运用能力，而且对浮力的认识更深入，对浮力的计算方法掌握得更全面。

学情分析

（一）学生学习本节课的知识和能力储备

1. 通过前面《二力平衡》的学习，学生学会了简单的受力分析，知道了二力平衡的条件。通过《二力平衡》相关链接"力的合成"的拓展延伸，学生对合力的概念和合力的求法也有了简单的了解。通过前一节《浮力》的学习，学生进一步加强巩固了二力平衡的知识，同时对浮力的知识，特别是称重法也有了了解，对于弹簧测力计的使用已经能熟练掌握。这些知识的储备为学生学习本节课的内容打下了良好的知识基础。

2. 经过半年物理学习习惯的培养，学生对于控制变量等实验方法能灵活使用，同时也具备一定的自主学习和合作探究能力。对于探究实验的基本步骤，学生并不陌生，对探究的过程已经能够掌握，但猜想处理能力、实验设计能力比较弱，所以本节的难点就在于解决猜想和设计实验的问题。

（二）学习本节课的生活经验准备

学生的生活经验中有大量的浮力的知识，但只停滞在表面现象，有些经验可能是片面的、不科学的，如看到木头浮在水面上而铁块沉入水底的现象，形成浮力的大小与物体的密度有关的错误认识。但有些经验会促进新知识的学习。例如：小朋友玩的氢气球拉不住线会飞走，玩过的各种橡胶玩具会浮在水面，游泳时人会浮在水面上，海边各种船只会浮在海面上等等，这些日常接触的现象给学生带来切实的生活体验，有助于学生积极主动地参与到这节课中来。

（三）不同基础的学生学习本节内容的难度分析

虽然学生在知识和技能及生活经验方面都有了一定的储备和基础，但由于阿基米德原理是整个初中物理教学中比较难的一个知识点。本节课的难点体现在以下几点：

1. 实验探究是本节课的重头戏，而学生对猜想的处理和实验设计方面的能力都比较薄弱。尤其是动手能力比较差的学生，如果不对他们多引导，给学生充足的时间进行思考和探究，那么结果必然会使探究流于形式。

2. 本节内容涉及的计算公式比较多，公式中涉及的物理量及其单位也很多，对公式的理解和运用要求较高。这些新学的公式加上前面学到的浮力的公式，对有些学生来说难以辨清，很容易将它们混淆。所以在教学中要为学生的思考留下足够的空间，让学生有较多的时间去思考、理解新的知识，为知识的运用打下基础。

3. 本节内容在应用公式计算时涉及的计算量比较大，对于计算能力差的学生是一个比较大的挑战。

教学目标

1. 通过观察和体验活动，能猜想出浮力大小与哪些因素有关。

2. 通过实验探究，能知道 $F_浮$ 与 $G_排$ 的大小关系。

3. 通过自主学习，知道阿基米德原理的内容、公式和适用条件，并会用阿基米德原理计算浮力和解决简单的问题。

4. 通过经历探究阿基米德原理的实验过程，进一步体会科学探究的方法，形成严谨的科学态度和协作精神。

教学重点

通过科学探究得出阿基米德原理的内容。

教学难点

正确理解阿基米德原理的内容，利用阿基米德原理进行浮力的简单计算，并解决生活中的简单问题。

教学流程

教学流程表

教学程序	教师活动	学生活动	设计意图及教学评价
新课引入	利用多媒体课件播放"曹冲称象"的故事。 	观看视频，心中充满了好奇。思考：为什么石头重等于大象重？	通过"曹冲称象"的故事导入，可以激发学生的求知欲望，同时借助这个故事也体现了物理来自生活，与生活是密不可分的。
新课学习模块一：探究浮力的大小与什么因素有关？	一、提出问题 展示木块和石块，请同学们仔细观察它们在水中的状态，根据上节课所学的知识，思考怎样测出它们的浮力。 如果没有弹簧测力计，你又怎样知道它们的浮力大小？也就是说，浮力的大小可能与什么因素有关？ 二、猜想假设 （1）演示实验：在清水中加入食盐，原来沉底的鸡蛋会上浮。改变液体的密度，鸡蛋受到的浮力变大，让学生根据看到的现象作出猜想。 （2）体验并思考 展示易拉罐，学生分别将易拉罐的1、2、3位置慢慢压入水中，体验压至每个位置时手的感受，思考：这种感受说明了什么？观察到了什么现象？并通过$V_浸＝V_排$，引导学生猜想出浮力的大小与排开液体的体积有关。	根据物体的浮沉条件和弹簧测力计测量浮力的方法。 根据观察到的现象作出猜想：浮力的大小可能与液体的密度有关。 将易拉罐慢慢压入水中，体验并思考学案中的问题。	这样设计既为本节课的学习进行必要的知识铺垫，又引出本节课探究的课题。 通过学生亲身体验，激发学生的学习兴趣，促进学生主动参与。让学生仔细观察实验现象，一方面培养学生的实验观察能力；另一方面也为学生猜测浮力大小可能和哪些因素有关提供依据。

（续表）

教学程序	教师活动	学生活动	设计意图及教学评价
模块一：探究浮力的大小与什么因素有关？	 （3）浮力的大小与 $\rho_液$ 和 $V_排$ 有怎样的定量关系呢？ 引导学生利用公式 $m=\rho V$ 以及物体的重力与质量成正比，猜想出：浮力大小与排开液体的重力有关。 三、设计实验并制订计划 1．想想议议 （1）如何测量浮力的大小（$F_浮$）？ （2）如何收集"物体排开的液体"（播放溢水杯的正确使用方法）？ （3）怎样测量排开液体所受的重力（$G_排$）？ 怎样合理安排测量的先后顺序，才能使实验步骤更简单，误差最小？小组交流，讨论具体的实验步骤。 2．实验步骤 3．实验表格
物理量 数据	$G_瓶$/N	$G_物$/N	$F_拉$/N	($G_桶$+$G_排$)/N	$F_浮$/N	$G_排$/N |
						| 四、进行实验并收集数据 五、分析论证，得出结论 结论：当物体_____（选填"部分浸入"或"浸没"）_____（选填"水"或"盐水"）中时，____。 六、交流评估 学生交流自己在实验过程中出现的问题和需要改进的地方。	利用公式 $m=\rho V$，$G=mg$ 推导猜想。 通过观看教师播放的视频，知道溢水杯的正确使用方法。 以小组为单位，交流讨论这3个问题和具体的实验步骤。 以小组为单位，进行实验。 通过不同小组的实验结论，学生进行总结归纳。	从小组交流的条理性进行评价。 这部分讨论可以让学生明确实验器材的使用方法和具体的实验操作过程，为实验的顺利开展奠定基础。 通过对各组实验结论的分析，归纳得出阿基米德原理，让学生感悟"合作"的重要性。

教学程序	教师活动	学生活动	设计意图及教学评价
模块二：阿基米德原理	一、自主学习 1.阿基米德原理的内容： 浸在___中的物体所受的___，大小等于_____。 公式：$F_浮=$___或$F_浮=$___。 2.符号的意义及单位： $F_浮$表示_____， 单位是_____； $G_排$表示_____， 单位是_____。 $V_排$表示_____，即为下图中的（选填"V_1"或"V_2"），单位是_____。 3.适用条件：阿基米德原理不仅适用于_____，也适用于_____。 4.公式$F_浮=\rho_液gV_排$的推导： ∵$F_浮=G_排$ 根据$G_排$与$m_排$的关系 ∴$G_排=$_____ 根据$m_排$与$\rho_液$、$V_排$的关系 ∴$m_排=$_____ ∴$F_浮=G_排$ 5.对原理的理解： 物体"浸在液体里"包括"全部浸入"和"部分浸入"两种情况，请在下图的横线中填">""="或"<"。	依据自学提纲，阅读课本相关部分，自主学习。 根据以前学过的公式推导出：$F_浮=\rho_液gV_排$。 完成学案，并以小组为单位找易错点。	培养学生自主学习的意识与能力。 对学生的自学能力进行评价。

教学程序	教师活动	学生活动	设计意图及教学评价
模块二：阿基米德原理	 二、解释曹冲称象 ∵$V_{排}$相同 根据阿基米德原理$F_{浮}=\rho_{液}gV_{排}$ ∴$F_{浮}$相同 ∵漂浮 ∴$F_{浮}=G_{物}$ ∴$G_{象}=G_{石}$ 三、学以致用 例题： 如图甲所示，边长为10 cm的立方体铜块浸没在水中。 （1）它受到的浮力是多少？ （2）如果立方体铜块处于图乙中的位置，浮力又是多少？ （3）如果把这个铜块压扁，再把它浸没在水中，它所受的浮力会不会发生变化？ 总结：浮力的大小只与___和___有关，而与___和___无关。	学生根据阿基米德原理解释石头重等于大象重的原因。 完成例题的计算 结合老师的讲解，完善学案步骤。 根据计算结果，思考：浮力大小与什么因素有关？	通过这两幅图更加深了对原理中"浸"的理解。 教师予以适当的补充。 教师强调解题步骤和需要注意的问题，这样可以在学生理解的基础上进一步强调、加深，培养良好的做题习惯。 从解题的规范性进行评价。 培养学生的归纳总结和语言表达能力。

（续表）

教学程序	教师活动	学生活动	设计意图及教学评价
知识梳理	展示学习目标,请同学们对照本节课的学习目标,交流总结本节课的收获或疑问（知识和能力两个方面）。	从知识和能力两个方面的收获进行小结、交流。	培养学生的梳理反思能力。从交流的条理性、知识的严谨性进行评价。
课堂达标	1. 一个体积是200 cm³的小球,当它浸没在水中时受到的浮力是多大? 2. 小明将一个质量是0.4 kg的小球放入水中,排开水的质量是0.2 kg,此时小球受到的浮力是多少?	独立思考完成。	检验学习效果。
课后作业	（一）基础巩固: 1. 一个体积是300 cm³的小球浸没在水中受到的浮力是___N。当它一半浸入水中时,受到的浮力是___N。 2. 物体在液体中受到的浮力大小（　　） A. 和物体本身的重力有关 B. 和物体的体积有关 C. 和物体的密度有关 D. 和物体排开液体的体积大小有关 （二）课后实践: 做一做:橡皮泥的密度大于水的密度,如何能让它漂浮在水面上?	独立思考完成。	巩固知识,加深理解。课后实践作业为下节课的学习做好铺垫。

板书设计

阿基米德原理

1. 内容:浸在液体中的物体所受的浮力,大小等于它排开的液体所受的重力。

2. 表达式: $F_浮=G_排$ 或 $F_浮=\rho_液gV_排$ (注意各物理量的单位)。

3. 浮力大小只与液体的密度和排开液体的体积有关,与物体浸没在液体中的深度无关。

4. 物理方法:等效替代法。

点评

本节设计，立足于学生感性经验，注重对学生科学探究能力、科学思维能力等核心素养的培育。对"曹冲称象"这一中国传统故事，可继续挖掘这一情境在教学过程中的"有用"价值，以更好体现情境服务教学的课标要求。

——李金玉

［高级教师，齐鲁名师建设工程（2022—2025）入选，济宁市杏坛名师，济宁市特级教师］

34

阿基米德原理 *

| 课型 | 新授课 | 教材版本 | 沪科版 |

课标要求

《义务教育物理课程标准（2022年版）》P16：

2.2.9 通过实验，认识浮力。探究并了解浮力大小与哪些因素有关。知道阿基米德原理，能运用物体的浮沉条件说明生产生活中的一些现象。

教材分析

本节是《义务教育教科书物理八年级全一册》（沪科版）第九章第二节《阿基米德原理》。

本节课综合运用了以前所学的大量基础知识和基本概念，是建立在"密度""二力平衡""同一直线上两力的合成"等基础上的，是浮力知识的核心内容，也是初中物理的一个重要规律。学习阿基米德原理是对"探究浮力大小与哪些因素有关"实验的进一步完善和深化，是进一步研究物体浮沉条件的基础。教学时，要让学生经历探究浮力大小跟排开液体所受重力大小的关系的实验过程，从而概括、归纳出阿基米德原理。引导学生意识到"浮力的大小与液体的密度和排开液体的体积有关，也就是与排开液体的质量有关"。物体排开液体的重力跟物体排开液体的质量成正比，从而明确实验要

---

* 本课所讲授内容作为示例，收入本人论文。执教教师为王强（济南市历下区龙鼎实验学校，获山东省中小学教科研成果一等奖，山东省优质课一等奖，曾被评为济南市优秀教师、济南市教学能手、历下名师、2012年学考命题组成员、"互联网+教师专业发展"工程市县级专家）。

探究的问题就是浮力大小跟物体排开液体所受重力大小的关系。

学情分析

学生已经学习了力学的基础知识，能运用控制变量法，知道转化和等效的方法，对于浮力大小的探究学习有一定基础。同时，知道了浮力产生的原因和测量方法（称重法）。但是从整体来看，本节内容对学生来说综合性强，概念较为抽象，学生有较大学习困难。阿基米德原理又是浮力知识的核心，对浮力内容的顺利展开起决定性作用。针对该问题，要将教学的重点转向实验探究上来，让学生在实验与探究中认识阿基米德原理，并将所学的知识运用到生活中去。

教学目标

1. 能基于观察和体验，对物体所受浮力和排开液体重力的关系作出有依据的猜想和假设。

2. 知道物理学研究需要观察和实验；基于猜想和假设，能制订初步的实验方案。

3. 能正确进行实验操作；能根据对数据的比较和分析，发现数据的特点，得出物体所受浮力和排开液体重力的关系。

4. 能在老师的指导下概括、归纳阿基米德原理，能用文字和公式进行正确表述。

5. 建立对力学进一步学习的兴趣和严谨认真的科学态度。

教学重点

能制订初步的实验方案；能根据对数据的比较和分析，发现数据的特点，得出物体所受浮力和排开液体重力的关系。

教学难点

建立对阿基米德原理的学习兴趣和严谨认真的科学态度。

教学流程

教学流程表

教学程序	教师活动	学生活动	设计意图及教学评价
创设情境	教师讲述阿基米德的故事作为引入。 相传叙拉古赫农王让工匠替他做了一顶纯金的王冠。做好后，国王疑心工匠在金冠中掺了假，但这顶金冠确与当初交给工匠的纯金一样重。工匠到底有没有捣鬼呢？他既想检验真假，又不能破坏王冠。这个问题不仅难倒了国王，也使诸大臣面面相觑。后来，国王请阿基米德来检验。最初，阿基米德也是冥思苦想而不得要领。一天，他在家洗澡，当他坐进澡盆里时，看到水往外溢，同时感到身体被轻轻托起。他突然悟到可以用测定固体在水中排水量的办法，来确定金冠的真假。他兴奋地跳出澡盆，连衣服都顾不得穿上就跑了出去，大声喊着"尤里卡！尤里卡！"。（意思是"我找到了"）。 师：阿基米德究竟发现了什么，能让他如此兴奋？让我们一起来还原这个伟大的发现，感受一下阿基米德的兴奋。	产生疑问，激发学习兴趣。	建立对阿基米德原理的学习兴趣。
引桥建构	师：观察桌上的器材，怎样还原这个历史情境呢？ 师：用什么模拟阿基米德伸进浴缸的腿呢？	用大烧杯模拟浴缸。 用我们的手臂。	能基于观察和体验，对物体所受浮力和排开液体重力的关系作出有依据的猜想和假设。

（续表）

<table>
<tr><th>教学程序</th><th>教师活动</th><th>学生活动</th><th>设计意图及教学评价</th></tr>
<tr><td rowspan="3">引桥建构</td><td>实验中请同学们思考这样几个问题：
1. 你感觉到了什么？
2. 你看到了什么？
3. 你听到了什么？<table><tr><th></th><th>触觉</th><th>视觉</th><th>听觉</th></tr><tr><td>感受</td><td></td><td></td><td></td></tr></table></td><td>1. 感觉阻力越来越大。
2. 看到液面上升，水溢出。
3. 听到水哗哗落在地上。</td><td rowspan="3"></td></tr>
<tr><td>师：我们将上升部分的水和溢出的水合称“排开”的水。现在我们就可以聚焦于两点：一个是浮力，一个排开的水。
师：我们进一步聚焦，前者是一个力，后者是一个物体。我们怎样才能将二者联系在一起呢？</td><td>浮力大小可能与排开的水有关。
对于排开的水，我们重点研究这部分水的重力。</td></tr>
<tr><td>师：同学们，此时此刻，如果你是阿基米德，你会有何大胆的猜想？</td><td>浮力大小可能与排开水的重力相等。</td></tr>
<tr><td>实验探究</td><td>我们用到的实验器材有：圆柱形金属块、溢水杯、小桶、弹簧测力计、水。
思考：如何测量浮力？
如何收集“排开的水”并测量其重力？
溢水杯：收集被物体排开的液体。
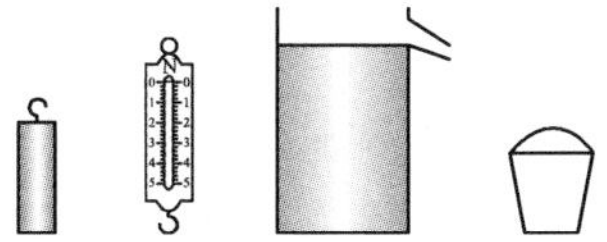</td><td>设计实验。测量浮力的方法是称重法，即将物体在空气中称一次，浸入水中称一次，两次弹簧测力计示数差即为浮力。</td><td>知道物理学研究需要观察和实验；基于猜想和假设，能制订初步的实验方案。</td></tr>
</table>

（续表）

教学程序	教师活动	学生活动	设计意图及教学评价
	<table><tr><td>物体的重力 $G_{物}$/N</td><td>物体浸在水中时弹簧测力计示数 F/N</td><td>物体所受浮力 $F_{浮}$/N</td></tr><tr><td>空桶的重力 $G_{桶}$/N</td><td>桶和排开水的总重力 $G_{总}$/N</td><td>排开水的重力 $G_{排}$/N</td></tr></table> 为了充分还原阿基米德的情境，我们分次进行实验探究，如图所示： 将物体少部分浸入水中； 将物体大部分浸入水中； 将物体全部浸入水中； 将物体全部浸入水中更深处。 请各组同学展示实验数据。分析不同组的数据，我们有何发现？	测量排开水的重力的方法是去桶法。称小桶和溢出水的总重，减去桶重，即为溢出水重。 分组实验，收集数据。 每组实验数据，浮力和排开水的重力是相等的。	能正确进行实验操作；能正确使用测力计获取实验数据；能根据对数据的比较和分析，发现数据的特点，得出物体所受浮力和排开液体重力的关系。
请同学们准确地描述自己的发现。		浸入水中的物体所受的浮力跟它排开水的重力相等。	

实验探究

（续表）

教学程序	教师活动	学生活动	设计意图及教学评价
实验探究	师：拓展这个发现，看看它在更大的范围内是否适用。请同学们思考，我应该从哪些方面着手实验？	生1：浸入水中后物体处于不同状态，比如漂浮、悬浮。 生2：物体浸入不同的液体中。	对于实验，学生能提出自己的见解，能在老师的指导下概括、归纳阿基米德原理，能用文字和公式进行表述。
	师：请同学们设计实验。 师：请同学们完善自己的发现。学生分组多次实验，找普遍规律，得出结论，这是一个普遍规律。	生1：选择漂浮的物体，进行刚才的实验。 生2：换用不同的液体，进行刚才的实验。 结论：浸入液体中的物体所受的浮力的大小等于被物体排开的液体所受重力的大小。	建立对阿基米德原理的学习兴趣和严谨认真的科学态度。
	师：同学们，你现在能体会到阿基米德在获得这个发现时，为什么如此兴奋了吗？	生1：阿基米德发现了重要的规律。 生2：阿基米德大胆的猜测经验证后确定是正确的。 生3：阿基米德预感到这个规律对以后的研究有重要的价值。	能建立知识框架，提升综合运用知识的能力。

（续表）

教学程序	教师活动	学生活动	设计意图及教学评价
实验探究	阿基米德原理可写成数学表达式：$F_浮 = G_排$。 推导式：$F_浮 = m_排 g = \rho_液 g V_排$。 师：请同学们讨论，$\rho_液$和$V_排$各表示什么物理意义？ 再一次证实浮力的大小与液体的密度、排开液体的体积有关，而与其他因素无关。 在同种液体中，物体浸在液体中的体积越大，物体受到的浮力就越大。	$\rho_液$表示液体的密度，$V_排$等于物体浸在液体中的体积，所以在同种液体中，物体浸在液体中的体积越大，物体受到的浮力就越大。	
课堂小结	师：小组合作，谈谈这堂课的收获。进行自评和小组互评。	从知识、能力和科学素养等角度谈收获。	
作业布置	1. 猜想物体所受浮力和排开液体重力有关，依据是什么？小组合作讨论。 2. 用文字或画图的方法描述验证阿基米德原理的实验过程。 3. 下表是小军同学在"探究阿基米德原理"实验中获得的数据，请帮助他将表格补充完整。 	物体的重力 $G_物$/N	物体浸在水中时弹簧测力计示数 F/N	空桶重 $G_桶$/N	排开水和桶总重 $G_总$/N
5	3	3	1 | 4. 如图所示是小明笔记上验证阿基米德原理的关键步骤。 石块 水 （1）图中弹簧测力计的示数是_____N。 （2）由图即可联想到在进行这个步骤之前需要用弹簧测力计测量_____和小桶的重力。		1. 指向教学目标1。 2. 指向教学目标2。 3. 指向教学目标3。 4. 指向教学目标3、4、5。

（续表）

教学程序	教师活动	学生活动	设计意图及教学评价
作业布置	（3）小明由此发现，浸没在水中的物体所受浮力大小等于排开水的重力。为了验证物体浸没在其他液体中是否还满足上述关系，他还要进行的实验有_____。 铁块　水　A 石块　盐水　B 石块　水　C 塑料泡沫　水　D 5.如图所示，将实心正方体轻轻放入侧放置且水已满的大烧杯内，该木块质地均匀，边长为5 cm，待木块静止时，从杯中溢出75 g水（g取10 N/kg）。计算木块受到的浮力。		建立知识框架，提升综合运用知识的能力。

板书设计

$F_浮 = G_排$

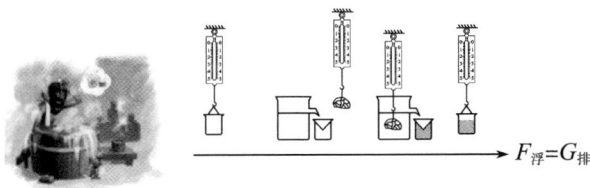

	触觉	视觉	听觉
感受			

点评

本节设计，强调让学生从体验活动中主动发现问题、提出问题并进行科学探究；注重培养学生对实验过程和实验结果进行反思的意识和能力；注重落实在掌握知识的过程中发展思维能力的素养培育目标要求。

——李金玉

［高级教师，齐鲁名师建设工程（2022—2025）人选，济宁市杏坛名师，济宁市特级教师］

35

功率 *

| 课型 | 新授课 | 教材版本 | 鲁科版 |

课标要求

《义务教育物理课程标准（2022年版）》P23：

3.2.2　知道机械功和功率。用生活中的实例说明机械功和功率的含义。

理论联系实际，提高学生分析问题、解决问题的能力。例如：通过解决生产生活中的具体问题，使学生了解功率知识，形成将物理知识与生产生活相联系的意识。

教材分析

本节是《义务教育教科书（五·四学制）物理八年级下册》（鲁科版）第九章第四节《功率》。

教科书通过对生活、生产实例的分析，采用比值定义的方法引入功率的概念。要求学生明确功率的物理意义，能进行简单的计算，并用功率的概念测量生活中功率的大小。

学情分析

本节课的受众是义务教育八年级的学生，由于年龄原因，他们更加偏向于形象思维，对形象的生活和新鲜的事物比较感兴趣，愿意探究，好奇心重。而对于理性的抽象的知识容易产生厌烦、畏惧乃至逃避的心理。针对学

---

* 执教教师为王文章（广饶县大王镇中心初中教师，曾获评东营市教学能手、广饶县教学能手等）。

生的这一特征，在进行新课学习的时候，我从学生能够接触到的生活中的事物出发，让学生通过足够的形象知识学习，逐步锻炼自己的抽象概括能力。通过播放视频《大国重器》，既给学生心灵和视觉上带来冲击，又引发学生的深入思考，做功除了有多少之别，还有快慢之分；通过组织学生进行搬砖比赛，让学生体验、感受、思考如何比较做功的快慢；通过分析比较做功的快慢，根据比值法引出功率的定义；介绍物理量的符号、单位以及瓦特的生平，把学生带入到科学家艰辛的奋斗岁月；通过设计的学生活动，对本节课学习的知识进行当堂训练，及时评价反馈，调整改进；最后通过"小轿车爬坡时是要换高速挡还是低速挡"这个问题，引发学生联系本节课的知识解决生活中的实际问题。学生经历了从感性认识到理性认识、从生活到物理的思维蜕变过程，奠定了"从生活走向物理，从物理走向社会"的新课程教学理念。

教学目标

1. 通过观看视频、搬砖比赛等趣味性活动，知道功率的定义。类比"速度"定义，能说出功率的物理意义，并能写出功率的定义式及其单位。（物理观念、科学思维）

2. 体验比较1 W和0.5 W的感受，用生活中的实例说明功率的含义。（科学思维、科学探究）

3. 通过测量微型起重机的功率、思考汽车爬坡问题等，进一步了解功率，形成将物理知识与生产生活相联系的意识。（科学探究、科学态度与责任）

教学重点

对功率的认识是本节课的重点。

教学难点

功率的计算是本节课的难点。

教学资源准备

多媒体课件、直尺（1 m）、2个鸡蛋、模拟砖块、朗威实验器材、微型电动起重机、电子秒表、改装火车爬坡装置、钩码（200 g）。

教学流程

教学流程表

教学程序	教师活动	学生活动	设计意图及教学评价
课堂引入 1.5 min	播放视频《大国重器》。	观看视频，感受"大国重器"除了做功多以外，做功还快。	让学生感受做功方式的不同，做功的快慢也不同，做功是有快慢之分的；同时激发学生的国家自豪感。
教学过程	同学们通过观看视频，感受到了祖国巨大的发展变化，从物理学的角度来看，做功的快慢一样吗？	不一样，人们采用先进的机械做功，做功更快了。	
	下面，我们来进行一场搬砖比赛，教师展示比赛的规则。第一场比赛规定学生搬砖的数量，比较学生搬砖所用的时间。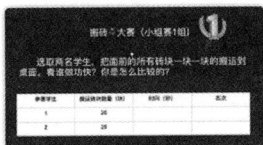	学生们积极踊跃地参加比赛，上课兴趣得到极大地激发。	让学生们主动参与到课堂的探究过程中来，加深对接下来要学习的问题的认识。
	教师记录学生搬砖所用的时间，同时提出问题：哪位学生做功更快呢？	学生积极主动回答并且解释原因，因为胜出的同学搬运同样多数量的砖块，用时更少，所以做功更快。	做功相同，时间少，做功快。

（续表）

教学程序	教师活动	学生活动	设计意图及教学评价
教学过程	下面，我们来进行第二场搬砖比赛，教师展示比赛的规则。第二场比赛规定在8 s的时间内，比较学生搬砖的数量。 	由于具有了时间的限制，加上具备了第一次比赛的经验，学生全力以赴地进行搬砖比赛，课堂效果得到进一步地激发。	既要学生思考，又要学生对比上一次搬砖的收获，得到比较做功快慢的第二种方式。
	教师记录学生搬砖的数量，同时提出问题：哪位学生做功更快呢？	学生积极主动回答并且解释原因，因为胜出的同学在相同的时间内，搬运了更多的砖块，做功更多，所以做功更快。	时间相同，做功多，做功快。
	此时，教师抓住时机，让学生比较两个小组的第一名谁做功更快？由于做功不同，做功所用的时间也不同，所以问题的提出会激发学生的思考。	学生们积极地思考并且简单地讨论，立刻能够找到比较做功快慢的方法，那就是比较单位时间内搬砖的数量。	引导学生把时间作为标准，思考单位时间内做功的多少是可以比较做功的快慢的，慢慢接近本节课的核心概念。
	类比"速度"的定义，同样是以时间为标准进行比较，比较单位时间内走过的路程就可以比较物体运动的快慢，这种定义的方法叫作比值定义法。	学生深入思考比值定义法的概念，并且结合自己的预习情况，完善教师导学案上设计的对比表格，并且主动展示自己小组的成果。	通过类比的学习方法，让学生独立得出功率的物理意义、定义、公式、单位、数值含义等知识，符合学生独立自主建构知识框架的规律。讲解单位时注意"kW"的讲授。

294

（续表）

教学程序	教师活动	学生活动	设计意图及教学评价
教学过程	展示字母"W"表示物理量（斜体）和物理量的单位（正体）的思维导图，区分该字母在本章中的不同含义。同时播放物理学家瓦特的视频。	学生加深了对功、功率的认识，能够更加深刻地理解和运用知识。了解功率的单位是为纪念伟大的物理学家而用其名字命名的。	字母"W"既可以作为物理量使用（斜体），又可以作为物理量的单位使用（正体），注意区分两者的不同。
	通过展示"选词填空"，让学生复习巩固本节课的基础知识、基本概念。	学生积极上台互动，通过多媒体大屏幕拖动词汇到相应的方框内，其他同学观察并且找出错误并更正。	基本概念的理解是本节课的关键，通过这种有互动的方式展示，加深学生对基础知识的理解。
	体验探究：人的功率你知道1 W（1 J/s）的物理意义吗？你能用桌上的器材演示说明吗？	学生通过教师提供的器材，体验1 W的感觉，并且根据教师设计的学案，完成自己爬楼的功率的估计和计算。	通过练习生活中的实际问题，增加学生用物理知识解决生活中实际问题的体验，从而加深对问题的认识。
	学生实验，小组讨论： 1.需要测量哪些物理量？ 2.分别用什么测量工具？ 3.尝试填写学习任务单测量表格的表头。 4.请按照以下子任务分工： 架设装置；启动、关闭装置；用秒表计时；记录并且处理数据；协调，组织。	学生讨论，分工合作，完善表格，进行测量。	让学生经历功率的测量过程，运用本节课所学习的知识解决生活中的实际问题。

（续表）

教学程序	教师活动	学生活动	设计意图及教学评价
教学过程	展示一些生活中交通工具的功率，了解不同的机械功率的不同。	让学生加深对生活中不同的交通工具的功率的认识，进一步体会物理学与社会发展的联系。学会通过铭牌比较功率。	让学生经历功率的测量过程，运用本节课所学习的知识解决生活中的实际问题。
	思考：为什么汽车上陡坡时，司机先将油门踩到底，然后要减小速度才能更利于爬坡呢？ 演示汽车爬坡实验。 推导公式 $P=Fv$。	学生观看演示实验，思考讨论，启发式学习。	
课堂小结		学生总结本节课的主要内容。	总结、交流、展示、锻炼学生表达能力。
课后作业	1. 同学还想知道自己上楼的功率是多大，请利用今天所学的知识设计实验，准确测量出自己上楼的功率。要求规范地写出测量原理、需要测量的物理量、测量工具、实验步骤及数据记录和处理结果。 2. 观看纪录片《大国重器》，并写出观后感和同学们交流感受。		

板书设计

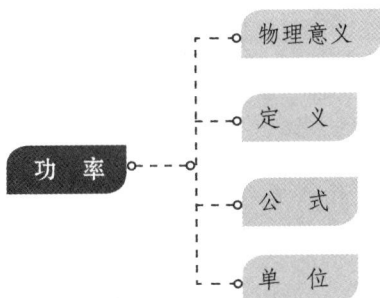

点评

本节设计，注重情境创设，强调动手体验，让学生对功率的认知经历感知、感受和感悟的过程，凸显学生主体地位；本节设计，注重引领学生关注科技发展与社会生活的关系，强调借助情境帮助学生树立民族自信。

——李金玉

[高级教师，齐鲁名师建设工程（2022—2025）人选，济宁市杏坛名师，济宁市特级教师]

36

动能 *

| 课型 | 新授课 | 教材版本 | 鲁科版 |

课标要求

《义务教育物理课程标准（2022年版）》P22：

3.1.1　了解能量及其存在的不同形式。

例1　列举几种与生活密切相关的能量。

3.2.1　知道动能……

本条目涉及课程标准中一级主题"能量"中"能量、能量的转化和转移"及"机械能"的内容。

了解能量。行为动词为"了解"，核心概念（关键词）为"能量"。从功能关系入手引入能量；通过分析实例，了解能量的概念、知道能量和做功之间的关系及能量的单位；通过举例，了解生活中常见的能量种类。

知道动能。行为动词为"知道"，核心概念（关键词）为"动能"。通过分析实例，寻找能量的共同点，知道动能概念；通过举例及课堂活动，了解具有动能的物体的实例；通过经历科学探究的过程，知道动能大小的影响因素；通过分析实例，能用动能知识解释简单的现象。

---

* 本课被评为山东省2022年度"一师一优课、一课一名师"活动"优课"。执教教师为陈婷婷（威海市塔山中学教师，威海市环翠区教坛新星、教学能手）

教材分析

单元背景："机械能"是课程标准中一级主题"能量"之下的二级主题，它是最常见的能量形式之一，是初中物理"能量"部分的学习重点。通过本单元的学习，学生将初步认识能量，了解功和能的关系；在学习动能、重力势能、弹性势能的概念及影响因素和机械能及其转化的过程中，逐步构建知识网络，初步形成能量观念。为九年级继续学习内能、电能等其他形式的能以及整体能量转化和守恒做好准备。

本单元的内容与生活实际联系紧密，也与其他学科有一定的交叉，因而从环境保护、可持续发展、关注科学技术对生产生活的影响与改善等方面，可以很好地培养学生的科学态度与责任。

本单元在培养学生核心素养方面也起到至关重要的作用：① 建构物理观念。通过实例认识能量，利用实例或实验认识动能、势能和机械能，初步建立能量的观念。② 经历科学探究过程，培养科学思维。通过实验探究，认识到动能和势能的影响因素，以及机械能转化的规律，并结合具体的情境进行分析。在实验和分析的过程中，锻炼观察能力、探究能力、分析能力、归纳总结能力，并培养从能量角度分析物理问题的意识。③ 理论联系实际，渗透科学态度与责任。通过生活实例的分析，了解生活中机械能转化的危害与利用，结合节约资源等问题树立科学态度与社会责任感。④ "做中学"，激发学习兴趣。通过丰富的体验活动，在实践中锻炼动手能力，培养团结合作、不畏困难的科学精神，激发学习兴趣，增长学习热情，学生逐渐热爱生活、热爱科学，在学以致用中体会到学习科学知识是有趣且有意义的。

本节分析：本节包括三部分内容，即能量的概念、动能的概念、动能的大小。了解生活中常见的能量形式，从功能关系的角度介绍能量的概念等知识；紧接着介绍宏观世界较为常见的机械能中的动能的概念；最后通过实验探究动能的影响因素，为势能、机械能及其转化的学习奠定基础。

学情分析

日常生活中学生虽然对能量有所了解，但对于物理学中"能量"概念的理解还是存在困难的。所以，先充分挖掘学生的知识储备，再从功能关系入手，由判断物体是否对外做功，进而引入能量概念。这种方式符合学生的认知规律，便于学生理解能量的概念。

在学习了"能量"的相关知识后，再去学习"动能"的概念，思维的梯度不大，学生学习起来应该较为得心应手。由于学生之前学习过很多利用控制变量法、转换法进行的探究实验，所以对"探究影响动能大小的因素"这一实验，教师只需进行引导，整个实验的过程应完全以学生为主体进行。

八年级的学生尽管稚气未脱，但具有独立思考的意识和能力，所以激发兴趣显得尤为重要。同时，教师还应该给他们提供一些比较富有挑战性的活动，让他们在一个个真实的问题情境中，应用自己所学的知识、掌握的技能和方法来解决问题。

教学目标

1. 通过举例，了解生活中常见的能量种类。通过分析实例，了解能量的概念、知道能量和做功之间的关系以及能量的单位。

2. 通过分析实例，寻找能量的共同点，知道动能的概念。通过举例及课堂活动，了解具有动能的物体的实例。

3. 通过经历科学探究的过程，知道动能大小的影响因素。通过分析实例，能用动能知识解释简单的现象。

教学重点

动能的概念；动能大小的影响因素。

教学难点

能量的概念；能量和做功之间的关系。

教学流程

教学流程表

教学程序	教师活动	学生活动	设计意图及教学评价
新课引入	简要总结本学期对"力以及力和运动关系"的认识是学习力学的基础，而功和能的学习则是对力学的进一步综合和提升。顺利过渡到今天我们要开启的力学新一章节的学习，引领学生继续尝试从能量这一角度去观察世界、解决问题。	知道本章是力学中的又一重要章节，能的学习是对力学的进一步综合和提升。	开篇高屋建瓴地点明能量知识在力学中的地位，让学生从力学整体格局中对本章的学习形成初步的认识。
新课学习模块一：建立能量的概念 — 能量的种类	鼓励学生谈一谈自己对"能量"一词的初步认识，或试着举例说明几种常见的能量形式。 在初步了解学情的基础上，简介各种能量形式，并介绍本章及九年级主要学习的相关内容。 能量→机械能→动能、势能→转化和守恒 能量→内能 能量→电能 能量→核能 能量→……	谈自己对"能量"一词的初步认识，或试着举例说明几种常见的能量形式。	先从生活入手了解学情；再从"能量"主题出发，简介将要学习的相关内容，体现大单元教学理念。
新课学习模块一：建立能量的概念 — 能量的概念	1.能量的概念 展示洪水冲走车子的动态图片，提出问题：洪水对车子做功了吗？并说出理由。	回顾做功的条件，回答教师提出的问题。	从功能关系入手引入能量概念，让学生知道功和能二者密不可分，为高中继续学习功能关系埋下伏笔。

教学程序		教师活动	学生活动	设计意图及教学评价
模块一：建立能量的概念	能量的概念	引导学生明确：做功的过程伴随着能量的转移。 鼓励学生逆向思维：如果物体具有能量，那么它具备什么样的本领呢？引导学生尝试用自己的语言表述什么是能量？ 给出课本上能量概念的规范表述，并鼓励学生谈一谈对能量概念中"能够"一词的理解。 2. 能量的物理意义 教师进一步引导学生明确能量的物理意义。 3. 能量的单位 引导学生思考能量的单位。	试着说出能量的概念，并尝试说出"能够"的含义。 明确能量和做功之间的关系及能量的单位。	
模块二：建立动能的概念	过渡	简要小结上一模块知识。引导学生交流以下两个问题： ① 现在你已经知道动能的哪些知识？ ② 在现有知识的基础上你还想知道动能的哪些知识？ 在师生互动中明确：具有动能的物体能够对外做功及动能的单位。 梳理出接下来要学习的两个很重要问题：动能的概念和影响因素。 教师展示本模块的学习目标，师生带着新的学习目标继续本节课的学习。	小组讨论并交流以上两个问题。 明确接下来的学习目标。	增强学生的迁移能力，并巩固了功能关系，为解决探究实验中可能遇到的问题埋下伏笔。

（续表）

教学程序		教师活动	学生活动	设计意图及教学评价
模块二：建立动能的概念	动能的概念	1. 小组讨论 展示以下图片及问题： ① 狂风和流水具有能量吗？ ② 它们具有的能量有什么共同特点？ ③ 尝试用自己的语言说出动能的概念。 2. 交流发言 引导学生谈自己获得动能概念的思维过程、对动能的认识及动能的概念。 3. 建立动能概念 教师在学生表述的基础上给出动能规范的概念，并指出基于这个概念可知，一切运动的物体都具有动能。	小组讨论并交流三个问题，初步给出动能的概念。	在互动、讨论、质疑中，学生交流自己获得动能概念的思维过程以及对动能概念的认识，最终初步达成共识。提供更多的机会让学生充分参与学习，在参与过程中培养学生的表达能力、分析问题的能力。
	具有动能的物体	引导学生举出物体具有动能的例子。 鼓励学生上台进行课堂挑战活动，判断物体是否具有动能。	举出物体具有动能的例子。 参与挑战活动，再次巩固动能的概念。	学生体会到物理与生活有密切的联系。体现课标中"从生活走向物理，从物理走向社会"的新课程理念。

（续表）

教学程序	教师活动	学生活动	设计意图及教学评价
模块三：动能的大小	实验探究动能的大小跟哪些因素有关	1. 猜想 引导学生猜想影响动能大小的因素并说出理由。 全面收集学生的想法后，师生共同梳理影响动能大小的因素可能是质量和速度。 2. 讨论以下问题 教师提出以下问题： ① 实验方法是什么？ ② 如何控制速度相同？尝试说出依据。 ③ 通过什么现象判断动能大小？ 对如何控制速度相同这一问题，教师还可以通过引导学生分析微视频的现象来进一步理解问题。 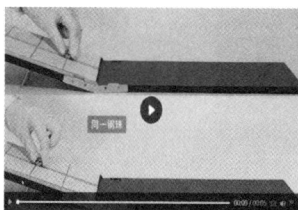 3. 明确实验步骤 师生共同梳理明确实验步骤： ① 同一小球，从不同高度静止滑下，比较物块被推动的距离。 ② 不同小球，从同一高度静止滑下，比较物块被推动的距离。 4. 完成实验得结论 实验1：探究动能与速度的关系。 实验2：探究动能与质量的关系。 5. 评估 教师播放改进后的实验视频。 	交流自己的猜想及理由。 小组讨论并交流以上问题，在互动、交流、补充中完善想法，达成共识。 小组讨论、交流、展示、补充、完善实验步骤。 分组实验，记录结果，尝试说出自己的发现。 谈自己在实验过程中的收获、结论及对实验的改进建议。	本模块重视科学探究过程。教师鼓励学生有依据地表述自己的猜想；设计方案前引导学生思考并突破实验中的核心问题；指导学生在互动、交流、总结、提升中得到实验方案；实验过程中培养学生的观察能力、动手操作能力、收集和分析信息能力、归纳能力等实践能力。 在交流环节重视师生和生生之间的评价，体现了以学生为主体的教学理念。

（续表）

教学程序	教师活动	学生活动	设计意图及教学评价
模块三：动能的大小	6.深度思考 针对学生的疑惑，教师先给予肯定，指出高中会定量分析，而初中阶段只需定性分析即可，接着展示课本"小资料"的内容引导学生回答："质量和速度哪个物理量对动能影响更大"这一问题。 小资料 一些物体的动能 /J 抛出去的篮球　约30　　　跑百米的运动员　约3×10³ 行走的牛　约60　　　飞行的步枪子弹　约5×10³ 从10 m高处落下的砖块　约2.5×10²　行驶的小汽车　约2×10⁵	提出自己对实验存在的疑惑：质量和速度哪个物理量对动能影响更大。 分析"小资料"中的相关数据说出自己的想法。	利用"质量和速度哪个物理量对动能影响更大"这个问题，引导学生思维上升到更高的层面，即有助于学生高阶思维的培养，又为高中继续学习动能的计算公式埋下伏笔。
知识运用	追问学生——在生活中大家在哪里见到过限速标志？为什么要对机动车的行驶速度进行限制？为什么在同样的道路上，不同车型的限制车速不同？" 表扬学生能够应用知识解决实际问题，同时简单进行安全教育。	利用所学知识尝试回答以上问题。	车辆限速问题贴近生活，激发学生兴趣的同时也提升了学生的安全意识，但需要注意仅引导学生从能量的角度分析即可。 总之，本模块教师重视对学生科学思维、科学探究和科学态度与责任等核心素养的培养。
反馈练习	订正答案。 处理易错题。	完成本模块的反馈练习。	

教学程序	教师活动	学生活动	设计意图及教学评价
课堂 小结	总结提升——我们从生活中的能量和功能关系入手学习了能量，明白了能量和做功之间的关系。学习了常见的能量：动能，通过小组讨论知道了动能的概念，在科学探究的过程中知道了动能大小的影响因素，并用所学知识解决实际中的问题。 	对照学习目标，小组之间谈一下自己的收获，然后全班交流。完成课堂达标检测，自查达成情况。	梳理本节课的知识、过程和方法，有效构建知识网络。
课堂 达标	1. 判断题 （1）做功的物体具有能量，不做功的物体不具有能量。（　） （2）做功多的物体能量就多，反之能量就少。（　） （3）能够对外做功的物体具有能量，但不一定在做功。（　） （4）一切运动的物体都具有动能。（　） 2. 小强在"探究影响动能大小的因素"实验时，用质量分别为m、$2m$的两个钢球做了如图所示的实验，虚线位置为木块滑动一段距离后停止的位置。 （1）让不同钢球从斜面的同一高度由静止滚下是图_____。 （2）比较甲、丙两图进行的实验，可得出结论：_____。	独立完成习题。	检测目标达成。

（续表）

教学程序	教师活动	学生活动	设计意图及教学评价
课堂达标	（3）小红根据乙、丙两图得出结论，物体的动能大小与质量有关，她的看法_____（选填"正确"或"错误"）。为什么？		
作业布置	A层：完成基础习题。 B层：① 查阅资料，了解太空垃圾的起因及危害。② 智慧开讲——车窗抛物要不得！	独立思考完成。 课后调查，形成报告。	培养了学生的科学态度与社会责任感。
拓展资源	推荐微视频：太空垃圾、车窗抛物等。		

板书设计

第十章　第一节　动能

一、能量

1. 常见的能量：机械能、电能、内能……

2. 概念：物体能够对外做功，表示这个物体具有能量。

3. 物理意义：对外做功的本领。

4. 单位：焦耳（J）。

二、动能

1. 概念：物体由于运动而具有的能。

2. 注意：一切运动的物体都具有动能。

三、动能的大小

当质量一定时，物体速度越大，具有的动能越大；

当速度一定时，物体质量越大，具有的动能越大。

点评

本节设计，注重帮助学生建构知识框架，引领学生逐步形成从能量的视角去认识世界的物理观念；强调通过问题引领，发展学生思维能力和科学探究能力；本节教学注重学以致用，让学生感悟物理知识的价值和作用。

——李金玉

[高级教师，齐鲁名师建设工程（2022—2025）人选，济宁市杏坛名师，济宁市特级教师]

37

杠杆 *

| 课型 | 新授课 | 教材版本 | 鲁科版 |

课标要求

《义务教育物理课程标准（2022年版）》P15：

2.2.6 ……探究并了解杠杆的平衡条件。

要求学生知道杠杆物理模型，通过实验探究了解杠杆的平衡条件，在科学探究中能制订初步的实验方案，通过对实验数据的比较与分析，发现数据的特点，进行初步的因果判断，得出实验结论。

教材分析

本节是《义务教育教科书（五·四学制）物理八年级下册》（鲁科版）第九章第一节《杠杆》。

教材从学生身边熟悉的物体入手，引导学生认识杠杆，深入探究其平衡的条件，再到杠杆的应用，进而将学生认识到的物理知识及科学研究方法与社会实践结合起来。其中对于力臂概念，教材是通过直接下定义的方式，学

---

* 本课在淄博市中小学教育技术装备应用创新案例评选活动中获一等奖；《DIS创新实验——探究杠杆平衡条件》入选教育数字化背景下的装备技术应用创新案例（中国教育装备行业协会城市教育装备工作委员会组织）；利用创新自制教具的《杠杆》课题在淄博市中小学实验教学说课展示活动中获二等奖。执教教师为王豪豪（淄博柳泉中学教师，曾获淄博市中小学教育技术装备应用创新案例评选活动一等奖、淄博市中小学实验教学说课展示活动二等奖）。

生也不清楚力臂概念的由来，没有进行合理地科学创设。因此，有必要设计力臂实验教具，让学生参与力臂的模型构建。

学情分析

杠杆是生活中常见的简单机械。学生日常生活中常会接触剪刀、指甲剪、夹子等工具，但仅仅是会使用，没有深入地研究这些物体的特点。学生在学习本节课内容之前已经学习和掌握了力的三要素会影响力的作用效果，力的平衡条件和相关数学几何知识（圆的半径和切线垂直的关系）。这些知识为本节课的学习奠定了理论基础。

教学目标

1. 通过实验探究寻找力臂，认识杠杆；通过实验探究得出杠杆的平衡条件。

2. 学生经历寻找力臂的科学探究的全过程，从实验探究中提炼物理概念，构建物理模型，培养科学推理能力。

3. 学生通过使用改进的实验仪器，渗透创新精神，培养善于提出问题和实事求是的科学态度。

教学重点

建立杠杆模型，实验探究杠杆平衡的条件。

教学难点

对力臂的确定和理解。

教学流程

教学流程表

教学程序	教师活动	学生活动	设计意图及教学评价
新课引入	播放短视频：跷跷板游戏。 提问：小壮坐在跷跷板左边不动，右边同学如何抬高他，并与他达到同一水平高度？	观察视频中的现象，思考问题。	从学生生活中常见情境引入杠杆模型的认识，激发学习兴趣。
新课学习模块一：认识杠杆	1. 实验模拟杠杆模型——跷跷板，猜想影响杠杆平衡条件的因素是什么？ 2. 实验探究影响杠杆平衡条件的因素。 展示实验过程： ① 调节杠杆使其在水平位置平衡，弹簧测力计调零。	观察现象，猜想影响杠杆平衡条件的因素是什么？ 根据学案实验步骤，实验探究影响杠杆平衡条件的因素。	将情境用物理模型再现，引导学生进行实验——探究影响杠杆平衡条件的因素，得到实验结论：影响杠杆平衡的因素是力的大小和支点到力的作用线的距离（力臂）。利用自制力臂实验教具，让学生参与力臂的模型构建。

（续表）

教学程序	教师活动	学生活动	设计意图及教学评价
新课学习模块一：认识杠杆	② 将左边弹簧测力计固定在10 cm处，控制阻力大小、方向、作用点不变；将右边弹簧测力计也挂在10 cm处，调节杠杆水平平衡。 ③ 分别只改变动力大小、方向、作用点，观察杠杆能否保持水平平衡。 ④ 控制拉力大小相同，弹簧测力计挂在12 cm处，并向右倾斜直至杠杆恢复水平平衡，移动线光源使其与力的作用线重合，观察力的作用线与同心圆之间的规律。 ⑤ 改变力的作用点到16 cm和20 cm处，重复实验步骤④。 ⑥ 利用定滑轮改变支点到力的作用线的距离，观察杠杆能否保持水平平衡。 3. 认识杠杆的五要素，明确力臂定义，构建杠杆模型。 	在纸板上画出杠杆五要素，建立杠杆模型，利用直尺进行规范作图。	学生掌握画力臂的方法，培养学生严谨的科学态度。 从作图的规范性进行评价。
模块二：探究杠杆平衡条件 / 启发猜想	提问：杠杆平衡时力和力臂满足什么条件呢？实验时杠杆必须保持水平平衡吗？请小组内设计实验过程和表格。	积极思考、大胆猜想，设计完善实验探究，交流展示。	培养学生敢于猜想、理性分析、设计实验探究的意识与能力。 从归类的科学性、可操作性进行评价，引导改进。

（续表）

教学程序		教师活动	学生活动	设计意图及教学评价
模块二：探究杠杆平衡条件	动手探究	提出探究要求： 下面请同学们进行探究。注意及时记录实验数据，并根据数据及观察到的现象，归纳得出实验结论。做完实验后，反思实验中的不足，提出改进意见，小组讨论做好全班展示交流的准备。 	分组探究： 实验：探究杠杆平衡条件。	培养学生动手操作，获取与处理信息，得出结论，进行交流、评估、反思的能力。
	归纳总结	组织交流、引导归纳： 请同学们交流一下你们的实验结果及发现，归纳实验结论以及对实验的改进意见。 结论：当杠杆平衡时，动力×动力臂=阻力×阻力臂，公式表示为 $F_1l_1=F_2l_2$。	全班展示交流。	侧重于科学探究过程中操作的规范性、结论的严谨性、交流的条理性、评估反思的科学性进行评价。
	扩展实验	1. 学生扩展实验：杠杆始终处于水平平衡，只改变动力方向，动力沿什么方向最小，这是为什么？ 	学生小组实验探究并交流讨论原因后展示发表。	学生通过实验探究得到规律，之后利用所学的杠杆平衡条件，画出力臂，探究现象原因，实现确定力臂和杠杆平衡条件的综合应用。

归纳总结部分的表格：

实验次数	动力 F_1/N	动力臂 l_1/cm	动力×动力臂 F_1l_1/ N·cm	阻力 F_2/N	阻力臂 l_2/cm	阻力×阻力臂 F_2l_2/ N·cm
1	0.5	6	3	0.5	6	3
2	1	9	9	1.5	6	9
3	1	4	4	0.5	8	4

教学程序		教师活动	学生活动	设计意图及教学评价
模块二：探究杠杆平衡条件	扩展实验	2. 教师演示DIS实验：	学生观察DIS实验现象，分析实时数据变化图像，得到物理规律，并利用所学的杠杆平衡条件解释原因。	利用DIS实验装置，实时采集数据，整体分析数据变化，提高学生分析图像数据的能力，同时解决弹簧测力计测量微小变化现象不明显的问题。
模块三：杠杆的应用		展示任务： 任务一：自主学习课本第69页"杠杆的应用"中杠杆的分类的相关内容，画出以下杠杆模型的力臂，并进行分类。	画出力臂，利用杠杆平衡条件 $F_1l_1=F_2l_2$，将杠杆分类为省力杠杆、费力杠杆和等臂杠杆。	培养学生的知识应用能力，利用物理规律解决社会实际问题，引导学生从生活走进物理，再由物理走进社会。从思路的逻辑性进行评价。
		任务二：请画出跷跷板中的杠杆五要素，构建杠杆模型，并再次回答小壮坐在跷跷板左边不动，右边同学如何抬高他，并与他达到同一水平高度。	画出杠杆的五要素，建立杠杆模型，并利用杠杆平衡条件 $F_1l_1=F_2l_2$ 解决问题。	

（续表）

教学程序	教师活动	学生活动	设计意图及教学评价
课堂小结	请同学们总结一下：通过本节课的学习，你都有什么收获？（知识和能力两个方面）	从知识和能力两个方面的收获进行小结、交流。	培养学生的梳理反思能力。从交流的条理性、知识的严谨性进行评价。
课堂达标	学案：1、2、3题。	独立思考完成。	检验学习效果。
作业布置	（一）基础巩固： 1. 杠杆在我们的生活中有许多巧妙的应用，如图所示的四种情境中，所使用的杠杆属于费力杠杆的是（　　） A.羊角锤　　B.筷子 C.起瓶器　　D.独轮车 2. 如图所示的杠杆AB处于平衡状态，O点为杠杆的支点，则力F的力臂是（　　） A. OF　B. OD　C. OC　D. DF 3. 如图所示，用刻度均匀的匀质杠杆进行"杠杆平衡条件"的实验（每个钩码重相等），下列说法正确的是（　　） 甲　乙　丙　丁	独立思考完成。	巩固知识，加深理解。

（续表）

教学程序	教师活动	学生活动	设计意图及教学评价
作业布置	A. 图甲：实验前出现图中所示情况，应将杠杆的平衡螺母向左调 B. 图乙：在A、B处各减少一个钩码，杠杆仍然能保持平衡 C. 图丙：实验时，在C处挂5个钩码，再向左移动平衡螺母调节杠杆平衡 D. 图丁：弹簧测力计由竖直方向逐渐向右转动，杠杆始终保持水平平衡，则弹簧测力计示数将逐渐变大 （二）课后实践： 试一试：能否用一张A4纸撬开可乐瓶盖，秘诀是什么？ 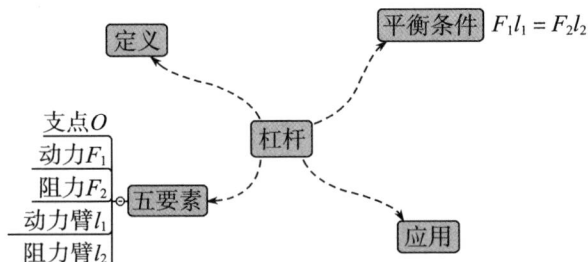	课后实践，形成报告。	培养学生动手能力，感受家庭实验的乐趣，提高学习物理的积极性，获得用物理知识解决问题的成就感。

板书设计

定义

平衡条件 $F_1 l_1 = F_2 l_2$

支点O
动力F_1
阻力F_2
动力臂l_1
阻力臂l_2

五要素

杠杆

应用

点评

本节设计，强调了知识的建构过程，通过自制教具，帮助学生建构出力臂概念，顺应学生认知规律，突破教学难点。引领学生经历知识建构过程，更有利于发展学生探究能力、科学思维能力等，更有利于学生科学素养的培育。

——李金玉

[高级教师，齐鲁名师建设工程（2022—2025）人选，济宁市杏坛名师，济宁市特级教师]

38

滑轮 *

| 课型 | 新授课 | 教材版本 | 人教版 |

课标要求

《义务教育物理课程标准（2022年版）》P23：

3.2.4　能说出人类使用的一些机械。了解机械的使用对社会发展的作用。

活动建议

1. 查阅资料，了解人类利用机械的大致历程，并与同学进行交流。

2. 查阅资料，了解我国古代水磨、水碓等机械，写一篇弘扬中华优秀传统文化的调查报告。

教材分析

本节是《义务教育教科书（六·三学制）物理八年级下册》（人教版）第十二章第2节《滑轮》。

本节是在学习了二力平衡、功和功率、杠杆这些知识的基础上进行的，是对功和功率学习的延续，是对简单机械学习的深化。它为机械效率的学习奠定了基础，是本章的核心内容之一。

本节内容由"定滑轮和动滑轮"和"滑轮组"两部分构成。教学的重点

---

* 本节课为参加聊城市教学能手时所用的教学设计，教学效果优良，得到评委的一致好评。执教教师为王佰顺（临清市民族实验中学教师，曾获评聊城市教学能手、聊城市优质课一等奖、聊城市创新实验大赛一等奖指导教师、临清市优秀教师等）。

是研究定滑轮和动滑轮的特点，教学的难点是滑轮组。要引导学生完成好研究定滑轮和动滑轮特点的实验，让学生亲身体验，找出定滑轮和动滑轮的特点，加深对滑轮的认识，并为学习滑轮组做好知识储备。

学情分析

滑轮是初中物理三大机械（斜面、滑轮、杠杆）之一，是机械功落实的载体。学生在小学时已经学过滑轮相应的知识，对滑轮的学习已经有一定的理论知识基础，但是并不熟悉这种简单机械，可是滑轮又在实际生产和生活中有着广泛的应用。八年级学生已具备了初步的思维能力和探索、解决简单实际问题的能力。教师要加以引导，恰当设置认知冲突，让学生兴趣盎然地通过实验、讨论，探究出结论，顺利完成本课学习。通过定滑轮和动滑轮的特点及应用的学习，有利于学生将科学知识与生活实际相结合，同时也为滑轮组的认识与应用打下基础。

教学目标

1. 能识别定滑轮和动滑轮。

2. 能通过实验，认识定滑轮和动滑轮的特点，并能根据需要选择合适的滑轮解决实际问题。

3. 会安装滑轮组，并能根据安装情况分析施加的拉力与物重的关系。

4. 通过探究滑轮工作的特点，培养学生的好奇心、想象力和探究欲望，激发学生对物理知识和科学探究的兴趣，培养学生的动手操作能力、小组合作能力、语言表达能力，养成实事求是的科学态度。

教学重点

定滑轮、动滑轮和滑轮组的构造及其特点。

教学难点

经历组装滑轮组的过程，学会按要求组装滑轮组的方法。

教学流程

教学流程表

教学程序	教师活动	学生活动	设计意图及教学评价
新课引入	滑轮，古代人称它为"滑车"。从战国开始，滑轮在作战器械、井中提水等生产劳动中被广泛应用。传说巧匠公输般为季康子葬母下棺，使用了滑轮。汉代画像砖和陶井模型都有滑轮装置。 滑轮是一种简单机械，它在日常生活中的应用非常广泛。同学们观察手中的滑轮，看看它们有什么特点？课件展示滑轮的图片。 	学生观察手中的滑轮，说出它的特点。	锻炼学生观察和归纳能力，激发学习兴趣。
新课学习模块一：认识定滑轮和动滑轮	1. 情境模拟"如何利用一个滑轮提升重物？ 2. 在学生展示定滑轮的工作过程时，进行模拟升旗仪式。 3. 结合学生的实验展示，得出定滑轮和动滑轮的定义。 	小组合作，动手操作尝试用不同的方法提升重物，并进行展示。 升旗手进行模拟升旗。 对比定滑轮和动滑轮的工作过程，找出它们的不同点。	培养学生的协作能力和运用知识解决问题的能力。 为探究定滑轮和动滑轮的特点做好铺垫。

（续表）

教学程序		教师活动	学生活动	设计意图及教学评价
模块二：探究定滑轮与动滑轮的特点	启发猜想	提问：定滑轮和动滑轮在工作时有什么特点呢？ 首先请同学们根据刚才的实验观察结合已有的生活经验进行猜想。 猜想归类： 一类是方向（拉力方向和物体运动方向）的关系； 一类是力（拉力和物体所受重力）的大小关系；	积极思考，大胆猜想，交流展示。 尝试将同学们的猜想进行归类、交流。	培养学生敢于猜想、理性分析、归类探究的意识与能力。 从归类的科学性、可操作性进行评价，引导改进。
	动手探究	提出探究要求： 下面请同学们参考学案中的实验导航设计实验步骤并画出实验表格。注意及时记录实验数据，并根据数据及观察到的现象，归纳得出实验结论。做完实验后，反思实验中的不足，提出改进意见，小组讨论做好全班展示交流的准备。	分组探究： 实验一：探究定滑轮的工作特点； 实验二：探究动滑轮的工作特点。	培养学生动手操作，获取与处理信息，得出结论，进行交流、评估、反思的能力。
	归纳总结	组织交流、引导归纳： 请同学们交流一下你们的实验结果及发现、归纳的实验结论以及对实验的改进意见。	全班展示交流。	侧重于科学探究过程中操作的规范性、结论的严谨性、交流的条理性、评估反思的科学性进行评价。
	实践应用	提出问题： 图中用到了什么滑轮？ 展示图片：校园一角。 练习巩固：在下列的场景中使用的滑轮各有什么特点？ 提升建筑材料　可升降晾衣架　塔吊	积极思考，交流自己的思路。 认真思考，抓住要领，理解本质。	培养学生用心观察的能力和知识应用能力。 培养学生严谨的科学态度。

教学程序	教师活动	学生活动	设计意图及教学评价
模块三：滑轮组	提出问题：定滑轮与动滑轮的优缺点各是什么？ 如何既能省力又能改变力的方向？ PPT动画演示：把定滑轮与动滑轮组装成滑轮组。 引出两种组装方法，并对比它们的不同。	结合所学知识进行思考。 利用手中器材组装成滑轮组。 认真观察两种组装方法的特点。	锻炼学生的动手能力。 让学生亲自动手感知两种组装方式的区别与联系。 侧重于两种组装方式的力与运动进行对比评价。
能力提升	提出问题：拉力F与物重$G_物$，它们与承重绳子段数n有什么关系呢？结合多媒体进行讲解。 	讨论交流： 结合所学的二力平衡的知识，对提出的问题进行讨论交流，并得出结论。	培养学生用已学知识解决实际问题的能力。
联系生活	多媒体演示： （一）科学世界：轮轴和斜面。 （二）生活中的物理：盘山公路。 任务：请大家课后继续收集生活中有关简单机械的应用的实例。	认真观看多媒体资料，思考简单机械在生活、生产及科技中的应用。	培养学生关注科学技术、自然环境、人类生活和社会发展的意识。
课堂小结	请同学们总结一下：通过本节课的学习，你都有什么收获？（知识收获和能力提升两个方面）	从知识和能力两个方面的收获进行小结、交流。	培养学生的梳理反思能力。 从交流的条理性、知识的严谨性进行评价。
课堂达标	学案：1、2、3题。	独立思考，限时完成。	检验学习效果。

（续表）

教学程序	教师活动	学生活动	设计意图及教学评价
作业布置	（一）基础巩固： 1. 用如图所示的甲、乙、丙三种装置都可以把重物提高（滑轮重、绳重及摩擦不计）。 甲　　乙　　丙 使用＿＿装置只能省力，但不能改变力的方向；使用＿＿装置不能省力，但能改变力的方向；使用＿＿装置既能省力，又能改变力的方向。 2. 如图所示，＿＿是定滑轮，＿＿是动滑轮，若每个滑轮重20 N，人手拉绳的力 F 为50 N时物体刚好做匀速直线运动，则物体重＿＿N。（不计摩擦和绳重） 3. 如图所示，某人站立在地面上用滑轮组将物体 A 匀速向上拉起，请在图中用笔画线代替绳子画出所用滑轮组绳子绕法。 （二）课后实践： 找一找：身边有哪些物体用到了简单机械？它们各自起到了什么作用？	独立思考，限时完成。 课后调查，形成报告。	巩固知识，加深理解。 培养学生细心观察生活的习惯，提高用所学知识解决实际问题的能力。

板书设计

第十二章　简单机械

第2节　滑轮

一、定滑轮：不省力，可以改变力的方向；

　　动滑轮：可以省力，不能改变力的方向，而且费距离。

二、滑轮组：$F=\dfrac{G}{n}$，$s=nh$。

点评

本节设计，从课题引入到教学实施，都注重从生活走向物理，包括古人及当下对滑轮的使用；教学中通过情境的创设，让学生逐步认识到滑轮的特点及重要作用，教学中强调了对学生科学探究和思维能力的培养。

——李金玉

〔高级教师，齐鲁名师建设工程（2022—2025）人选，济宁市杏坛名师，济宁市特级教师〕

39

看不见的运动 *

课型	新授课	教材版本	沪科版

课标要求

《义务教育物理课程标准（2022年版）》P14：

2.1.2　知道自然界和生活中简单的热现象。了解分子热运动的主要特点，知道分子动理论的基本观点。

例　观察扩散现象，能用分子动理论的观点加以说明。

要求学生通过自主探究了解分子热运动的主要特点，知道分子动理论的基本观点。例如用分子动理论的观点说明扩散现象，解释自然界的有关现象。

教材分析

本节是《义务教育教科书物理八年级全一册》（沪科版）第十一章第二节《看不见的运动》。

本节课是第十一章的核心和重点内容，也是本章难点所在。本节内容是学生在学习了物质是由分子和原子组成等知识的基础上引入的一节概念课。本节内容比较抽象，对于分子动理论的内容是通过物质的宏观现象分析总结出来的，所以教材对分子动理论的每项内容都是首先提出问题，然后引导学生进行实验探索，通过讨论宏观现象，得出"分子间存在空隙、分子在永不

---

* 本课在山东省2021年度"一师一优课、一课一名师"活动中被评为省级"优课"。执教教师为段宗飞（现任教于济南市长清区大学城实验初级中学，长清区名师、区教学能手、区学科带头人、区教育科研先进个人，多次荣获市级优质课一等奖）。

停息地做无规则运动、分子间存在相互作用的引力和斥力"的结论。在这些实验探究完成之后，教材接着介绍了物质中的分子状态，解释了固态、液态、气态所具有宏观特征的根本原因。

学情分析

通过前一节的学习，学生已经知道物体是由大量分子组成的，对质子、中子、电子以及夸克等微观粒子有所了解，但由于微观粒子既看不见，也摸不着，对它们的运动更是感觉难以理解。学生对常见的物理现象有一定的了解，在生物课上有观察过洋葱表皮细胞，但是对分子的热运动还很陌生。

学生的生活中有许多与分子运动有关的生活经历，但是由于没有分子运动的知识，所以没有建立起联系，本节课在学习过程中可以充分利用学生的生活经验。学生对实验充满好奇，有动手做实验的热情但是缺乏细心观察的态度，所以在教学过程中要引导学生注意观察实验现象，通过聚焦实验细节和及时提问来引导学生仔细观察得出结论。

本节课基于八年级学生已初步具备了动手能力，提出问题、分析问题和解决问题的能力，借助实验、多媒体等教学手段，帮助学生完成对分子动理论初步知识的理解。学生经历了从感性认识到理性认识、从生活到物理的思维蜕变过程，体现了"从生活走向物理，从物理走向社会"的新课程教学理念。

教学目标

1. 通过实验，能表达出分子在永不停息地运动的观点。能举出生活中扩散现象的例子。

2. 通过实验，能猜想并得出分子子间是有空隙的结论。从物理现象和实验中，归纳简单的科学规律，尝试用已知的规律去解释具体问题，具有初步的分析概括能力。

3. 能提出分子间存在引力的猜想，能说出并分辨分子之间存在引力和斥力。学习利用不同渠道收集信息的方法，并有对信息的有效性作出判断的意识。

4. 能够用物理的语言描述出固体、液体和气体分子的模型。具有逆向思考和横向思考的意识。

教学重点

分子动理论的基本观点。

教学难点

对分子动理论的理解，应用分子运动论的基本观点来解释宏观现象，以及在探索微观世界的过程中科学方法和科学态度的养成。

教学准备

水、酒精、试管、活塞、内聚力演示器、钩码、注射器、木块、塑料圈（带棉线）、肥皂水、红墨水、滴管。

教学流程

教学流程表

教学流程	教师活动	学生活动	设计意图及教学评价
课前热身	图片展示，并思考： 1. 物质是由什么组成的？ 2. 自然界中，物质有哪几种状态？ 提出问题： 固体有固定的形状，液体可以流动，这些特性与分子的特点有什么关系呢？	学生回顾知识，回答问题，提出猜想。	从生活入手，激发学生认知冲突，发现物理问题。
新课学习 探究一： 分子是运动的吗	教师在空气中喷香水，学生观察现象，从分子角度，思考隐含的物理知识。 教师强调分子运动是看不见的，但可以从宏观现象推理微观特点，这种思维方式值得学习。 探究：分子是运动的吗？ 1. 气体分子是运动的吗？ 播放视频：空气与二氧化氮气体实验，观察现象，推理微观。	学生观察现象，进行推理。	学生亲身体会，引导其从宏观现象推理微观特点。

教学流程	教师活动	学生活动	设计意图及教学评价
探究一：分子是运动的吗	2. 液体分子是运动的吗？ 播放视频：水与硫酸铜溶液实验，观察现象，推理微观。 演示实验：冷水和热水中滴加红墨水。观察现象，探究分子运动速度与温度的关系。 3. 固体分子是运动的吗？ 播放视频：金块、铅块视频，观察合金层。 得出结论：一切物体的分子在永不停息地做无规则运动。 物理中的生活：列举生活中扩散的实例。 提出问题：由扩散现象，你还能想到什么？	观看视频，推理微观：运动？方向性？是否停息？ 观察现象，总结。 观看视频，得出规律。	从气体、液体、固体三方面借助实验和视频，让学生观察分析实验现象，形成结论。
探究二：分子之间有空隙吗	1. 实验观察：神奇的鸡尾酒。 学生动手配制"鸡尾酒"； 教师演示实验：水与酒精混合实验。 2. 小组实验： 压缩密闭在注射器中的空气时，体积如何变化？说明了什么？ 3. 科学推理： 铅块和金块的合金层约1 mm厚，又能说明什么？ 得出结论：物质的分子之间有空隙。 提出问题：分子在不停运动，分子之间有空隙，为何分子没有四散开去，反而能形成物质。是什么使分子聚集一起的？	学生猜想。 学生做演示实验。 学生观察现象，得出结论。 学生分组实验，得出结论。 分析现象，总结。 学生猜想。	学生动手配制"鸡尾酒"，创建课堂的第一次小高潮，活跃课堂气氛，从现象走向本质。 学生通过小组实验和科学推理等环节，动手动口，辩证思考，培养物理思维。 设疑，为下一个环节做铺垫。

（续表）

教学流程	教师活动	学生活动	设计意图及教学评价
探究三：分子之间存在作用力吗	1. 演示实验：压紧铅块实验。 重物拉不开铅块，说明了什么？ 2. 学生实验：四人一小组，先制作一张完整的肥皂膜，再用手指轻轻戳破一侧的肥皂膜，观察戳破前后棉线的变化，说明了分子间有什么特点？ 肥皂膜 棉线 3. 结论：分子间存在相互作用的引力。 提问：分子之间有引力，为何分子间还有空隙，你能想到什么？ 4. 小组实验： （1）用注射器抽取一筒空气，用食指按住注射器嘴，然后用力推入活塞，压缩到最小后放开活塞，观察活塞运动。 （2）用注射器抽取半筒水，用食指按住注射器嘴，然后用力推入活塞，观察水能否被压缩。 （3）用力压木块使其体积变小，容易压缩吗？ 5. 结论：分子间存在相互作用的斥力。 分析分子的特点： 分子间存在相互作用的引力和斥力。 结合分子模型道具，分析分子引力和斥力的宏观表现。 总结：分子动理论。 由宏观现象，推理微观特点。	学生观察，分析现象。 学生分组实验。 学生分析。 得出结论。 小组实验，透过现象看本质。 模型法，分子结构建构。	演示实验，创建课堂的第二个小高潮，引发思考。 学生自制肥皂膜，亲自感受分子引力，形成结论。 学生分组探究分子斥力的存在，从现象到本质。 借助模型道具，从抽象到具体。
探究四：物质的三种不同状态的特点	自学教材第222页最后三个自然段，独立完成学案中的表格。 强调：微观特点决定宏观现象。 展示三幅插图，分别代表物质的哪种状态？	学生自学，完成表格，并汇报。 学生完成。	学生自学，交流，促进深度学习。

（续表）

教学流程	教师活动	学生活动	设计意图及教学评价
小结与收获	请同学们总结一下：通过本节课的学习，你都有什么收获？	从知识和能力两个方面的收获进行小结、交流。	培养学生的梳理反思能力。从交流的条理性、知识的严谨性进行价。
当堂检测	1. 50 mL 的水与 50 mL 的酒精混合，总体积_____（选填"＞""＜"或"="）100 mL，说明分子间_____。 2. "遥知不是雪，为有暗香来"，说明分子在_____。 3. 下列现象不能说明分子做无规则运动的是（　　） A. 热水中滴入红墨水，一会儿整杯水都变红了 B. 狂风卷起地上的尘土 C. 向地面喷洒消毒药溶液，教室内能闻到药味 D. 腌咸菜时，菜的内部变咸 4. 下列现象说明分子间存在斥力作用的是（　　） A. 煤堆在墙角时间长了，墙内部变黑了 B. 打开醋瓶后，很快嗅到醋味 C. 用手压面包，面包体积变小了 D. 封闭的液体很难被压缩	当堂检测，评价。	巩固知识，加深理解。
拓展作业	1. 你能让一枚硬币浮在水面上吗？试一试，想一想其中的原因。 2. 上网搜索"分子"一词，了解更多有关分子的知识，并与同学交流。	学生课后实践，查找资料。	选做作业，对课堂的延伸。

板书设计

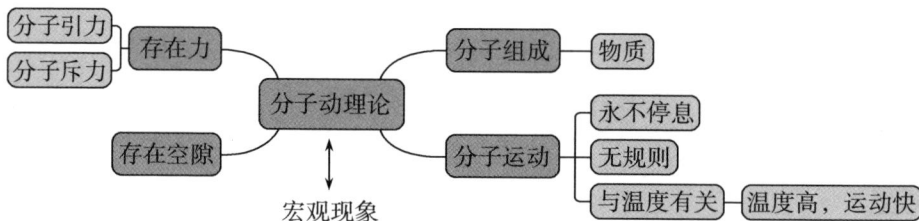

分子引力、分子斥力 → 存在力
存在空隙
分子动理论
分子组成 → 物质
分子运动 → 永不停息、无规则、与温度有关 → 温度高，运动快
宏观现象

点评

本节设计结构合理，逻辑清晰；强调让学生在体验活动中去感受、感知现象背后所隐含的物理规律；注重引领学生运用推理等方法，让学生从可观测的宏观现象推知不便观测的微观世界，发展学生的思维能力。

——李金玉

[高级教师，齐鲁名师建设工程（2022—2025）人选，济宁市杏坛名师，济宁市特级教师]

40

比热容 *

| 课型 | 新授课 | 教材版本 | 鲁科版 |

课标要求

《义务教育物理课程标准（2022年版）》P23：

3.3.2 通过实验，了解比热容。能运用比热容说明简单的自然现象。

例1 能运用比热容说明为什么沙漠中的昼夜温差比海边的大。

要求通过实验，探究物质种类对吸放热的影响，经历通过观察、分析、推理等科学思维方法建立比热容概念的过程，了解比热容是单位质量的物质温度升高或降低1 ℃所需吸收或放出的热量。知道比热容的定义方法和单位。通过经历从实验中归纳科学结论的过程，提高学生分析和归纳问题的能力。通过学生讨论生产生活中的实际问题，引导学生运用比热容知识解释自然现象和解决简单问题，形成理论联系实际的意识。

教材分析

本节是《义务教育教科书（五·四学制）物理九年级下册》（鲁科版）第十九章第四节《比热容》。

比热容的概念比较抽象，它涉及质量、温度的变化量、吸收（或放出）的热量三个物理量，学生理解起来有困难，所以又是整个教材的难点。引导学生思考日常生活中烧水的过程，学生很容易理解吸收热量的多少与质量和

---

* 执教教师为王静（淄博文昌湖省级旅游度假区萌水中学教师，曾获区优秀教师标兵、区最美教师、区教学先进个人、区学科带头人等称号）。

温度变化有关，但对于不同物质的比较，学生理解有困难，需充分利用实验突破难点。让学生经历完整的探究过程进而构建清晰的比热容知识网络。

学情分析

《比热容》是初中阶段最后一个比较完整的探究性内容，学生经过近两年的学习已具备基本的提出问题、分析问题、解决问题的实验探究能力，并能设计实验方案，选择实验器材，进行实验操作，分析实验现象和数据以及分析归纳总结结论等。

教学目标

1. 了解比热容的概念，知道比热容是物质的一种特性，能用比热容解释简单的自然现象。
2. 会进行简单的吸放热计算。

教学重点

探究不同物质的吸热能力，比热容概念的建立和热量有关计算。

教学难点

理解比热容概念并能利用它解释生活中的有关现象。

教学流程

教学流程表

教学程序	教师活动	学生活动	设计意图及教学评价
创设情境导入新课	播放视频：《沙子烫，海水凉》。 提问：同样的阳光照射下，为什么沙子和水温度不同？	观看视频，引起思考。	创设情境，激发兴趣。

教学程序	教师活动	学生活动	设计意图及教学评价
学习展示 点评 互动	活动一： 1. 把同样一壶水烧成温水，或烧开，哪次快？哪次水需要吸收更多的热量？ 把一壶水和半壶水烧开，哪次快？哪次水需要吸收更多的热量？ 2. 质量相同的水和食用油在升高相同的温度时吸收的热量相同吗？如果要完成实验，我们应选用_____（选填"相同"或"不相同"）的加热器，通过比较_____来判断吸收热量的多少，这里用到的研究方法是_____。 提问：吃的饭多，就是饭量大吗？应该怎么比较饭量大小？ 追问：那如何比较不同物质的吸热能力呢？ 在比较不同物质的吸热能力时，可以让质量相同的不同物质吸收_____的热量，比较升高的温度，温度变化较_____的，吸热能力强；或者让质量相同的两种物质升高_____的温度，比较吸收的热量，吸收热量较_____的，吸热能力强。 3. 探究不同物质的吸热能力 实验中为什么需要选取相同的热源？实验中要注意测量和记录哪些物理量？尝试制订出实验步骤。 实验步骤： （1）用天平称出相同质量的水和食用油。 （2）观察温度计的示数，记下加热前水和食用油的初温 t_0。 （3）同时接通两个电加热器的电源，对水和食用油加热。 （4）当它们升高到相同的温度 t_1 时，停止加热，读出水和食用油到达温度 t_1 时需要的加热时间 t。 （5）分析实验数据，并进行小组间的交流。	学生展示：水在温度升高时所吸收的热量多少，跟水的质量有关，跟升高的温度有关。 学生讨论后进行展示。 学生展示：吃一样多的饭，比较变化情况。或有相同的变化，比较吃饭的多少。 学生讨论并回答。 小组交流并进行展示。 使用同样的热源，通过比较加热时间的长短，就可以反映出物体吸收热量的多少。 学生设计并制订实验步骤。	通过生活经验使学生明确吸收热量的多少与质量和升高的温度有关。 理解控制变量法和转换法在该实验中的应用。 类比饭量更容易理解吸热能力与吸热多少不同，从而突破本节课的难点。 通过设计实验，培养学生科学探究的能力。

（续表）

教学程序	教师活动	学生活动	设计意图及教学评价
合作学习突破重点	 4.播放微课	学生观看微课，分析实验数据，得出结论，并提出自己还依然存在的疑问，小组讨论解决。学生总结比热容的定义。	通过观看微课，知道比较不同物质的吸热能力的方法，培养学生科学思维能力。经历建立比热容概念的过程，解决疑难，加深理解。
	活动二： 通过阅读课本，结合以上实验，了解比热容的定义、公式及单位。	自主学习公式及单位，并通过小资料部分了解不同物质的比热容。	培养学生自主学习能力。
	活动三：利用比热容的知识解释一些现象。 提问：（1）相同日照情况下，为什么海水和沙子的温度不一样？ （2）冬天的暖气设备用水供暖，汽车发动机用水作冷却剂，这是为什么？	学生小组讨论并展示：太阳对海水和沙子加热相同时间，沙子比热容较小，吸热升温或放热降温都比水快。	会利用比热容的知识解释一些现象，形成理论联系实际的意识。

（续表）

教学程序	教师活动	学生活动	设计意图及教学评价
合作学习突破重点	（3）水稻是喜温作物，在每年三四月份育秧时，为了防止霜冻，傍晚常常在秧田里灌一些水过夜，第二天太阳升起后，再把秧田里的水放掉，你能解释原因吗？ （4）为什么沿海地区比内陆地区温差小？ 活动四：利用公式进行热量计算。 $Q_{吸}=cm(t-t_0)$ $Q_{放}=cm(t_0-t)$ 例题讲解。	小组讨论并展示交流结果。 学生计算吸收或放出的热量。	 进行简单的吸放热计算，并规范解题步骤。
概括整理总结提升	引导学生总结本节课学习的内容。	学生整理，做好记录。	培养学生整理归纳、总结方法的能力。
限时训练达标检测	在学生完成后小组内进行评价，汇总，当堂点评。 1. 煤油的比热容是$2.1×10^3$ J/（kg·℃），它表示_____。 2. 水的比热容比较大，泥土和砂石的比热容_____，在同样受热或冷却的情况下，水温变化比泥土、砂石的温度变化_____。 3. 太阳能热水器内盛有25℃的水20 kg，在阳光照射下水温升高到55℃，试计算这些水吸收了多少热量。	独立思考，认真完成。	围绕本节课的学习目标进行练习巩固，提高解决问题的能力。
小结梳理作业布置	请同学们总结一下本节课的收获。 1. 两种探究物质吸热能力的方法。 2. 比热容的定义、公式、单位。 3. 热量的计算。 分层布置作业。	讨论总结。	培养学生总结归纳能力。
作业设计	【基础达标】 1. 某种物质吸收或放出的热量，跟其质量和温度变化量乘积之比，叫作这种物质的_____。 2. 在国际单位制中，比热容的单位是_____。 3. 水的比热容为_____。 【巩固提升】 4. 一台太阳能热水器水箱内装有质量为80 kg的水，经太阳晒2 h后，温度从20 ℃升高到50 ℃所吸收的热量是_____J，这是用_____的方式增加了水的内能。		

（续表）

教学程序	教师活动	学生活动	设计意图及教学评价
作业设计	5. 在各种液体中，通常用水作冷却剂，这是因为（ ） A. 水具有较大的密度 　　　　　　B. 水的性质很稳定 C. 水具有较大的比热容 　　　　　D. 水的凝固点较低 6. 质量相等、初温相同的水和酒精，分别用两个相同的加热器加热（不计热量损失），加热过程中温度随时间的变化图线如图所示，关于 a、b 两种液体的鉴别结论，正确的是（ ） A. a 的比热容大，是水 　　　　　B. a 的比热容大，是酒精 C. b 的比热容大，是水 　　　　　D. b 的比热容大，是酒精 7. 水的比热较大，人们往往利用它的这一特性为生活、生产服务，下列事例与它的这一特性无关的是（ ） A. 让流动的热水流过散热器取暖 B. 汽车发动机用循环水冷却 C. 冬季，晚上向稻田里放水，以防冻坏秧苗 D. 在较大的河流上建水电站，用水发电 【拓展提高】 8. 一锅炉每天把 3 t 的水加热到 100 ℃，水需要吸收 1.008×10^{9} J 的热量，求原来水的初温。		

板书设计

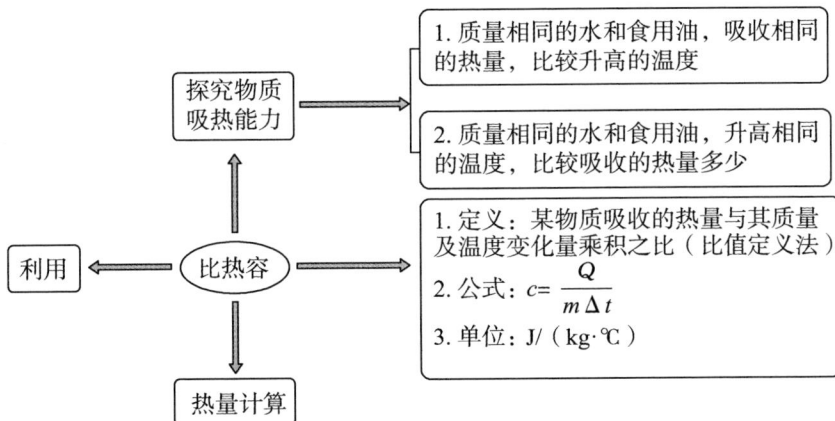

探究物质吸热能力 →
- 1. 质量相同的水和食用油，吸收相同的热量，比较升高的温度
- 2. 质量相同的水和食用油，升高相同的温度，比较吸收的热量多少

利用 ← 比热容
- 1. 定义：某物质吸收的热量与其质量及温度变化量乘积之比（比值定义法）
- 2. 公式：$c = \dfrac{Q}{m \Delta t}$
- 3. 单位：J/（kg·℃）

热量计算

点评

本节设计注重引领学生经历实验探究，让学生感悟不同物质吸热能力的差异；教学中强调学以致用。在建构比热容概念、突破教学难点过程中，强调思维的发展过程，会更有利于学生物理学科素养的培育。

——李金玉

［高级教师，齐鲁名师建设工程（2022—2025）人选，济宁市杏坛名师，济宁市特级教师］

41

热机的效率 *

课型	新授课	教材版本	人教版

课标要求

《义务教育物理课程标准（2022年版）》P23：

3.3.3 了解热机的工作原理。知道内能的利用在人类社会发展史中的重要意义。

例2 了解热机对社会发展所起的作用和对环境的影响。

要求学生从能量转化的角度认识燃料的热值、热机效率。

教材分析

本节是《义务教育教科书（六·三学制）物理九年级全一册》（人教版）第十四章第2节《热机的效率》。

本节内容是上一节热机知识的延续，通过本节课的学习，学生将认识到热机工作时，燃料燃烧放出的热量并不能全部被利用。本节内容由"燃料的热值"和"热机的效率"两部分组成。

学情分析

学生在八年级下学期已经学习了机械效率，虽然对热机效率很陌生，但

---

* 执教教师为王秋华（山东聊城冠县实验中学教师，聊城市教学能手、聊城市骨干教师、聊城市实验教学先进个人，曾获评聊城市优质课一等奖、聊城市说课一等奖、聊城市微课一等奖、聊城市实验指导一等奖等)，执教的《电阻的测量》被评为山东省2016年度"一师一优课、一课一名师"活动优课；《串、并联电路中电压的规律》被评为聊城市2022年基础教育精品课。

学生对日常生活中的热效率问题比较熟悉，因此，可以先讨论生活中的热效率再过度到热机效率。通过热值进行简单计算。还要让学生体验自然科学的发展和先进技术的应用，在推动发展同时造成环境污染，树立环保意识。

教学目标

1. 从生活中体会不同燃料燃烧释放热量的本领不同，建立热值的概念。

2. 能简单计算燃料燃烧放出的热量

3. 能说出热机工作时燃料释放能量的主要流向，知道什么是热机效率。

4. 知道内能的利用在人类社会发展史中的重要意义。

5. 了解热机对社会发展所起的作用和对环境的影响，树立保护环境、节约资源的意识。

教学重点

燃料的热值和热机效率。

教学难点

对热机效率的理解。

教学流程

教学流程表

教学程序	教师活动	学生活动	设计意图及教学评价
新课引入	一、导入新课并板书 （以学生预习时画的知识框架图导入） 热机是能量转换的装置——你的思维导图上有吗？为什么没有？请记到思维导图并记上为什么没有。	1.带着问题进入新课学习。学生再拿出预习时画的知识框架图找出其中不明白的问题。	通过思维冲突，提高思辨能力。

（续表）

教学程序	教师活动	学生活动	设计意图及教学评价
新课学习 一、燃料的热值	人类在原始社会就知道燃烧柴薪来取暖、烧饭。在现代社会，人类所用能量的很大一部分依然是从燃料的燃烧中获得的。根据你的经验，燃烧相同质量的不同燃料，放出的热量是不同的，为什么？一辆汽车从身旁驶过，根据嗅觉就知道它的发动机是汽油机还是柴油机，为什么？ 要想解决上述问题，今天我将和大家共同来学习"第2节 热机的效率"。 二、进行新课 独学：学生带着自学提纲的问题自学课本第22页到23页。 探究活动：探究酒精和煤油的放热能力 猜想并设计实验： 组装如图所示的两套完全相同的装置，加热两个烧杯中质量和初温都相等的水。 甲　　　　　乙 进行实验 实验数据如表：		创设情境，激发兴趣 培养自学能力。 培养学生敢于猜想、理性分析、归类探究的意识与能力。

燃料	加热前水温/℃	燃料燃尽后水温/℃
酒精	20	
煤油	20	

学生活动栏：2．让学生设计实验、进行实验、分析实验数据、得出结论。

（续表）

教学程序	教师活动	学生活动	设计意图及教学评价
一、燃料的热值	分析处理数据 得出结论 1.燃料的热值概念建立 指导学生阅读教材"想想议议"，然后提问： （1）燃料燃烧过程是物理变化还是化学变化？ （2）在这个过程中能的转化情况怎样？ 板书：燃料燃烧过程中，燃料的化学能转化为内能，放出热量。 （3）你能说出燃料的种类和常用的燃料吗？ 柴薪　　　　　石油 煤炭　　　　　天然气 我国部分地区使用的燃料 2.燃料热值的定义、单位、物理意义 某种燃料完全燃烧放出的热量与其质量之比，叫这种燃料的热值。 （借助前面学习过的速度、密度的定义方法，引导学生思考，得出热值的概念） 提问：汽油的热值多大？它的物理意义是什么？ 汽油的热值是4.6×10^7 J/kg，它的物理意义是完全燃烧1 kg的汽油放出4.6×10^7 J的热量。注意：完全燃烧并非仅指充分燃烧。	3.学生看教材第22页图片，并讨论分析老师提出的问题。 4.学生说出燃料热值的物理意义。	进行交流，培养评估、反思的能力。 给学生以感性认识

（续表）

教学程序	教师活动	学生活动	设计意图及教学评价
一、燃料的热值	3. 燃料完全燃烧放出的热量的计算 已知烟煤的热值是 2.9×10^7 J/kg，求 7 kg 烟煤完全燃烧放出的热量是多少焦。 燃料完全燃烧放出的热量＝燃料的热值×燃料的质量。 对学：与同桌交流自己无法解决的问题。 群学：与其他组交流本组无法解决的问题。 精讲：（1）热值定义中完全燃烧中"完全"两个字不能丢。 （2）热值是初中阶段又一个用比值法定义的物理量。 （3）燃料完全燃烧放出的热量的计算公式根据热值的单位来判断。	让学生在黑板进行燃料完全燃烧放出的热量计算板书，下面的同学完成后同桌互批互评，全班同学共同批改板书。	培养学生的知识应用能力。
二、热机的效率	实施步骤： （1）学生独学，主要是利用问题进行自学、对照目标落实达成； （2）相互学习、小组建设、小组展示； （3）拓展辅导，教师根据学生讨论中存在的问题及时辅导，以求有更好理解和提升； （4）全班展示、质疑、评价。 展示分为小展示和大展示：组内呈现互学的成果是小展示，主要是暴露出互学存在的共性问题，便于教师掌握学习情况，安排课堂上的大展示，在教师的组织下的整个课堂是大展示。经过展示交流，迸发多样化的思维，彼此启迪，培育多元化思维能力，实现在分享中共赢。学生看课本后让学生共同讨论提出本部分共几个大问题？各包括几个小问题？	学生先自学，讨论交流后，小组代表去讲台展示，并回答其他小组同学提出的质疑。实现"兵教兵"。	培养学生自学，获取与处理信息，得出结论，进行交流、评估、反思的能力。

（续表）

教学程序	教师活动	学生活动	设计意图及教学评价
二、热机的效率	1. 燃料的利用率 （1）燃料利用率低的原因。 ①燃料很难完全燃烧。 ②放出的热量有一部分散失掉了，没被完全吸收。 （2）提高锅炉中燃料利用率的方法。 2. 热机的效率 （1）认识内燃机能量流向图 想想议议：在内燃机中燃料是否能够完全燃烧？燃料燃烧释放的能量都到哪里去了？ 阅读材料：在内燃机中，废气占33%～35%，是因为做功冲程过后，汽缸里的废气温度还相当高，仅靠排气冲程直接排放还不能正常工作。必须通过水循环，把汽缸的温度降低，这部分的内能损失和废气排放泵相当，占30%～32%。 说明：热机输出的有用功并不是全部用来提供机车的牵引力。	1. 学生讨论交流：内燃机的能量流向进行讨论，然后把燃料产生的内能中能量损失部分说出来。 2. 学生阅读教材第24页第2段，了解一些热机的热效率。	开阔学生眼界。

（续表）

教学程序	教师活动	学生活动	设计意图及教学评价
二、热机的效率	（2）热机效率 ① 定义：热机中用来做有用功的那部分能量与燃料完全燃烧释放的能量之比叫做热机效率。用符号η表示。 ② 公式：$\eta=\dfrac{Q_{有}}{Q_{总}}\times100\%$ ③ 热机效率是热机性能的重要指标，热机效率＿＿＿＿（选填"有"或"无"）单位，且热机效率总是＿＿＿100%。 汽油机的效率为20%～30%，热机效率还有很大的提升空间，大家知道怎么提升它的效率吗？你的知识框架图里记录了几种提升热机效率的方式，和同学们讨论哪些没想到，请补充上。 ④ 提高热机效率的措施 使燃料尽可能完全燃烧； 减小机械摩擦（选用优良润滑油）。 教师展示内燃机汽缸实物图，让学生亲自感受解决热机效率的办法。 ⑤ 废气能量的利用 设计的主线是先从燃料的利用率入手，然后引出热机效率的定义，进而找到提高热机效率的措施，并树立环保意识。 本部分知识学生讨论后，学生主讲，老师再进行点拨热机效率的几种题型。	1.补充知识框架图。 2.从能量流向图理解，提出提高机械效率的措施。	通过思维冲突，提高思辨能力。 培养学生学以致用的意识。

（续表）

教学程序	教师活动	学生活动	设计意图及教学评价
二、热机的效率	本部分内容以自学为主。 最后教师点拨提高热机效率的途径。 3. 改变世界的热机 多媒体展示各种热机工作的场景。 4. 地球就在我们手中 热机给人类带来进步，也带来环境污染。 废气污染 思考：怎样减小废气污染？	1. 学生通过探究了解热机的效率，并交流讨论热机对我们生活的影响。 2. 学生阅读课本第24页，说出热机的使用造成了哪些环境污染。 3. 思考怎样减小废气污染并进行回答。树立环保意识。	开阔学生眼界，激发学习兴趣。 培养学生的环保意识。
课堂小结	课堂小结，建构知识体系。能量转化时，效率有很大的提升空间，按照工作原理、过程、环境来寻找提升效率的办法。——认知生成，加到知识框架图上，本节课的核心。	畅谈收获。 补充知识框架图。	培养梳理知识的能力。

（续表）

教学程序	教师活动	学生活动	设计意图及教学评价
当堂达标检测	教师正是利用"练"这个环节完成对学生的学情调查。测评时让学生做到心中有数，以便于查缺补漏，提升自己的学业水平。对于测评中暴露出来的问题，教师既可以给学生提供直接帮扶，也可以指派小组长、课代表等实现帮扶。 1. 下列关于热值的说法正确的是（ ） A. 燃料不燃烧，其热值为0 B. 燃料不完全燃烧，其热值要变小 C. 燃料的热值与燃烧情况和质量无关，只与燃料种类有关 D. 燃料燃烧时放出热量多的其热值就大 2. 一个含0.6 kg无烟煤的蜂窝煤，能烧开20 ℃的5瓶水，而0.6 kg的液化气可以供普通人家一天做饭、烧开水、洗澡用水。这样看来不同的燃料的_____不同，若$q_{无烟煤}=3.4\times10^7$ J/kg，5瓶水的总质量是9 kg，从20 ℃到烧开，那么这个煤炉的效率是_____。 3. 阅读下列材料，并解答问题。 "可燃冰"被视为21世纪新型绿色能源。据科学家估计，全球海洋底部可燃冰分布约4 000万平方千米，储量可供人类使用1 000年。可燃冰的主要成分是甲烷。已知甲烷气体热值为$q=3.6\times10^7$ J/m³，1 m³可燃冰可转化生成164 m³的甲烷气体，这些气体如完全燃烧，可使公交车以36 km/h的速度行驶多长时间？	让学生在黑板上板书，下面的同学完成后同桌互批互评，全班同学共同批改板书。	培养学生学以致用的能力。
评价	（1）学习过程评价　★★★★★ （2）小组合作评价　★★★★★ （3）课堂展示评价　★★★★★ （4）学习效果评价　★★★★★		从交流的条理性、知识的严谨性进行评价。

（续表）

教学程序	教师活动	学生活动	设计意图及教学评价
领悟	1. 了解热机的利用与人类社会发展的关系，并能够简述热机使用产生的排放物对环境的不良影响，培养自觉环保的意识，激发学生的社会责任感。 2. 梳理并画出本节课知识和方法框架图。 同学们，通过这节课的学习，你有哪些收获？还有哪些疑惑？今后在学习中如何做？你感受到哪些物理原理和人生道理？在今后的生活中该怎样做？		

板书设计

第2节　热机的效率

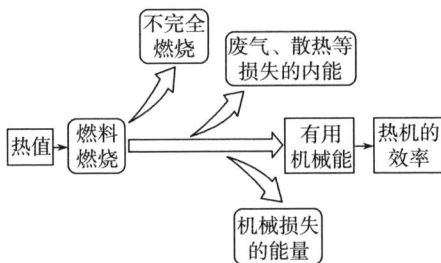

点评

本节设计，强调学生的自主学习（独学）、小组合作学习以及组间交流互动学习多种学习方式的有机融合；教学中注重引领学生运用类比学习方法（类比速度、密度概念建构过程）学习新知，有利于提升学生科学思维能力。

——李金玉

［高级教师，齐鲁名师建设工程（2022—2025）人选，济宁市杏坛名师，济宁市特级教师］

42

探究串、并联电路中电流的规律 *

| 课型 | 新授课 | 教材版本 | 鲁科版 |

课标要求

《义务教育物理课程标准（2022年版）》P24：

3.4.3　会使用电流表……

3.4.4　……探究并了解串联电路和并联电路中电流……的特点。

要求学生能根据控制变量法制订简单的探究方案，会正确使用电流表测量基本的电学量，正确读取和记录实验数据，并排除简单的实验故障；能用表格、图像等多种方式展示实验数据，并通过分析和处理数据得出实验结论；能撰写实验报告，书面或口头表述科学探究的过程和结果。

教材分析

本节是《义务教育教科书（五·四学制）物理九年级上册》（鲁科版）第十一章第五节《探究串、并联电路中电流的规律》。

本节是在学生初步了解电路和电流的概念，认识了串联电路和并联电路的特点，会正确使用电流表的基础上进行的两个探究活动，具有较完整的探究环节，这节课的目的仍是进行连接电路和使用电流表的训练。要求学生体验科学探究的过程，学习科学探究的方法。教材更突出过程与方法，更加

---

　　* 执教教师为王金柱（泰安市岱岳区开元中学教师，曾被评为泰安市课程与教学工作先进个人、泰安市模范班主任、岱岳区教学能手）。

注重合作交流等新的学习方式。本节在初中电学中起到了承前启后的重要作用，串、并联电路中的电流规律是一个重要的规律，是学习欧姆定律及电功率的必备知识。

学情分析

通过前面的学习，学生已经知道串、并联电路的连接，能够较熟练地连接串联电路，但部分学生对于并联电路的连接不够熟练。对于电流表的使用，少数学生仍存在一定的困难。学生对探索性实验有浓厚的兴趣，但由于学生的探究能力尚不成熟，因此引导学生正确连接电路、有效完成探究任务是本节课的难点。

教学目标

1. 通过科学探究，认识串、并联电路中电流的规律。

2. 在提出问题、设计实验、总结归纳、讨论交流等过程中培养科学思维能力。

3. 在发现串、并联电路电流规律的实验中学习科学探究的一般环节，学习如何用正确的方法发现物理规律。

4. 在实验与讨论过程中逐步养成尊重事实、求真务实的态度。

教学重点

通过实验探究总结出串、并联电路中电流的规律，使学生熟练掌握电流表的使用和读数方法。

教学难点

正确连接实物电路并能够排除电路故障，有效完成探究任务。

教学流程

教学流程表

教学程序	教师活动	学生活动	设计意图及教学评价
新课引入	演示实验1：把两个规格不同的小灯泡串联起来接到电源上，闭合开关，两个小灯泡的发光亮度不同，那么通过这两个灯泡的电流是否相同呢？ 演示实验2：把两个规格不同的小灯泡并联起来接到电源上，闭合开关，两个小灯泡的发光亮度不同，那么通过这两个灯泡的电流是否相同呢？ 串、并联电路中电流有怎样的规律呢？结合水流动的情境，想象电路中电流的流动情境提出你的猜想。 本节课我们将通过实验进行具体探究。	观察实验，大胆猜想串、并联电路中电流大小有何规律。	创设情境，提出问题，联系生活现象，培养科学猜想能力。

（续表）

教学程序		教师活动	学生活动	设计意图及教学评价
模块一：探究串联电路中电流的规律	设计实验	1. 结合电路图，请同学们思考并讨论以下问题： （1）实验需要测量哪些物理量？需要哪些器材？ （2）为了使实验结论更具普遍性，对小灯泡的选择有什么要求？ （3）只测量一组数据得出的结论可靠吗？如何测量多组数据？具体怎样操作？ （4）使用电流表有什么注意事项？连接电路过程中，开关要怎样？实验过程中还要注意哪些问题？ 2. 请同学们画出实验电路图并设计出实验表格。 测量A点电流 测量B点电流 测量C点电流	积极讨论，回答实验应注意的问题。	为正确实验操作做铺垫，同时理清实验思路。 培养设计实验的能力。

（续表）

教学程序		教师活动	学生活动	设计意图及教学评价
模块一：探究串联电路中电流的规律	设计实验	<table><tr><td>测量次数</td><td>A点的电流I_A/A</td><td>B点的电流I_B/A</td><td>C点的电流I_C/A</td></tr><tr><td>1</td><td></td><td></td><td></td></tr><tr><td>2</td><td></td><td></td><td></td></tr><tr><td>3</td><td></td><td></td><td></td></tr></table>	画实验电路图，设计实验表格。	
	进行实验	请同学们以小组为单位，分工合作，正确连接电路，读取电流表示数，填入实验表格。然后更换不同规格灯泡多次实验。	分工合作，完成实验探究。	让学生经历实验探究过程，培养学生动手操作能力和获取数据的能力。侧重于科学探究过程中操作的规范性进行评价。
	归纳总结	请同学们交流一下你们的实验结果及发现，归纳实验结论，并提出对实验的改进意见。 串联电路中电流的规律：＿＿＿＿ ＿＿＿＿＿＿＿＿＿＿＿＿ ＿＿＿＿＿＿＿＿＿＿＿＿	小组讨论，分析实验数据，总结实验结论。	培养学生分析实验数据、得出实验结论的能力。侧重于回答问题的条理性、结论的严谨性进行评价。
模块二：探究并联电路中电流的规律	设计实验	1. 结合电路图，请同学们思考并讨论以下问题： （1）需把电流表串联在何处？ （2）为了使实验结论更具普遍性，对小灯泡的选择有什么要求？ （3）为了使结论更具有普遍性，如何测量多组数据？具体怎样操作？	积极讨论，回答实验应注意的问题。	为正确实验操作做铺垫，同时理清实验思路。

（续表）

教学程序	教师活动	学生活动	设计意图及教学评价
模块二：探究并联电路中电流的规律 / 设计实验	2. 请同学们画出实验电路图并设计出实验表格。 测A点电流 测B点电流 测C点电流 | 实验次数	A点的电流I_A/A	B点的电流I_B/A	C点的电流I_C/A | |---|---|---|---| | 1 | | | | | 2 | | | | | 3 | | | |	画实验电路图，设计实验表格。	培养设计实验的能力。
进行实验	请同学们以小组为单位，分工合作，正确连接电路，读取电流表示数，填入实验表格。然后更换不同规格灯泡多次实验。	分工合作，实验探究。	让学生经历实验探究过程，培养学生动手操作能力和获取数据的能力。 侧重于科学探究过程中操作的规范性进行评价。
归纳总结	请同学们交流一下你们的实验结果及发现，归纳实验结论，并提出对实验的改进意见。	小组讨论，分析实验数据，总结实验结论。	培养学生分析实验数据、得出实验结论的能力。

（续表）

教学程序		教师活动	学生活动	设计意图及教学评价
	归纳总结	并联电路中的电流规律：_____ _____ _____ 实验过程中还有什么发现？存在什么问题？如何解决这些问题？	回顾实验过程，思考实验中存在的问题，并提出解决的方法。	侧重于回答问题的条理性、结论的严谨性进行评价。培养学生梳理反思的能力和实事求是的科学精神。
联系生活		视频播放：道路两旁的路灯、节假日的小彩灯。 回答以下问题： 1. 路灯同时亮同时灭，各路灯之间是哪种连接方式呢？电流有什么特点？这样连接有什么好处？ 2. 节假日的小彩灯是怎样连接的？电流有什么特点？	观看视频，思考并回答问题。	培养学生关注科学技术、自然环境、人类生活和社会发展的意识。 从思路的逻辑性进行评价。
课堂小结		请同学们总结一下：通过本节课的学习，你有哪些收获？（知识和能力两个方面）	从知识和能力两个方面的收获进行小结。	培养学生的梳理反思能力。 从回答的条理性、知识的严谨性进行评价。
课堂达标		学案：1、2、3题。	独立思考完成。	检验学习效果。
作业布置		一、基础性作业 1. 把两个小灯串联后接入电路中，发现两个小灯的亮暗程度不同，经测量，通过较暗小灯的电流是0.4 A，那么通过较亮小灯的电流（　　　） A. 大于0.4 A　　　B. 小于0.4 A C. 等于0.4 A　　　D. 无法确定 2. 同一电路中的两个小灯泡，通过它们的电流相等，则这两个小灯泡（　　　） A. 一定串联 B. 一定并联 C. 可能串联，也可能并联 D. 不可能并联	独立思考完成。	巩固知识，加深理解。

（续表）

教学程序	教师活动	学生活动	设计意图及教学评价
作业布置	3. 如图所示，当开关闭合后，电流表A₁的示数为0.3 A，通过灯L₁的电流为_____A，电流表A₂的示数为_____A。 4. 如图是"探究串联电路中电流的特点"的实验电路图。 （1）实验中，应选择两个规格_____的小灯泡。 （2）检查电路连接无误后，进行实验。下表为小华记录的一组实验数据，其中____处的数据有明显错误，造成错误的原因是_____。 （3）小华纠正错误后，根据该组实验数据就得出，串联电路中各处的电流_____。 （4）小华的实验步骤存在不足之处是_____。 二、实践性作业 调查家庭电路里常见电器的连接方式。	课后调查家庭电路里常见电器的连接方式。	从物理走向社会，培养学生的实践能力和科学探索精神。

电流表的位置	A处	B处	C处
电流表示数/A	0.2	0.2	1.0

板书设计

第五节　探究串、并联电路中电流的规律

一、串联电路中电流的规律

1.在串联电路中，电流处处相等。

2.数学表达式：$I=I_1=I_2=\cdots=I_n$。

二、并联电路中电流的规律

1.在并联电路中，干路电流等于各支路电流之和。

2.数学表达式：$I=I_1+I_2+\cdots+I_n$。

点评

本节设计，彰显了科学探究课的突出特点，发挥出了该类课型对学生科学探究能力、科学思维能力的培养。教学过程中，强调通过问题引领，降低了探究的难度，增强了探究结果的有效性。教学中，也可考虑探究的开放性。

——李金玉

［高级教师，齐鲁名师建设工程（2022—2025）人选，济宁市杏坛名师，济宁市特级教师］

43

电压 *

| 课型 | 新授课 | 教材版本 | 人教版 |

课标要求

《义务教育物理课程标准（2022年版）》P24：

3.4.2 知道电压、电流和电阻。探究电流与电压、电阻的关系，理解欧姆定律。

3.4.3 会使用电流表和电压表。

P29测量类学生必做实验：

4.1.8 用电压表测量电压。

例8 用实验室指针式电压表，测量直流电路中的电压。

教材分析

本节是《义务教育教科书（六·三学制）物理九年级全一册》（人教版）第十六章第1节《电压》。

本节教材设计有如下特点：

1. 教材直接从学生身边情境入手，降低对电压概念理解上的难度，使学生对电压有比较形象和感性的认识，同时又激发学生学习电压的兴趣。

---

* 执教教师为马先艳（日照山海天旅游度假区青岛路中学教师，全国优秀教师、山东省特级教师、山东省远程研修课程专家、山东省优秀物理教师、山东省教科院兼职教研员、日照有突出贡献的中青年专家、日照名师、日照市物理学科带头人、日照市教学能手），执教的《牛顿第一定律》和《平面镜成像》被评为省初中物理优质课一等奖；《光的折射》被评为省级优秀物理公开课；《浮力》被评为省级公开课。

2. 在学生初步知道电源、电压、电流的作用后，介绍了电压有高低、电压的单位；介绍了生产、生活中的常见用电器的电压值，使学生感觉到"电压"就在我们身边。

3. 电压表的连接方法和读数方法的建立过程是在学完电流表使用和读数之后设计的，把新学的知识和已有的知识联系、归纳、比较，使学生更容易理解。

学情分析

九年级学生思维能力正处在由具体形象思维向抽象逻辑思维的过渡期，理解不了"电势差"，所以我教学时，首先采用了自制"水轮机"实验装置，通过类比的方法让学生感知电压和电源的作用，完成了对电压概念的初步认识。再者九年级的学生已经有了一定的电学实验基础，所以在进行"电压的测量"学习时，采用边实验边探索的方法，自主完成。

教学目标

1. 通过实验类比，知道电压的作用及电源是提供电压的装置，形成电压的初步概念；通过实例知道生活中常见的电压值，了解电压的高低。

2. 通过实验，经历科学探究的过程，得出电压表的使用方法；并利用电压表测量只有一个用电器的电路中，用电器两端的电压和电源电压之间的关系，培养科学思维和科学探究能力。

3. 通过身边的小实验和一些分组实验、演示实验，激发学习兴趣，增强动手能力，培养参与、交流、合作的意识，树立学好物理的信心。

教学重点

通过学生分组实验探究得出电压表使用方法，并会用电压表测量电压。

教学难点

建立电压的初步概念；通过实验观察理解电压的作用。

○ **教学流程** ○

教学流程表

教学程序	教师活动	学生活动	设计意图及教学评价
创设情境引入新课	演示实验一：教师展示自制的"水轮机"实验装置。 演示：液面相平，打开阀门，水轮机静止不动；液面不平时，产生了压强差，打开阀门，产生水流，水轮机转动了。 思考：水轮机转动的原因是什么？水流形成的原因是什么？如何形成持续水流？ 演示实验二：教师展示"二极管发光"的简单电路。 演示：闭合示教板上电路中的开关，二极管发光了。 思考：二极管为什么会发光？电流是怎样产生的？ 提醒学生观察实验现象，并对实验现象分析讨论，对比刚才水流的实验，引出电压的作用和电源的作用。	认真观察两个演示实验中的现象，积极思考并回答相关问题，通过类比的方法初步形成电压的概念，知道电源的作用等。	把比较直观的水轮机实验和发光二极管电路类比，让学生对抽象的电压概念有直接的感知，做到了"从生活走向物理"，避免把基本概念过于学术化、概念化。

（续表）

教学程序	教师活动	学生活动	设计意图及教学评价
自主合作探究新知	模块一：生活中的电压值 让学生分小组自主讨论并学习课本"小资料"（常见的电压）中的内容，并完成学案的第一部分，请各小组代表回答学案的内容，通过幻灯片，教师总结，并渗透安全教育。 学案第一部分：认识电压 1.＿＿＿是电路中产生电流的原因。 2.＿＿＿是提供电压的装置。 3.认识电压，阅读教材，并回答问题： （1）电压用符号＿＿＿表示，国际单位是＿＿＿，简称＿＿＿，用符号＿＿＿表示。 （2）常用单位还有＿＿＿、＿＿＿。 （3）单位换算： 1 mV＝＿＿＿V； 1 kV＝＿＿＿V。 （4）阅读教材"小资料"（常见的电压），认识常见的电压值： 一节干电池两端的电压为＿＿＿； 一节蓄电池两端的电压为＿＿＿； 手机电池两端的电压为＿＿＿； 家庭电路的电压为＿＿＿； 闪电时云层间的电压为＿＿＿； 对人体安全的电压为＿＿＿。 模块二：电压的测量 【认识电压表】让学生观察实验台上的电压表，并完成学案上第二部分的内容： 学案第二部分：认识电压表 1.元件符号为＿＿＿。 2.构造：有＿＿＿个接线柱，＿＿＿个量程；小量程是＿＿＿，分度值是＿＿＿；大量程是＿＿＿，分度值是＿＿＿。	阅读教材，思考讨论并认真作答学案第一部分内容。 分小组观察电压表，讨论并作答学案第二部分内容。	学习方式多样化，培养学生自学能力，掌握电压的单位换算。 联系生活实际，增加学生生活常识。 通过了解对人体安全的电压值，从而加强安全用电教育。 学生认识到电压值是有高有低的，从而引出电压的高低可以用电压表测量，从而引出下一个模块的学习。 培养学生自学能力，认识电压表并掌握电压表的读数方法。

教学程序	教师活动	学生活动	设计意图及教学评价
自主合作探究新知	请小组代表介绍电压表。 通过动画竞赛的方式，练习准确地读出电压表的示数。师生评价并总结电压表读数的顺序为：接线柱—量程—分度值—读数。 【使用电压表】让学生仔细阅读教材"××××型直流电压表使用说明书（节选）"，采用边讨论边分小组合作探究的方式，尝试用桌上的实验器材测出如图所示的小灯泡两端的电压，并完成学案第三部分的内容。 学案第三部分：使用电压表 （1）电压表跟被测用电器怎样连接？ （2）电压表"+""-"接线柱应该怎么接？ （3）怎样选取量程？ （4）在不知被测电压大小的情况下，为保护电压表，应先选用大量程，还是小量程？ 学生展示交流：请小组学生派两名代表上台展示实验操作过程，一名学生解说，另一名学生进行操作。其他学生仔细观察台上学生的操作过程，并给予点评，指出操作中注意的事项及容易出现的错误。 教师通过放映幻灯片对学生实验操作中出现的问题进行评价总结。 学生总结电压表的使用规则及注意事项，引导学生总结思考并提问作答。	积极作答，同时概括电压表读数的方法。 通过教师引导认真阅读教材"××××型直流电压表使用说明书（节选）"，完成学案第三部分，并进行实验。 学生分组实验、展示、交流，并积极反思与评价。 小组讨论并回答教师提出的问题。	培养学生动手能力、合作交流能力、分析归纳能力。 增强学生合作交流能力和反思评价水平。

（续表）

教学程序	教师活动	学生活动	设计意图及教学评价
自主合作探究新知	模块三：测量小灯泡两端电压 请学生分小组再进行实验，测出小灯泡两端的电压与电源两端电压，并探索其关系。将实验数据填入学案的实验记录表中，让学生思考，总结实验规律。 实验记录表	学生分小组进行实验操作，整理实验数据，并填入表格中。	一是练习规范使用电压表测量电压；二是培养学生动手能力和透过现象分析总结能力；三是培养学生严谨规范、尊重事实、实事求是的精神。

次数	小灯泡两端电压 U_1/V	电源两端电压 U/V
第一次		
第二次		
第三次		

教师通过投影对实验的结果进行分析：在只有一个用电器的电路中，闭合开关，测出用电器两端的电压与电源两端的电压在误差允许范围内是相等的。

教学程序	教师活动	学生活动	设计意图及教学评价
反思总结提炼升华	让学生自主总结本节课所学的知识，所经历的学习过程，所收获的学习体验和感受等，从而提出重、难点问题。	积极思考和发言。	培养学生语言表达能力和对知识的归纳总结能力。

（续表）

教学程序	教师活动	学生活动	设计意图及教学评价
布置作业拓展延伸	自制"水果电池"和"液体电池"，将铜片和锌片做电极： （1）用电压表测一测电源电压有多大？ （2）看一看哪个金属片是电池的正极？ （3）你能否想办法增大"水果电池"或"液体电池"的电压的大小？ 请利用你的家庭实验室做一做，并且撰写实验报告。	自制电池，学以致用，会用电压表测电压、用电压表的使用方法解决问题。	体会物理就在身边，体验学有所获的快乐。

板书设计

第十六章　第一节　电压

一、电压

1. 认识电压

抽水机 ——提供——→ 水压 ——形成——→ 水流

电源 ——提供——→ 电压 ——形成——→ 电流

2. 符号：U

3. 单位：伏特（V）

二、电压的测量

1. 认识电压表

（1）电压表读数

（2）电压表使用规则
- 并联
- "+" "−" 接线柱的接法要正确
- 不超过量程
- 可以直接接到电源两极测电源电压

2.测量小灯泡两端电压

在只有一个用电器的电路中，用电器两端电压与电源两端电压相等。

○ **点评** ○⋯⋯⋯⋯⋯⋯⋯⋯⋯⋯⋯⋯⋯⋯⋯⋯⋯⋯⋯⋯⋯⋯⋯⋯

本节设计根据学生已有的知识储备和探究能力，设置针对性问题，引领学生进行自主探究和学习，突出了教师主导和学生主体地位，凸显了学生学习的主观能动性。

——李金玉

［高级教师，齐鲁名师建设工程（2022—2025）入选，济宁市杏坛名师，济宁市特级教师］

44

探究串、并联电路中电压的规律 *

| 课型 | 新授课 | 教材版本 | 鲁科版 |

课标要求

《义务教育物理课程标准（2022年版）》P24：

3.4.3　会使用……电压表。

3.4.4　……探究并了解串联电路和并联电路中电压的特点。

要求学生能根据控制变量法制订简单的探究方案，会正确使用电压表测量基本的电学量，正确读取和记录实验数据，并排除简单的实验故障；能用表格、图像等多种方式展示实验数据，并通过分析和处理数据得出实验结论；能撰写实验报告，书面或口头表述科学探究的过程和结果。

教材分析

本节是《义务教育教科书（五·四学制）物理九年级上册》（鲁科版）第十二章第二节《探究串、并联电路中电压的规律》。

本节课在本章及整个电学部分都具有重要地位，它是进一步学习电学其他物理概念（如电阻、电功）的基础，是掌握电学中的物理规律（如欧姆定律等）、认识电学中的物理现象必不可少的知识。本节内容由"串联电路中电压的规律"和"并联电路中电压的规律"两部分构成，本节重点是通过实验探究总结出串、并联电路中电压的规律，使学生熟练掌握电压表的使用和

---

* 执教教师为王金柱（泰安市岱岳区开元中学教师，曾被评为泰安市课程与教学工作先进个人、泰安市模范班主任、岱岳区教学能手）。

读数方法。"用电压表测电路电压"是电学中最基础的技能之一，"串、并联电路中电压的规律"是进行电路分析的基本根据。

学情分析

本节是电学中的探究性学习内容，学生之前已经掌握了串、并联电路的连接，也学会了电流表、电压表的连接和读数，并且也经历了串、并联电路中电流的规律的探究，有了基础和经验，因此可以按照前面探究电流规律的思路进行本节课的探究学习。

教学目标

1.通过科学探究，认识串、并联电路中电压的规律。

2.在提出问题、设计实验、总结归纳、讨论交流等过程中培养科学思维能力。

3.在发现串、并联电路电压规律的实验中学习科学探究的一般环节，学习如何用正确的方法发现物理规律。

4.在实验与讨论过程中逐步养成尊重事实、求真务实的科学态度。

教学重点

本节重点是通过实验探究总结出串、并联电路中电压的规律，使学生熟练掌握电压表的使用和读数方法。

教学难点

设计实验方案、连接实物电路以及排除电器故障。

教学流程

教学流程表

教学程序	教师活动	学生活动	设计意图及教学评价
新课引入	展示节日小彩灯，使其工作。 问题： 1. 节日小彩灯是串联还是并联的？串联电路电流有什么规律？ 2. 教室里的灯是串联还是并联的？并联电路电流有什么规律？ 3. 串、并联电路中电压有什么规律呢？会不会和电流规律一样呢？请说出你的猜想。 猜想是否正确，需要利用实验进行验证。今天这节课，我们就通过实验来探究一下串、并联电路中电压的规律。	观察实验，回答串、并联电路电流规律，大胆猜想电压有何规律。	创设情境，提出问题。 复习电流规律，联想电压规律，引发思维迁移，培养学生科学思维能力。
模块一：探究串联电路中电压的规律 / 设计实验	1. 结合电路图，请同学们思考并讨论以下问题： （1）实验需要测量哪些物理量？需要哪些器材？ （2）只测量一组数据得出的结论可靠吗？如何测量多组数据？具体怎样操作？ （3）使用电压表有什么注意事项？连接电路过程中，开关要怎样？实验过程中还要注意哪些问题？ 2. 请同学们画出实验电路图并设计出实验表格。 测L₁两端电压	积极讨论，回答实验应注意的问题。	为正确实验操作做铺垫，同时理清实验思路。

（续表）

教学程序		教师活动	学生活动	设计意图及教学评价
模块一：探究串联电路中电压的规律	设计实验	 测L₂两端电压 测串联电路两端总电压 **测量次数 / L₁两端的电压 U₁/V / L₂两端的电压 U₂/V / 电源两端的电压 U/V** 1 2 3	画实验电路图，设计实验表格。	培养设计实验的能力。
	进行实验	请同学们以小组为单位，分工合作，正确连接电路，读取电压表示数，填入实验表格。然后更换不同规格灯泡多次实验。	分工合作，完成实验探究。	让学生经历实验探究过程，培养学生动手操作能力和获取数据的能力。 侧重于科学探究过程中操作的规范性进行评价。
	归纳总结	请同学们交流一下你们的实验结果及发现，归纳实验结论，并提出对实验的改进意见。 串联电路中电压的规律：_____ _____ 实验拓展：生活中，人们常常把电池串联起来使用。电池串联组成的电池组，总电压与每一节电池的电压有怎样的关系呢？说出你的猜想，并按照刚才的实验步骤探究一下。	小组讨论，分析实验数据，总结实验结论。 分别测量每节电池的电压和两节电池串联、三节电池串联的总电压，并进行比较。思考它们之间有什么关系。	培养学生分析实验数据、得出实验结论的能力。 侧重于回答问题的条理性、结论的严谨性进行评价。 从物理走向生活，培养科学探索精神。

（续表）

教学程序		教师活动	学生活动	设计意图及 教学评价
模块二：探究并联电路中电压的规律	设计实验	1. 结合电路图，请同学们思考并讨论以下问题： （1）需要测量哪些物理量？需要哪些器材？ （2）为了使实验结论更具普遍性，对小灯泡的选择有什么要求？ （3）为了使结论更具有普遍性，如何测量多组数据？具体怎样操作？ 2. 请同学们画出实验电路图并设计出实验表格。 	积极讨论，回答实验应注意的问题。	为正确实验操作做铺垫，同时理清实验思路。
		<table><tr><td>测量次数</td><td>L₁两端的电压U₁/V</td><td>L₂两端的电压U₂/V</td><td>电源两端的电压U/V</td></tr><tr><td>1</td><td></td><td></td><td></td></tr><tr><td>2</td><td></td><td></td><td></td></tr><tr><td>3</td><td></td><td></td><td></td></tr></table>	画实验电路图，设计实验表格。	培养设计实验的能力。
	进行实验	请同学们以小组为单位，分工合作，正确连接电路，读取电压表示数，填入实验表格。然后更换不同规格灯泡多次实验。	分工合作，进行实验探究。	让学生经历实验探究过程，培养学生动手操作能力和获取数据的能力。

（续表）

教学程序		教师活动	学生活动	设计意图及教学评价
模块二：探究并联电路中电压的规律	进行实验	测L_1两端电压　测L_2两端电压　测电源两端电压		侧重于科学探究过程中操作的规范性进行评价。
	归纳总结	请同学们交流一下你们的实验结果及发现，归纳实验结论，并提出对实验的改进意见。 并联电路中电压的规律：_____ _____ _____ 实验过程还有什么发现？存在什么问题？如何解决这些问题？	小组分析数据，总结实验结论。 回顾实验过程，思考实验中存在的问题，并提出解决的方法。	培养学生分析实验数据、得出实验结论的能力。 侧重于回答问题的条理性、结论的严谨性进行评价。 培养学生梳理反思的能力和实事求是的科学精神。
联系生活		家庭电路大都采用并联的连接方式，这样有何优点？	思考串、并联电路在生活、生产及科技中的应用。	培养学生关注科学技术、自然环境、人类生活和社会发展的意识。
课堂小结		请同学们总结一下：通过本节课的学习，你有哪些收获？（知识和能力两个方面）	从知识和能力两个方面的收获进行小结。	培养学生的梳理反思能力。 从回答的条理性、知识的严谨性进行评价。
课堂达标		学案：1、2、3、4题。	独立思考完成。	检验学习效果。

（续表）

教学程序	教师活动	学生活动	设计意图及教学评价
作业布置	一、基础性作业 1.（1）在图甲所示的电路中，V_1的示数是2.5 V，则V_2、V的示数各是多少？ （2）在图乙所示的电路中，V_1的示数是2.5 V，V_2的示数是3.8 V，V的示数应是多少？ 2.两个完全相同的小灯泡L_1、L_2接在电压为6 V的电源上都能发光，现用一只电压表及若干导线判断两个小灯泡的连接方式：用导线把电压表并联在某小灯泡的两端，若电压表的示数是3 V，则两个小灯泡是如何连接的？若电压表的示数是6 V，则两个小灯泡是如何连接的？ 3.如图所示，电源电压是5 V且不变，S闭合后电压表的示数为1 V，则小灯泡L_1两端的电压为多少？小灯泡L_2两端的电压为多少？ 	独立思考完成。	巩固知识，加深理解。

（续表）

教学程序	教师活动	学生活动	设计意图及教学评价
作业布置	4. 如图所示，在"探究并联电路中电压的规律"实验中，小明想把两个小灯泡并联起来，用电压表测量并联电路的总电压。请你用笔帮他画出连接的电路。 二、实践性作业 请利用LED灯或者其他的小灯泡以不同的连接方式制作小彩灯。	课后动手实践制作小彩灯。	从物理走向生活，培养学生动手实践能力和科学探索精神。

板书设计

第二节　探究串、并联电路中电压的规律

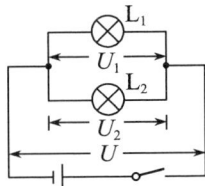

一、串联电路中电压的规律

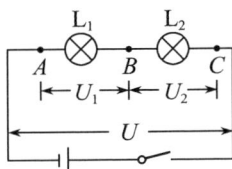

结论：串联电路，$U=U_1+U_2$。

二、并联电路中电压的规律

结论：并联电路，$U=U_1=U_2$。

点评

本节设计充分考虑到学生已有的知识储备和探究能力，依据学情创设合适的问题情境，引领学生进行自主探究，进一步发展了学生的探究能力及思维能力；教学中强调了评价对教学的引领和促进作用。

——李金玉

[高级教师，齐鲁名师建设工程（2022—2025）人选，济宁市杏坛名师，济宁市特级教师]

45

电阻的测量 *

| 课型 | 新授课 | 教材版本 | 人教版 |

课标要求

《义务教育物理课程标准（2022年版）》P29测量类学生必做实验：

4.1.9　用电流表和电压表测量电阻。

例9　用电流表、电压表、滑动变阻器等，测量小灯泡正常发光时的电阻。

要求学生通过实验操作学会用伏安法测量电阻；能够设计电路，并能比较出为什么要使用滑动变阻器；能够设计表格，并能理解测小灯泡电阻时不能求平均值。

教材分析

本节是《义务教育教科书（六·三学制）物理九年级全一册》（人教版）第十七章第3节《电阻的测量》。

本节内容是继探究类实验之后的第一个测量类实验，本章知识是第十五章《电流和电路》、第十六章《电压　电阻》这两章知识的延伸。"欧姆定律"是电学中的基本定律，它是进一步学习电学知识和分析电路的基础，是学习电功率、生活用电等后续章节的必备知识。本章具有承上启下的作用，

---

* 本课被评为山东省2016年度"一师一优课、一课一名师"活动优课；《探究串、并联电路中电压的规律》被评为聊城市2022年基础教育精品课。执教教师为王秋华（山东聊城冠县实验中学教师、聊城市教学能手、聊城市骨干教师、聊城市实验教学先进个人，曾获评聊城市优质课一等奖、聊城市说课一等奖、聊城市微课一等奖、聊城市实验指导一等奖）。

是电学的重点之一。

"用伏安法测电阻"是电学里的一个基本实验，属于欧姆定律变换式的具体应用。安排这个实验，在理论方面可以加深对欧姆定律和电阻的概念的理解和掌握；在实践方面可以给学生提供初中常用电学仪器综合使用的机会，有利于学生熟练地掌握电路的连接、电流表和电压表的读数、滑动变阻器的使用等基本技能，从而提高学生动手操作能力。

学情分析

在前两节实验教学的基础上，学生对于所用的实验电路、实验步骤已较熟悉，因此本节的难点是如何引导学生分析实验数据、发现规律，加深对电阻概念的认识。根据实验原理设计电路图，并且能用滑动变阻器来改变待测电阻两端的电压是本节教学的重点。在教学中可以把整节内容分为设计实验、进行实验与收集数据、分析与讨论三个环节进行教学组织。

教学目标

1. 进一步掌握使用电压表和电流表的方法。

2. 学会用伏安法测量电阻。

3. 加深对欧姆定律及其应用的理解。

4. 设计实验与制订方案、获取与处理信息、得出结论并作出解释，以及提高对科学探究过程和结果进行交流、评估、反思的能力。

5. 乐于思考，具有探索的好奇心和求知欲，有克服困难的信心和决心。能总结成功的经验，分析失败的原因，体验战胜困难、解决问题的喜悦。

教学重点

1. 学会使用电压表、电流表测量电阻的方法。

2. 根据实验原理设计电路图，并且能用滑动变阻器来改变待测电阻两端的电压。

教学难点

如何引导学生分析实验数据、发现规律，加深对电阻概念的认识。

教学流程

教学流程表

教学程序	教师活动	学生活动	设计意图及教学评价
新课引入	创设生活情境引入： 小明爷爷的收音机坏了，经检查发现一只标注模糊的电阻引线断了，需要更换。怎样才能知道它的电阻呢？	对提出的问题进行合理猜想，加强思维的发散性。	提出问题，激起学生求知欲，让学生体会物理就在我们身边。
展示学习目标	展示学习目标： 	让学生朗读学习目标。	明确目标，有的放矢。
探求新知 一、实验原理和方法	一、实验原理和方法 小问题，大启发————实验原理和方法 一个定值电阻两端的电压U=6 V，通过定值电阻的电流I=0.3 A，这个定值电阻的阻值R=_____。 受上述问题启发，你能想出测未知电阻阻值需要什么仪器？利用哪个公式吗？ 教师引导学生说出实验原理、实验器材，这节课我们就利用伏安法测电阻。	思考原理：由欧姆定律$I=\dfrac{U}{R}$可以推出$R=\dfrac{U}{I}$，用电压表、电流表测出电压、电流，即可用$R=\dfrac{U}{I}$算出其阻值。	引导学生说出实验原理、实验器材。

教学程序	教师活动	学生活动	设计意图及教学评价
二、实验电路图	二、实验电路图 让学生设计电路图。 展示学生设计的电路图，引导学生讨论、分析电路图的合理性。指导学生分析出最佳电路图，并分析滑动变阻器的作用。	在黑板上画出设计的电路图。 	引导学生说出实验的方法——伏安法。
三、滑动变阻器的作用	三、滑动变阻器的作用 让画电路图的同学讲解滑动变阻器的作用。	滑动变阻器的作用： （1）保护电路； （2）改变被测电阻两端的电压，以改变电路中的电流，方便多次测量。	加强学生实验设计。 让学生养成精益求精的科学态度。
四、设计表格	四、设计表格 引导学生设计实验数据表格。 引导学生测定值电阻的阻值时要多次测量求平均值。	在黑板上画出测定值电阻和灯泡电阻的表格。	培养学生设计表格的能力。
五、注意事项	五、注意事项 在实验前，让学生注意以下几点： 1.连接电路的过程中开关要（　　　）； 2.闭合开关之前滑动变阻器的滑片应调到（　　　）； 3.电压表和电流表连接时要注意（　　　）和（　　　）。 展示视频：实验操作规范流程。	讨论、总结、发言。 看视频。	掌握规范操作技能。
六、进行实验	六、进行实验 进行实验——记录数据——分析数据 实验过程：摆→连→检→调→测→算。 教师参与学生的实验，并纠正学生在实验中的错误和不足，使实验数据在允许范围内，便于分析结论。	进行实验，并将实验数据实事求是地记录下来。 利用 $R=\dfrac{U}{I}$ 计算电阻。	培养学生动手能力和实事求是的科学态度。

实验序号	电压U/V	电流I/A	电阻R/Ω	电阻平均值R/Ω
1				
2				
3				

（续表）

教学程序	教师活动	学生活动	设计意图及教学评价
七、分析和论证	七、分析和论证 投影展示学生的几组实验表格数据，对实验数据进行分析。 提出问题：测出的定值电阻的阻值和小灯泡的电阻有什么特点？ 实验（2）测量小灯泡的电阻		

实验次数	灯泡亮度	电压 U/V	电流 I/A	电阻 R_1/Ω
1	发光较强			
2	发光正常			
3	发光较暗			

教学程序	教师活动	学生活动	设计意图及教学评价
	比较不同电流下电阻是否相同？为什么？这三次实验结果能求平均值吗？ 分析：小灯泡的灯丝电阻与温度有关，温度越高，电阻越大。 让学生分析原因 强化学生对电阻的理解		
八、评估与交流	八、评估与交流； 让学生回顾整个探究过程，反思在实验中存在问题，与其它同学交流并总结。	在黑板上写出实验数据。	通过学生讨论分析得出正确结论，从而培养分析问题能力。
九、达标检测，查漏补缺	九、达标检测，查漏补缺。 1. 小东同学做"测量小灯泡电阻"的实验：小东正确连接电路后闭合开发，调节滑动变阻器使电压表的示数为图（甲）所示，此时电流表的示数如图（乙）所示，小灯泡的电阻是 _____ Ω。 	讨论、分析、回答 定值电阻阻值不变而灯泡的电阻不是定值，是变化的 讨论、分析、回答	培养分析问题能力。

教学程序	教师活动	学生活动	设计意图及教学评价
	2. 在"伏安法测电阻"的实验中，滑动变阻器不能起到的作用是（　　） A. 改变电路中的电流 B. 改变被测电阻两端的电压 C. 改变被测电阻的阻值 D. 保护电路 链接中考，掌握考题方向。	1. 电阻的是一种导体本身的一种性质，与导体两端的电压和导体中的电流无关	加强学生合作、交流、分享意识 查漏补缺
十、畅谈收获	十、畅谈收获　学完本节课后让学生回答引入新课时小明爷爷收音机有故障电阻如何测量？ 电阻的测量 一、实验原理　电路图 1. 实验原理$R=\dfrac{U}{I}$　伏安法 2. 实验电路图 （2）改变被测电阻两端的电压；改变电路中的电流，以便多次测量。 三、特别强调： 测量定值电阻阻值时要多次测量求平均值，从而减小误差；因为其温度变化较小，对阻值影响很小；但是测灯泡电阻时不可以求平均值，因为灯泡电阻随温度变化很大；	2. 灯丝温度越高，电阻越大，灯泡越暗，灯丝温度越低，电阻越小。 让出现故障组的同学与大家分享自己组意外收获。进行练习并上讲台展讲。 浅谈收获。	培养学生理论联系实际的能力 有回扣环节，落实提出问题——解决问题 提高知识整合能力。

（续表）

教学程序	教师活动	学生活动	设计意图及教学评价
十一、创新作业	十一、创新作业：千方百计测电阻？ 等效法测电阻 双安法测电阻 双伏法测电阻……		拓展升华

点评

本节依据课标、教材及学生实际情况确立教学目标，采用实验探究法、观察法、讨论法设计教学过程，引导学生从中感悟科学思想和科学方法，培养学生观察分析能力、概括能力和解决实际问题的能力，养成实事求是和严谨的科学态度。理论联系实际，让学生切实感受物理就在我们身边，增强对学科与生活紧密联系的认知。建议将"创新作业"设计放在本章综合练习课上，注意教材设计的空格、标点等细节。

——李艳

［正高级教师，山东省特级教师，全国优秀教师，齐鲁名师，山东省教学能手，教育部新时代名师名校长培养人选（2022—2025）］

46

串联和并联 *

| 课型 | 新授课 | 教材版本 | 人教版 |

课标要求

《义务教育物理课程标准（2022年版）》P24：

3.4.4　会看、会画简单电路图。会连接简单的串联电路和并联电路。能说出生产生活中采用简单串联电路或并联电路的实例

要求学生通过实验探究了解串联电路和并联电路的特点。例如，学生通过动手连接串、并联电路，分析归纳出小灯泡的连接方式以及串、并联电路的特点，通过亲身体验、小组合作提高学生的科学探究能力，通过理论联系实际，提高学生分析问题、解决问题的能力。

教材分析

本节是《义务教育教科书（六·三学制）物理九年级全一册》（人教版）第十五章第3节《串联和并联》。

本节内容是学生在了解简单电路和电路图的基础上进行的更深层次的电路探究活动，认识串、并联电路的特点是识别电路、辨别电路连接形式和进行电路设计的基础，本节教学不能仅满足于让学生知道串、并联两种电路连接方式，而应把重点放在引导学生动手连接串、并联电路的实际操作过程中，并通过小组合作分析归纳出串联和并联电路的特点。本节内容在知识体

---

* 执教教师为郎兴芳（日照山海天旅游度假区两城中学教师，日照市教学能手、师德先进个人）。

系中起到了承上启下的作用。本节课中识别和连接串、并联电路及按要求画电路图的目标达成度，将直接影响下面各章电学知识的学习。

学情分析

学生对电路的内部结构比较陌生，但对生活中通过开关的通断控制电路比较熟悉。这节课是学生自己动手探究电路知识的开始，能辨认出实际的电路是串联还是并联，会画出符合要求的电路图以及根据电路图来连接电路，这对刚学电路知识的学生来说都是比较困难的。实物图和电路图的互画，是具体和抽象的转换，对学生来说也是物理思维的一大挑战。所以在教学中应充分利用插图、习题，并通过教师的示范及学生亲自动手等，使学生逐步掌握方法与技能，从而培养实验探究能力及创新思维能力。学生自己动手体验的过程，也是理论联系实际的重要体现，在学生核心素养形成的过程中更能深刻地领悟"从生活走向物理，从物理走向社会"的新课程教学理念。

教学目标

1. 通过实验探究、交流讨论，认识并会区分简单的串联和并联电路，会画简单的串联和并联电路图。

2. 通过实验探究，学会连接简单的串、并联电路，通过小组讨论、归纳总结出串联电路和并联电路的基本特点。

3. 尝试根据已有知识、经验，分析生活、生产中实际电路的连接方式。

教学重点

通过探究发现串、并联电路的特点，会画串、并联电路图和连接串、并联电路。

教学难点

根据要求及电路图来连接实物图，或根据要求及实际电路画出电路图。

教学流程

教学流程表

教学程序	教师活动	学生活动	设计意图及教学评价
新课引入	1. 展示几串五彩缤纷的节日彩灯； 2. 用多媒体课件展示美丽的城市夜景。 提出问题：生活中五光十色的彩灯缤纷夺目，装点了美丽的夜空，这些灯的连接方式一样吗？它们是怎样连接的？让我们一起探究电路的更多知识吧！	观察彩灯和城市夜景，思考这些灯的连接方式。	从生活情境导入，激发学生的学习兴趣。进一步提出问题，引发思考，从生活走向物理，激发学生的探究欲望。
新课学习模块一：动手体验电路的连接方式	提出问题：你能利用桌上的器材（两节干电池、一个开关、两个灯泡和若干导线）组成电路，让两个灯泡同时发光吗？ 实验要求：以小组为单位，讨论电路的连接方法，然后连接电路，让两个小灯泡同时发光。 教师指导学生分析实验时应注意的问题：在连接电路的时候，开关一定要断开；按照电源—开关—用电器的顺序来连接；连接好之后，再检查一下，确认无误后方可闭合开关。	各小组讨论实验方案及实验注意问题。 各小组进行实验探究。 小组交流展示：小组间比较电路的连接方式有何不同，画出对应电路的电路图，并标出电流的方向，各小组将有代表性的电路图整理并展示出来。	培养学生小组合作、实验探究以及动手操作的能力。

（续表）

教学程序	教师活动	学生活动	设计意图及 教学评价
新课学习 模块一： 动手体验 电路的连 接方式	教师巡回指导各小组进行实验探究，发现问题及时指正。 教师组织小组展示汇报，并进行点评。 教师引导学生观察各小组的展示并自学课本回答： （1）你能将它们分类吗？说出分类的依据。 （2）你认为你的连接方式和我们生活中的哪些连接相似？ 师生共同归纳串、并联电路的定义。 投放针对训练： 用一个开关同时控制两盏灯，则这两盏灯的连接方式是（　　） A. 并联 B. 串联 C. 串联和并联都可以 D. 串联和并联都不行	 A B C D E 自主阅读课本，结合前面的探究总结串联电路和并联电路的定义，完成针对训练。	这是学生初步尝试设计电路，可能会有些困难，要发挥组内互助的作用，教师做好引导和示范。 引导学生归纳出实验现象及结论，培养他们发现问题、分析问题、解决问题的能力。 巩固提高，学以致用。

385

教学程序	教师活动	学生活动	设计意图及教学评价
模块二：练习连接串、并联电路，探究串、并联电路的特点 — 启发猜想	提出问题：在实验过程中，你还有哪些发现？你能和同学们分享吗？串、并联电路可能还有哪些特点？首先请同学们根据刚才的实验观察结合已有的生活经验进行猜想。教师：下面我们继续来探究同学们的猜想。	积极分享，大胆猜想，交流展示。尝试将同学们的猜想进行归类、交流。	培养学生敢于猜想、理性分析、归类探究的意识与能力。从归类的科学性、可操作性进行评价，引导改进。
动手探究	活动一：练习连接串联电路，探究串联电路的特点。提出问题：1. 请观察你连接的串联电路开关所在的位置，改变开关的位置，开关对电路的控制作用改变吗？2. 若一个灯泡烧坏了（或拧下一个灯泡），另一个灯泡还亮吗？3. 取一根导线将其中一个灯泡短路，观察另一个灯泡还亮吗？学生分组完成实验。教师巡回指导。活动二：练习连接并联电路，探究并联电路的特点。提出问题：1. 请观察你连接的并联电路中开关所在的位置，改变开关的位置，开关对电路的控制作用会发生变化吗？	学生分组连接串联电路，合作完成实验探究。小组交流展示各组的实验结果，归纳总结：1. 开关的作用是控制整个电路，与位置无关。2. 串联电路各个用电器不能独立工作，互相影响。3. 一个用电器短路，另一个用电器还能工作。分组连接并联电路，合作探究，小组交流展示各组的实验结果，归纳总结：1. 开关处于干路上时，可以控制整个电路，开关处于支路上时，只能控制所在支路的用电器，与位置有关。2. 并联电路各个用电器能独立工作，互不影响。	通过问题引导式的实验探究，进一步探究串联和并联电路的特点，降低教学难度，突出学生的主体地位，增强学生的动手能力。并联电路的连接对基础较弱的学生来说有难度，这时候要鼓励学生大胆尝试，遇到问题时独立思考，找出自己

（续表）

教学程序		教师活动	学生活动	设计意图及教学评价
模块二：练习连接串、并联电路，探究串、并联电路的特点	归纳总结	2. 若一个灯泡烧坏了（或拧下一个灯泡），另一个灯泡还亮不亮？ 3. 取一根导线将其中一个灯泡短路，观察另一个灯泡还亮吗？（注意：提醒学生这是电源短路，决不允许！） 学生分组实验，教师巡视指导。 拓展实验：使两灯泡并联，开关S可以控制L₁、L₂两个灯泡，S₁只能控制灯泡L₁，S₂只能控制灯泡L₂。设计电路图并连接实物图。 教师指导：先根据要求设计电路图，然后分组连接实物图。分别闭合和断开每个开关，体会并联电路中开关的控制作用。 活动三：总结串并联电路的特点 引导学生，根据前面的实验探究总结串、并联电路的特点，并完成表格填写。 	3. 一个用电器短路，所有用电器都不能工作。 分组进行实验。 全班展示交流。	的不足加以改正，在实际操作中提高自己连接电路和画电路图的能力。同时渗透根据要求设计电路图、连接实物电路的方法。突破本节课的重点和难点。 拓展实验有点难度，学有余力的学生可以独立完成实验设计，教师做好实物连接的演示，并引导学生探究各个开关的作用，培养学生有序连接的意识和习惯。 通过两个实验电路的对比研究，引导学生在探究中发现问题、交流讨论、总结规律，进一步增强学生通过实验探究、总结、归纳实验结论的能力。

教学程序		教师活动	学生活动	设计意图及教学评价
模块二：练习连接串、并联电路，探究串、并联电路的特点	归纳总结	投放针对训练： 1. 图甲中两灯是_____联的，图乙中两灯是_____联的。 L_1　L_2　　　L_1　　L_2 甲　　　　　　乙 2. 如图所示电路中，当S_1、S_3断开，S_2闭合时，L_1与L_2是_____联的；若同时闭合S_1、S_2、S_3，则会造成电路_____。 S_1　　L_2　S_3 L_1　S_2	学生思考回答。	巩固知识，学以致用。
模块三：分析生活中的电路		提出问题： 1. 今天老师展示的彩灯之间是什么连接方式？你可以采取怎样的方式验证？ 2. 教室里的日光灯是采用什么连接方式？判断的依据是什么？	学生思考，交流讨论，得出结论。	理论联系实际，学以致用。将所学内容与生活联系起来，展示彩灯实物、现场观察教室电路，再思考家庭电路、路灯等的电路连接方式，让学生运用所学知识对

（续表）

教学程序	教师活动	学生活动	设计意图及教学评价
模块三：分析生活中的电路	3.家庭电路中的电冰箱、洗衣机、电视机是什么连接方式？判断的依据是什么？ 投放针对训练： 请说出以下电路的连接方式，并说明判断依据： （1）灯泡和控制灯泡的开关 （2）手机的屏幕和喇叭 （3）耳机的两个听筒 （4）街道上的路灯		生产、生活中常见的电路进行分析判断，达到学以致用的效果。获得物理学习的成就感。
联系生活	PPT展示生活中的各种电路。	认真观看视频，思考电路在生活、生产及科技中的应用。	培养学生关注科学技术、人类生活和社会发展的意识。
课堂小结	请同学们总结一下：通过本节课的学习，你有哪些收获？（知识和能力两个方面）	展示收获。	培养学生梳理知识的能力。 从交流的条理性、知识的严谨性进行评价。
课堂达标	学案：1、2、3题。	独立思考完成。	检验学习效果。
作业布置	（一）基础巩固： 1.下图为路口交通指示灯的示意图。指示灯可以通过不同颜色灯光的变化指挥车辆和行人的交通行为。据你对交通指示灯的了解可以推断（　　） A.红灯、黄灯、绿灯是串联的 B.红灯、黄灯、绿灯是并联的 C.红灯与黄灯并联后再与绿灯串联 D.绿灯与黄灯并联后再与红灯串联	独立思考完成。	巩固知识，加深理解。

（续表）

教学程序	教师活动	学生活动	设计意图及教学评价
作业布置	2. 根据电路图用笔画线代替导线连接实物图。 		
作业布置	（二）课后实践： 1. 回家和父母一起观察家庭中的电路，哪些是串联？哪些是并联？用电路图表达出它们的连接方式。 2．选择你家中的一个家用电器（如：电冰箱），根据它的特点，画出它内部主要元件的连接电路。	课后调查，形成报告。	理论联系实际，提高分析问题、解决问题的能力，形成将物理知识与生产、生活相联系的意识。

板书设计

串联和并联

	串联电路	并联电路
电路图		
概念	把各元件首尾连接起来的电路	把各元件并列地连接起来的电路
电流路径特点	只有一条路径	有两条或两条以上的路径
用电器之间的关系特点	互相影响，不能独立工作	互不影响，能够独立工作
开关位置特点	开关控制整个电路，与位置无关	干路开关控制整个电路，支路开关只控制这一条支路

点评

教学设计环节完整，教学目标叙写明确、具体、可操作、可评价。重视学生实验设计，学生通过动手连接串、并联电路，分析归纳出串、并联的连接方式以及串、并联电路的特点。通过亲身体验、小组合作提高学生的科学探究能力，理论联系实际，提高学生分析问题、解决问题的能力，切实感受物理来源于生活并应用于生活的理念。建议加强教学评价设计，做到"教—学—评"一致性。

——李艳

［正高级教师，山东省特级教师，全国优秀教师，齐鲁名师，山东省教学能手，教育部新时代名师名校长培养人选（2022—2025）］

47

电阻的串联*

| 课型 | 新授课 | 教材版本 | 鲁科版 |

课标要求

《义务教育物理课程标准（2022年版）》要求学生通过实验探究感知电阻串联会导致电阻变大，在利用电流、电压、电阻的关系以及串联电路电流、电压规律分析电阻关系的过程中，感受推理方法。

教材分析

本节是《义务教育教科书（五·四学制）物理九年级上册》（鲁科版）第十三章第四节《电阻的串联与并联》中"电阻的串联"。

第十三章《欧姆定律》既是对《电流和电路》《电压和电阻》两章知识的深化，也是为第十四章《电功率》做铺垫，在初中电学部分有着承上启下的作用，也可谓是初中电学部分的一道分水岭。而"电阻的串联与并联"是欧姆定律的具体应用，主要是利用第十一、十二章所学的串、并联电路的电流、电压特点，结合欧姆定律，让学生在实验和理论的基础上分析推理得出串联电路和并联电路的总电阻与分电阻的关系。

---

* 本课被评为威海市级"一师一优课"优课。执教教师为陈晓杰（乳山市畅园学校教师，曾获评乳山市优秀教师、先进教师、"四有"教师等）。

学情分析

在进行本节教学之前，学生在知识内容方面已经学习了电流、电压、电阻的基础知识，串、并联电路电流、电压的规律，以及欧姆定律等知识内容，掌握了一些电学学习经验和物理方法。

九年级的学生虽有了八年级这一年的物理学习经验，但还处在感性思维到逻辑思维的过渡阶段，有强烈的好奇心，喜欢动手和自由开放的学习环境，具备一定的物理思维、实验操作能力，以及发现问题、分析问题和解决问题的能力，也已初步具备自主学习能力和小组合作精神，但发散思维和创新意识有待提高，交流和展示能力上不够舒展和流畅，综合能力还不够强大，所以需要老师适当地引导和指导。让学生经历从感性认识到理性认识、从生活情境到物理知识的思维蜕变过程，体现了"从生活走向物理，从物理走向社会"的新课程教学理念。

教学目标

1. 进一步理解欧姆定律，利用欧姆定律进行计算。

2. 能根据串联电路中电压及电流的规律，利用欧姆定律得到串联电路中电阻的规律，并能运用公式进行计算。

3. 通过实验探究，让学生感知电阻串联会导致电阻变大。

4. 在利用电流、电压、电阻的关系以及串联电路电流、电压规律分析电阻关系的过程中，感受推理方法。

教学重点

1. 欧姆定律的理解与应用。
2. 串联电路中电阻的规律，并能运用公式进行计算。

教学难点

综合运用串联电路电流、电压、电阻的关系解决有关的计算问题。

教学流程

教学流程表

教学程序	教师活动	学生活动	设计意图及教学评价
新课引入	播放生活问题小视频：电器维修部的师傅在维修电器时，需要一个10 Ω的电阻，但不巧手边没有这种规格的电阻，而只有一些5 Ω的电阻。 提出问题：可不可以利用5 Ω的电阻得到10 Ω的电阻呢？	观看视频了解需要解决的问题，思考如何解决问题。	让学生走进生活，激发探究意识和学习兴趣。
新课学习模块一：初识电阻串联	PPT展示实验要求，指导学生完成实验，渗透学法指导。参考学案中的实验导航来进行实验。注意观察实验数据，并根据观察到的现象，归纳得出实验结论，并反思实验中的不足，提出改进意见。 动手实验： 利用桌上的实验器材，组装如图所示电路。 （1）在电路中A、B处接入1个定值电阻，观察灯泡亮暗； （2）在电路中A、B处接入2个相同的定值电阻，再观察灯泡亮暗。 温馨提示：实验时，小组成员要团结合作；及时记录实验现象；实验后记得整理实验器材。	利用桌上的实验器材完成实验。 小组合作完成实验，认真观察实验现象并完成实验记录。	为电阻串联规律的探究做好铺垫，增强学生的感性认识。

（续表）

教学程序	教师活动	学生活动	设计意图及 教学评价
模块二：推导电阻串联规律	**理论推导** 提出要求： 请同学们利用串联电路电流和电压的规律、欧姆定律，合理表达串联电路中的部分物理量，小组讨论做好全班展示交流的准备。 引导学生来推导串联电阻的规律，渗透学法指导。 组织交流、引导归纳： 请小组派代表交流一下你们的推导过程及发现，归纳结论。	积极思考，大胆猜想，交流展示：尝试用理论进一步推导串联电路总电阻与各分电阻的关系。 分组讨论推导的"电阻串联规律"。 全班展示交流。	培养学生探究的意识、理性分析的能力和敢于展示的勇气。从推导的科学性、可操作性进行评价。 培养学生的合作意识、获取与处理信息的能力及得出结论并进行交流、评估、反思的能力。侧重于科学探究过程中操作的规范性、结论的严谨性、交流的条理性、评估反思的科学性进行评价。
	归纳总结 提出问题： 1. 电阻的大小与哪些因素有关？电阻串联后是什么原因导致总电阻变大？ 2. 如果有 n 个相同的电阻 R 串联，总电阻如何表达？ 3. 如何解决"新课导入"的问题？此处应用到了什么物理方法？	思考回答老师提出的问题，并总结结论，完成知识的初步梳理。 回答"生活问题小视频"中的问题。	有助于学生加深对知识的认识和理解，形成初步的知识理论体系。从思路的逻辑性进行评价。
	实践应用 展示练习题，了解学生掌握情况。 同步练习一 1. 将两个定值电阻 $R_1=10\ \Omega$、$R_2=20\ \Omega$ 串联后接入电路，则总电阻 $R=$＿＿＿。若总电阻为 18 Ω，则需要将一个 6 Ω 的电阻与一个＿＿＿Ω 的电阻串联。 2. 某串联电路两端总电压一定，随着接入电路的用电器个数逐渐增多，其总电阻将＿＿＿，电路中的电流将＿＿＿。（均选填"变大""变小"或"不变"）	完成学案中的同步练习，消化知识内容，理解本质，加强应用。	培养学生的知识应用能力。

（续表）

教学程序	教师活动	学生活动	设计意图及教学评价
实践应用	3. 实验需要一个20 Ω的电阻，我们可以将____个5 Ω的电阻____联起来，在物理学中，将这种方法称为_____。		
模块三：验证电阻串联规律	播放实验操作视频。	认真观看实验视频，加深对电阻串联规律的理解。	通过前后两种方式探究电阻串联的规律，让学生进一步感知"电阻串联后总电阻等于各电阻之和"这一结论。
模块四：串联电路电压的分配规律	提出问题： 例题：已知R_1=10 Ω，R_2=20 Ω，串联接到电源电压为6 V的电路中，你还能求出哪些物理量？ 根据结果，判断U_1：U_2与R_1：R_2的关系。 能否再利用理论来推导一下？ 学生展示理论推导U_1：U_2与R_1：R_2关系的过程。 总结：串联电路电压的分配与电阻成正比。	完成例题解答，根据结果，判断U_1：U_2与R_1：R_2的关系。 小组讨论：理论推导电压分配规律，并准备交流展示。 学生交流展示，互相补充，并进行评价。	培养学生多种方式解决问题的能力，同时完整本节内容的知识体系。
能力提升	同步练习二： 1. 如图所示，是两个电阻A、B中电流与其两端电压关系的图像。由图可知，电阻A的阻值为____Ω；若A、B串联，则U_A：U_B=____；当电路中电流为0.2 A时，A、B两端总电压为____V。 	运用本节知识解决问题，加深理解和应用。	培养学生应用知识解决问题的能力。

（续表）

教学程序	教师活动	学生活动	设计意图及教学评价
能力提升	2. 有一电铃的电阻为10 Ω，正常工作时两端的电压为6 V，现在只有电压为9 V的电源，要想使其正常工作，需要给它____联一个多大的电阻?（尝试用多种方法解决）		
课堂小结	请同学们总结一下：通过本节课的学习，你都有什么收获?（知识和能力两个方面）	从知识和能力两个方面的收获进行小结、交流。	培养学生的梳理反思能力。从交流的条理性、知识的严谨性进行评价。
课堂达标	展示课堂达标检测，了解学生知识掌握情况。	独立思考完成。	检验学习效果。
作业布置	（一）基础巩固 1. A、B是同种材料制成的电阻，它们长度相等，A的横截面积是B的2倍，将它们串联在电路中，则A、B两端电压U_1、U_2和通过的电流I_1、I_2的关系正确的是（　　） A. $I_1>I_2$　　B. $I_1<I_2$ C. $U_1>U_2$　　D. $U_1<U_2$ 2. 有两个电阻串联后接入电路，两端电压分别为U_1=3 V，U_2=9 V，则$R_1:R_2$=_____，若总电阻为16 Ω，则R_1=_____Ω，电路中电流为_____A。 3. 如图电路，当开关闭合后，两个电压表示数之比为2:5，则两个电阻阻值之比$R_1:R_2$=____。 	独立思考完成。	进一步巩固本节的知识和规律，提高应用知识解决问题的能力。

（续表）

教学程序	教师活动	学生活动	设计意图及教学评价
作业布置	4. 在如图所示的电路中，$R_1=2\ \Omega$，L两端电压是3 V，电源电压为4 V，试求R_1两端的电压及L的电阻。 （二）拓展应用 5. 如图所示，电源电压为12 V，R_2为100 Ω，当S合上时，电流表的示数为0.6 A。若把S断开，电流表的示数为多少？		

板书设计

电路的串联

串联电路由两个用电器组成

$$\begin{cases} I=\dfrac{U}{R} \quad \text{电流} I=I_1=I_2 \\[2mm] U=IR \quad \text{电压} U=U_1+U_2 \\[2mm] R=\dfrac{U}{I} \quad \text{电阻} R=R_1+R_2 \begin{cases} R>R_1，R>R_2 \quad \text{相当于增加导体长度} \\[1mm] n \text{个} R \text{串联，} R_\text{总}=nR \\[1mm] \dfrac{U_1}{U_2}=\dfrac{R_1}{R_2} \end{cases} \end{cases}$$

点评

教学设计环节完整，教学目标的确立符合新课标要求，重视"教—学—评"一致性设计，充分体现"以教师为主导、以学生为主体"的教学理念。通过实验，学生体验从感性认识到理性认识、从生活情境到物理知识的思维蜕变过程，体现了"从生活走向物理，从物理走向社会"的新课程理念。建议充分利用多媒体辅助教学，将现代教育技术与教学深度融合，积极构建高效课堂。

——李艳

[正高级教师，山东省特级教师，全国优秀教师，齐鲁名师，山东省教学能手，教育部新时代名师名校长培养人选（2022—2025）]

48

测量小灯泡的电功率 *

| 课型 | 新授课 | 教材版本 | 鲁科版 |

课标要求

《义务教育物理课程标准（2022年版）》P24：

3.4.5 结合实例，了解电功和电功率。知道用电器的额定功率和实际功率。

例2 调查常见用电器的铭牌，比较它们的电功率。

教材分析

本节是《义务教育教科书（五·四学制）物理九年级上册》（鲁科版）第十四章第四节《测量小灯泡的电功率》。

本节是在学习了《电功率》的教学，学生对公式 $P=UI$ 已有初步认识后安排的一节实验课。本节实验是电学中第二个同时使用电流表、电压表、滑动变阻器进行定量测量的实验，是电学知识的综合运用。通过本节实验探究既可以巩固有关电功率的知识，熟练仪器的使用；又能让学生从操作中更清楚地了解电功率的变化情况，学会区分额定功率和实际功率。

---

* 《测量小灯泡的电功率》教学案例在东营市优秀课程资源评选活动中，荣获一等奖。执教教师为孙青（东营市广饶县大王镇中心初中教师，曾获评齐鲁名师建设工程人选、农村学校特级教师、东营市最美教师、东营名师、东营市学科带头人、东营市教学能手等）。

学情分析

该节内容安排在学习了"电功"和"电功率"之后，此阶段的学生已经做过一些探究性实验，已经具备了一些初步的科学探究能力，加之学生前面刚刚接触过"用伏安法测电阻"，对电流表、电压表及滑动变阻器的使用都有了一些了解。但是在有些方面学生发展还比较薄弱，比如电路图的设计、实验表格的设计等，以前虽然也都接触过，但还不够熟练，需要进一步加强，再如撰写实验报告的内容和格式及评估交流的能力等，在教学中需要教师加以引导。

教学目标

1. 物理观念：进一步掌握电功率的概念，加深对额定功率、实际功率的理解。

2. 科学思维：知道用伏安法测定小灯泡电功率的原理；知道如何测定小灯泡的额定功率和实际功率。

3. 科学探究：经历测量小灯泡的功率的过程。

4. 科学态度与责任：通过实验，培养实验操作能力、分析处理数据能力、精益求精的实验态度和尊重事实、探求真理的科学态度。

教学重点

测量小灯泡的电功率。

教学难点

实验电路的设计及连接，电路故障的排除；分析实验数据，从中得出结论。

教学流程

教学流程表

教学程序	教师活动	学生活动	设计意图及教学评价
创设情境 引入新课	1. 展示城市夜景图片。 师：灯光让夜晚变得色彩斑斓，我们购买灯具时，比较关注什么？ 2. 让学生观察生活中常见台灯灯泡的铭牌，引导学生复习上节课学习的额定电压和额定功率的知识。 3. 学生观察台灯亮度，提出问题：40 W的台灯灯泡与25 W的台灯灯泡接入电路哪个会更亮？40 W的台灯灯泡一定会比25 W的台灯灯泡亮吗？从学生认知冲突中引出本课课题。 那么这节课，我们就用实验室里的小灯泡代替台灯灯泡来做实验测量一下小灯泡的电功率。	结合实际，创设情境，引发学生思考，同时回顾上节课学习的电功率的内容。 观察，感受灯泡亮度的变化，形成认知冲突，激发学习兴趣。	利用生活中的台灯创设情境，激发学生兴趣，回顾上节课所学的额定电压和额定功率的知识，观察灯泡亮度的变化，提出灯泡亮度与什么有关？顺便引出本节课题。
复习知识 实验铺垫	1. 提问：根据电功率的公式$P=UI$，让学生指出要测量的物理量及其实验的方法（伏安法）。 2. 复习"用伏安法测电阻"实验并进行对比。引导学生分析对比两个实验，并依据"用伏安法测电阻"实验来设计"测量小灯泡电功率"的实验电路。 3. 设计实验电路图。 教师适时指导规范电路图的画法。	学生思考回答，如果学生答出其他公式，进行正确引导。 对比"用伏安法测电阻"实验。小组讨论，设计实验电路图。 学生预设回答： 	通过复习上一章"用伏安法测电阻"的实验，带着"求同存异"的思路，设计实验电路图，既复习了前面的知识，又能使学生很快设计出电路图。

教学程序	教师活动	学生活动	设计意图及教学评价
实验设计	1. 展示电路图，讨论各实验元件所起的作用。 通过展示学生设计的电路图，让学生说出为何这样设计。分析各电路元件所起的作用，加深对电路图的认识。 让设计电路有困难的小组也明确设计电路的思路： 电流表应与小灯泡串联；电压表应并联在小灯泡的两端；滑动变阻器串联在电路中，可以保护电路，还可以改变电路中的电阻从而调节小灯泡两端的电压。 观察实验用小灯泡（额定电压为2.5 V）。	学生展示，说出各电路元件的作用，加深对电路图的认识。 根据展示指正情况，自我更正电路图。 观察铭牌。	明确电路设计，了解各电路元件的作用和连接方式，为设计实验和进行实验做好铺垫。
	2. 教师提出实验要求： （1）使小灯泡两端的电压等于额定电压（2.5 V），并观察小灯泡亮度。 （2）使小灯泡两端的电压低于额定电压（2.5 V），并观察小灯泡亮度。 （3）使小灯泡两端的电压高于额定电压（2.5 V），并观察小灯泡亮度。	认真阅读实验要求，准备设计实验步骤和表格。	根据教材对实验的测量要求，对教材的要求略作修改，低于额定电压时不给学生固定数值；高于额定电压时，强调不超过1.2倍（3 V），让学生自主选择电压值进行测量。
	3. 小组讨论实验步骤，设计实验表格。 根据实验要求讨论实验步骤，引导学生分析应如何设计表格。 提示：实验要测量几个物理量？要计算几个物理量？要观察几个物理量？实验要量测几次？分别是哪几次？ 展示学生设计的表格，让学生指正，并让学生简单叙述实验步骤。	学生根据实验要求和提示，小组讨论，设计记录实验数据的表格。 小组展示、补充。	让学生自己讨论出实验步骤，更加有助于对实验的理解。设计表格的过程其实就是熟悉实验所需测量步骤的过程。

教学程序	教师活动	学生活动	设计意图及教学评价
实验设计	多媒体展示规范表格，学生更正。 	实验次数	电压 U/V	电流 I/A	电功率 P/W	灯泡亮度
---	---	---	---	---
1				
2				
3						根据展示指正情况，自我更正表格设计。	
	4.学生总结实验的注意事项。 引导学生分别说出电压表、电流表、滑动变阻器使用时的注意事项。 强调电路连接前应注意断开开关。	学生思考回答。	强调注意事项，减少实验过程中的操作错误。
进行实验	1.电路连接。 多媒体展示实物连接图。 2.进行测量，并记录数据。 学生以小组为单位进行实验，教师巡视指导实验有困难的小组。 （1）解决学生在实验过程中遇到的疑难问题。 （2）指导学生掌握正确的操作方法和实验技能。 （3）随时掌握实验的进展，记录下实验做得好的小组，以及实验过程中出现的典型问题。 （4）对实验完成较快的两个小组，奖励一个小实验：测量发光二极管的电功率（师单独提要求）。	小组分工，连接电路，进行实验，记录数据。	让操作较快的小组，完成与小灯泡发光亮度相当的发光二极管的电功率测量，为下一步教学做好准备。
分析论证	通过投影仪把几个小组的实验数据展示出来，并让小组代表进行分析讨论，引导总结出： （1）当$U_实=U_额$时，则$P_实=P_额$，小灯泡正常发光； （2）当$U_实<U_额$时，则$P_实<P_额$，小灯泡发光较暗；	小组交流，分析论证。	培养学生的合作能力和科学严谨的态度，培养学生分析实验数据的能力和反思精神，相互吸取经验。

（续表）

教学程序	教师活动	学生活动	设计意图及教学评价
分析论证	（3）当$U_实 > U_额$时，则$P_实 > P_额$，小灯泡发光较亮。 总结：不同电压下小灯泡的电功率不同，实际电压越大，小灯泡实际功率越大，灯泡越亮。	小组展示，总结归纳。	
知识延伸	展示部分小组测量的发光二极管电功率，在发光亮度相当的前提下，比较发光二极管和小灯泡的电功率，看看有什么发现？ 多媒体展示生活中的照明。 	部分小组展示，其他小组认真倾听、分析。 观看视频：中国发布逐步淘汰白炽灯路线图。LED灯成为21世纪的绿色照明，感受科技改变生活，培养节能意识。 了解爱迪生的发明事迹，学习他坚持不懈的精神。	让学生学习到发光二极管（LED灯）的优点，体会到科技进步给生活带来的变化。
交流评估	1. 实验中遇到了哪些困难？你是怎么解决的？ 2. 你有什么收获？ 3. 你还有什么疑惑？	学生以小组为单位总结本节实验课中的问题与收获，并进行自我评估。	本节课主要以实验为主，所以本节的课堂小结让学生以小组为单位对实验过程进行评估总结，让学生对自己的合作、努力进行肯定，对不足进行反思，将疑惑提出来，共同解决。

（续表）

教学程序	教师活动	学生活动	设计意图及教学评价
课外拓展	1. 思考：如何测量家庭电路中用电器的电功率呢？ 2. 查阅资料：LED灯有什么优点？自己家中有几盏LED灯？	课外查询，丰富知识。	从物理走向生活，突出物理学科实践性。

板书设计

测量小灯泡的电功率

1. 实验原理：$P=UI$。

2. 实验电路图：

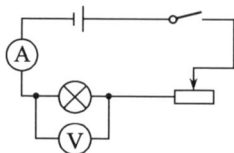

3. 结论：实际电压越大，小灯泡实际功率越大，灯泡越亮。

点评

从核心素养四个维度进行教学目标设计，通过实验设计和进行实验，培养科学严谨的态度和合作能力。通过测量发光二极管（LED灯）的功率，培养学生的节能意识，同时体会科技进步给我们生活带来的变化，从而多方面提升学生的综合能力。重视多媒体辅助教学设计，积极打造高效课堂。建议进一步加强教学评价设计，针对不同程度的学生进行分层作业设计，使更多的学生在课堂上拥有获得感与成就感。

——李艳

[正高级教师，山东省特级教师，全国优秀教师，齐鲁名师，山东省教学能手，教育部新时代名师名校长培养人选（2022—2025）]

49

焦耳定律 *

| 课型 | 新授课 | 教材版本 | 人教版 |

课标要求

《义务教育物理课程标准（2022年版）》P24：

3.4.6 通过实验，了解焦耳定律。能用焦耳定律说明生产生活中的有关现象。

要求学生通过实验探究了解焦耳定律，并能用焦耳定律解释生活现象。例如，通过观察焦耳定律实验器中的U形管的液面高度差，通过转换法间接地定性地认识电阻产热多少与电流和电阻的关系，知道电热与三个物理量的关系。

教材分析

本节是《义务教育教科书（六·三学制）物理九年级全一册》（人教版）第十八章第4节《焦耳定律》。

本节是在前面学习了"电能"和"电功"的基础上，研究电能转化成内能的定量关系，探究并了解焦耳定律，了解电热的应用与控制。教材的编写思路是以电流热效应的概念引入，以"探究—规律—应用"为主线，以探究电热与什么因素有关为核心探究内容，让学生较为系统地认识焦耳定律。本节的主要内容有探究通电导体放出的热量与哪些因素有关、焦耳定律及其公式、电流热效应的应用与控制。

---

* 执教教师为苟智超（诸城市实验初级中学教师）。

学情分析

九年级学生对生活中电流热效应的应用并不陌生，在实验中对使用控制变量法和转换法设计实验也较为熟悉，所以探究电热与什么因素有关的实验可以放手让学生设计，从而体验成功的快乐。学生的数学逻辑分析能力有了一定的基础，以演示实验定量分析电热与电阻成正比，与电流的平方成正比也并不困难。设计问题接近学生的最近发展区，从定性研究深入到定量研究，突破焦耳定律的难点。

教学目标

1.通过分析生活实例，从能量转化的角度认识电流的热效应。

2.经历实验设计探究过程，会用控制变量法与转换法设计分析实验，能准确表述实验结论。

3.归纳总结实验结论，能得出焦耳定律，并能利用焦耳定律进行计算。

4.观察生活中现象，能分别列举不少于3个电热的危害和防止的生活实例。

教学重点

通过设计与进行实验探究电热与什么因素有关。

教学难点

通过实验定量分析电热和电阻、电流的关系。

教学流程

教学流程表

教学程序	教师活动	学生活动	设计意图及教学评价
新课引入	提问：火是野外生存不可或缺的资源，如果没有带打火机或火柴，只有电池和口香糖的包装纸，怎样点火呢？ 演示实验：一节干电池烧着口香糖铝箔纸。 	思考野外如何点火，观察教师演示实验：一节干电池烧着口香糖铝箔纸。	开阔学生眼界，激发学习兴趣。
新课学习 模块一： 生活中电流的热效应	1.提问：电能转化为什么能？为什么这样判断？ 2.给出"电流的热效应"的概念，并说明电流通过导体放出的热量简称为"电热"，用Q表示；焦耳定律就是专门研究电热多少的物理理论。 3.展示家用电器的相关图片。	学生思考后回答：铝箔纸被点燃，电能转化为内能。 学生分析各用电器中的能量转化，找出利用电流热效应工作的用电器。	能量观念、转换法思维的初步渗透。 观察学生能否从能量转化的角度分析用电器的能量转化情况。
模块二：探究电阻产热的影响因素	启发猜想	提问： 1.是什么导致了电炉丝和导线的产热不同？ 2.还有哪些因素可能够影响电炉丝产热的多少？ 首先请同学们根据刚才的实验观察结合已有的生活经验进行猜想。猜想归类： 一类是跟电阻大小有关； 一类是跟电流大小有关； 一类是跟通电时间有关。	阅读课本，思考并回答问题。 积极思考，大胆猜想，交流展示。 尝试将同学们的猜想进行归类、交流。	培养学生敢于猜想、理性分析、归类探究的意识与能力。 从归类的科学性、可操作性进行评价，引导改进。

（续表）

教学程序		教师活动	学生活动	设计意图及教学评价
模块二：探究电阻产热的影响因素	动手探究	进行演示实验一：探究电热与电阻大小的关系。 提问： 1. 为什么U形管会出现高度差？U形管高度差反映了什么？ 2. 实验装置中左、右两侧的U形管高度差不同，说明了什么？这又是什么原因造成的？ 3. 通过这个实验，你能得出怎样的实验结论？ 进行演示实验二：探究电热与电流大小的关系。 提问： 1. 通过这个实验，你能得出怎样的实验结论？ 2. 是否还需要单独设计实验进行时间对电热影响的探究？为什么？	观察教师演示实验，思考并回答问题。	培养学生获取与处理信息，得出结论，进行交流、评估、反思的能力。 侧重于科学探究过程中操作的规范性、结论的严谨性、交流的条理性、评估反思的科学性进行评价。
	归纳总结	组织交流、引导归纳： 请同学们交流一下实验结果及发现，归纳实验结论以及对实验的改进意见。	小组讨论交流。通过对引导问题的思考，总结出电阻、电流、通电时间三个因素对电热的影响。	评价任务：观察学生能否猜想影响电热的因素，设计并进行实验，分析实验实验现象，归纳出实验结论。
模块三：焦耳定律的应用		分享焦耳探索规律的艰辛故事，学习焦耳定律的内容和表达式。 焦耳定律：电流通过导体产生的热量跟电流的平方成正比，跟导体的电阻成正比，跟通电时间成正比，这个规律叫焦耳定律。	学生自学课本，思考并回答问题。用自己的语言表述出焦耳定律的内容。	

（续表）

教学程序	教师活动	学生活动	设计意图及教学评价
模块三：焦耳定律的应用	公式：$Q=I^2Rt$ 提问： 1. 焦耳定律的内容是什么？ 2. 焦耳定律有哪些变形式？ 3. 电热（Q）与电功（W）有什么关系？ 跟踪练习： 1. 李雪用实验室中阻值为5 Ω的电阻进行实验，通过电阻的电流是5 A时，5 min内产生的热量是多少？ 2. 一只额定功率为500 W的电饭锅，消耗1度电所产生的热量是多少？	完成跟踪练习，思考电热的计算方法。	评价任务：能表述出焦耳定律，能利用焦耳定律进行计算。
联系生活	1. 为什么口香糖锡箔纸细须状的位置先着火？ 2. 为什么电暖气的发热管热得发红，而与它相连的导线却几乎不发烫？ 3. 在生活中电热的应用和优点有很多，但是如果不加控制，容易引起火灾。 观看图片、新闻和视频，小组讨论思考，怎样减少电热的危害？	学生思考并回答电热的利用与危害防治的实例。	培养学生关注科学技术、自然环境、人类生活和社会发展的意识。
课堂小结	请同学们总结一下：通过本节课的学习，你都有什么收获？ （知识和能力两个方面）	从知识和能力两个方面的收获进行小结、交流。	培养学生的梳理反思能力。 从交流的条理性、知识的严谨性进行评价。

教学程序	教师活动	学生活动	设计意图及教学评价
课堂达标	A层： 1. 李明同学用如图所示的实验装置探究电热的影响因素，由图可知，李明探究的是_____对电热的影响。实验中，电阻产生热量的多少是通过_____来比较的，这种物理方法叫_____。实验能得到的结论是_____。 2. 一根电阻丝的电阻是5 Ω，当给它两端施加2 V的电压时，1 min产生多少电热？ 3. 张晓老家里的白炽灯使用过程中熄灭了，拆下后经过观察发现是因为灯丝烧断了，于是张晓同学动手将断掉的灯丝系在了一起，然后重新安装，灯亮了一下后又烧断了，你能解释其中的原因吗？ B层： 1. 一个标有"40 W，220 V"字样的白炽灯泡在正常工作1min后产生的热量是多少？你能有几种解法？比较一下如何解题最简单。 2. 孙丽同学在学习了焦耳定律后将如图所示的实验装置接在了15 V的电源两端。 	学生独立思考完成。 A层必做，B层学生选做。	检验学习效果。 达标题针对本节课教学重难点，重点突破探究电热影响因素实验和焦耳定律的应用计算。A层对应基础题目，B层考查学生整合能力及思维深度。

（续表）

教学程序	教师活动	学生活动	设计意图及教学评价
课堂达标	（1）据图推测，她是在探究_____对电热的影响。实验能看到的现象是_____，能得到的结论是_____。 （2）孙丽同学在实验结束时，没有看到预想到的实验现象，可能的原因是_____。 （3）故障排除后，通电1 min，通过左侧电阻的电流I_1=___A，产生的电热为Q_1；通过右侧密闭容器内电阻的电流I_2=___A，产生的电热为Q_2。Q_1与Q_2有怎样的大小关系？ （4）拆掉右侧密闭容器外侧的电阻，通电1 min，通过左侧电阻的电流为I_1'，产生的电热为Q_1'；通过右侧密闭容器内电阻的电流为I_2'，产生的电热为Q_2'。I_1'___I_2'，Q_2'___$4Q_1'$。（均选填"<""＞"或"="）		
作业布置	基础巩固：教材"动手动脑学物理"。	独立思考完成。	巩固知识，加深理解。

板书设计

18.4　焦耳定律

一、电流热效应：电能→内能

二、电热Q
$\begin{cases} 电阻R \\ 电流I \\ 通电时间t \end{cases}$

三、焦耳定律：$Q=I^2Rt$

点评

本节从电流热效应的概念引入，以"探究—规律—应用"为主线，以探究电热与什么因素有关为核心进行教学设计。教学设计完整，实验设计层次清晰，重视物理研究方法的设计。教学目标明确、具体、可操作。重视教学评价设计，较好地体现"教—学—评"一致性。同时关注到了学生科学态度的养成与科学意识的提升，强化对学科的兴趣，内化于心，外化于行，提升综合能力。建议充分利用多媒体辅助教学，将现代教育技术与教学深度融合，积极构建高效课堂。

——李艳

［正高级教师，山东省特级教师，全国优秀教师，齐鲁名师，山东省教学能手，教育部新时代名师名校长培养人选（2022—2025）］

50

家庭电路 *

| 课型 | 新授课 | 教材版本 | 人教版 |

课标要求

《义务教育物理课程标准（2022年版）》P24：

3.4.7 了解家庭电路的组成。有安全用电和节约用电的意识。

例3 了解我国家庭用电的电压和频率，在家庭用电中有保护自己和他人的安全意识。

要求学生通过调查研究和交流讨论了解我国家庭电路的组成以及火线、零线、地线、两孔插座、三孔插座的接法，掌握试电笔的构造及使用方法，知道漏电保护器的作用，形成安全用电的意识。

教材分析

本节是《义务教育教科书（六·三学制）物理九年级全一册》（人教版）第十九章第1节《家庭电路》。

本节是前几章电学知识的延续和提升应用，也是本章学习的核心和基础。本节内容由"家庭电路的组成""火线和零线""三线插头和漏电保护器"三部分构成。通过学习本节教材的知识，学生能了解家庭电路的用电常识，规范日常用电行为，为以后的安全用电打下基础。提高学生结合生活实

---

* 执教教师为苏峰（青岛中学教师，青岛中学科学学科主任。中国科学院大学粒子物理与原子核物理专业博士，曾在美国布鲁克海文国家实验室、欧洲核子研究中心、香港科技大学访学。2017年8月加入青岛中学，与科学组团队一起开发并实施科学教育，学科获评"青岛市基础教育学科基地""2022年青岛市市级教育教学成果二等奖"）。

际、利用所学知识解决实际问题的能力。

学情分析

学生的学习动力和热情大多来自他们的兴趣，联系学生身边的实际，通过调查研究、观察实践、交流讨论等活动，激发学生的思维和探究欲望，使学生对生活中物理现象的认识与所掌握的物理知识结合起来，加强学生的直接经验和亲身体验，以及运用所学知识解决实际问题的能力和核心素养，体现了"从生活走向物理，从物理走向社会"的新课程教学理念。

教学目标

1. 物理观念：

（1）知道家庭电路的主要组成部分，了解火线、零线、地线。

（2）知道灯泡、开关、两孔插座、三孔插座的接线，知道试电笔的构造及使用。

（3）知道三线插头和漏电保护器的作用。

2. 科学思维：通过本节的学习，锻炼分析与综合、交流与表达、归纳与总结等能力及思维。

3. 科学探究：通过调查研究、观察实践，掌握家庭电路的特点、试电笔的结构和使用方法。

4. 科学态度与责任：通过本节的学习，逐渐形成在家庭用电中保护自己和他人安全的意识，能够健康安全地生活。

教学重点

理解、掌握家庭电路的组成及连接。

教学难点

家庭电路的组成及连接；灯泡、开关、两孔插座、三孔插座的接线方法。

教学流程

教学流程表

教学程序	教师活动	学生活动	设计意图及教学评价
引入课堂	展示PPT图片:《夜幕降临》《华灯初上》。引导大家思考生活当中用电的场景和意义。 夜幕降临　　　华灯初上 抛出问题,引导学生思考: 1. 电能来源于哪里? 2. 如何实现家庭中对电能的使用? 3. 假设你获得了一套新房子,如何设计和布局电路? 	思考、讨论、交流,回答老师抛出的问题。	创设情境,激发学生兴趣。
展示学习目标,交流预习情况	1. 物理观念: (1)知道家庭电路的主要组成部分,了解火线、零线、地线。 (2)知道灯泡、开关、两孔插座、三孔插座的接线,知道试电笔的构造及使用。 (3)知道三线插头和漏电保护器的作用。 2. 科学思维: 通过观察,了解家庭电路的组成、三线插头和漏电保护器对人身的保护作用。 3. 科学探究: 了解辨别火线和零线的工具及使用方法。 4. 科学态度与责任: 在家庭用电中有保护自己和他人安全的意识。	阅读学习目标。各组交流预习情况,不能解决的问题师生讨论后完成。	了解学情,掌握学生自主预习情况,明确本节课的学习目标。

（续表）

教学程序	教师活动	学生活动	设计意图及教学评价
引导探究 学习展示	1. 家庭电路的组成 类比基本电路的组成，分析总结出家庭电路的基本组成，并借助于家庭电路演示版，分别了解各个组成部分的名称、功能等。 **电路的基本组成** **家庭电路的组成** 家庭电路由进户线、电能表、总开关、保险装置、用电器、导线等组成。 1.进户线：为用户提供电能来源，由户外低压电力网提供，电压为220V。 作用：将电能输送至家中。 从户外的低压电网引进室内的进户线有两根，一根是零线N，另一根是火线L，零线与大地间没有电压，火线与零线的电压是220V。 2.电能表 作用：计量家中的用电量。 安装：安装在干路上，在总开关之前。 2. 零线和火线 （1）火线和零线的特点 火线和零线 从户外的低压电网引进室内的进户线有两根，一根是零线（N），另一根是火线（L），零线与大地间没有电压，火线与零线的电压是220 V。 220 V 火线/零线 220 V 0 V 大地 辨别火线零线：用试电笔 （2）试电笔的结构和使用 试电笔 （1）作用：辨别火线和零线。 （2）构造： 弹簧 氖管 电阻 笔尾金属体 笔尖金属体 侧笔电笔 螺丝刀电笔	根据老师提出的问题，思考、讨论、交流、学习掌握家庭电路的基本组成，了解各个组成部分的名称、功能等。	在交流、讨论、探究中，掌握家庭电路的组成、零线火线的特点、接线方式、漏电保护器的特点等内容，完成学习任务，达成学习目标。

（续表）

教学程序	教师活动	学生活动	设计意图及教学评价
引导探究学习展示	正确√　错误×　错误×　触电危险 手必须接触笔尾金属体，笔尖接触被测的导线。 电阻约100万欧也就是 $1×10^6\Omega$　人体电阻约2000 Ω　人体安全电流约10 mA $I = \dfrac{U}{R_0} = \dfrac{220\ V}{1×10^6\Omega+2×10^3\Omega} = 2.2×10^{-4}A = 0.22\ mA$ 安全 $I = \dfrac{U}{R_人} = \dfrac{220\ V}{2×10^3\Omega} = 0.11\ A = 110\ mA$　危险 （3）保险装置的原理 议一议 保险装置是串联接入家庭电路，还是并联接入？ 电流过大 熔丝 ➡ 熔断 ➡ 切断电路 应串联接入家庭电路 想一想 保险盒是否可以串联安装在零线上？ 火线　零线 不能，因为保险丝熔断后，用电器的然接在火线上。 火线、零线各安一个保险盒，会更保险吗？ 火线　零线 不会，如果零线保险丝先断开，则用电器仍然危险。 3.用电器与火线、零线的连接 用电器与零线、火线的连接 （1）各用电器（插座）并联在电路中。 （2）控制用电器的开关要连接在火线和用电器之间。 电灯与开关 思考一下 两种灯泡的接入方式，哪一种是正确的呢？ 火线　零线 ×　√	根据老师提出的问题，思考、讨论、交流： （1）了解零线和火线的特点； （2）如何检测哪一根是零线，哪一根是火线？ （3）了解并掌握试电笔的工作原理和使用方法； （4）了解保险装置的原理。	

（续表）

教学程序	教师活动	学生活动	设计意图及教学评价
引导探究学习展示	插座的连接 4.漏电保护器 漏电保护器 可以对人身触电、导线漏电、插座接错线、用电器短路等故障起保护作用。 管式熔断器　家用小型塑壳断路器 当人体不小心接触火线，有电流经过人体流向大地时，漏电保护器自动切断总电路。 思考一下空气开关和漏电保护器在电路中分别起什么作用? 这样安装有什么好处? 空气开关的作用: 当电路中的电流超过规定大小时，空气开关会自动断开，切断电路，从而保护电路。 漏电保护器的作用: 如果人站在地上不小心接触了火线，电流经过人体流入大地，这时，"漏电保护器"会迅速切断电路，对人身起到保护作用。	根据老师提出的问题，思考、讨论、交流: 掌握开关、两孔插座、三孔插座接入电路的方法。 根据老师提出的问题，思考、讨论、交流: 了解漏电保护器、空气开关的原理及重要作用。	

（续表）

教学程序	教师活动	学生活动	设计意图及教学评价
小结提升	家庭电路：{ 家庭电路的组成：进户线、电能表、总开关、保险装置、用电器、导线等 家庭电路的安装：{ 插座和各用电器并联 开关接在火线上 } 试电笔：作用、结构、使用方法 三孔插座：左零右火上接地 漏电保护器 }		总结本节课主要内容。
随堂练习	1. 关于家庭电路，下列说法不正确的是（　　） A. 电能表用来显示用户所用的电能，应安装在干路上 B. 保险丝安装在总开关后，当电路中有大电流通过时会熔断 C. 开关与用电器并联 D. 三孔插座上孔接地线 2. 小强同学在学习安装照明电路时，由于操作不规范，导致开关中两个接线柱接到了一起，这样产生的后果是（　　） A. 灯不能正常发光　　　B. 保险丝迅速熔断 C. 开关依然起作用　　　D. 灯总是亮着 3. 李刚家的灯不亮了，它使用试电笔检查时发现试电笔的氖管能发光，保险丝和灯泡都完好，分析此故障的发生原因可能是（　　） A. 停电了　　　　　　　B. 进户的火线断了 C. 火线与零线相碰了　　D. 零线断了		巩固学习内容。
布置作业	1. 任务单； 2. 练习册。		学习巩固。
板书设计	第1节　家庭电路 1. 家庭电路的组成 进户线：火线和零线，电压为220 V； 电能表：测量用户消耗的电能； 总开关：控制整个家庭电路的通断； 熔断器：电流过大时，自动熔断，起保护作用； 插座：并联在电路中； 用电器：各用电器并联，各有一开关控制，开关应接在火线与用电器之间。		

（续表）

教学程序	教师活动	学生活动	设计意图及教学评价
板书设计	2.三孔插座的接法：左零右火上接地。 3.试电笔：手必须接触笔尾金属电极。氖管发光，则笔尖接触的是火线；氖管不发光，则笔尖接触的是零线。 4.漏电保护器：当有电流经过人体流入大地时，漏电保护器会迅速切断电路，对人身起保护作用。		

点评

本课从核心素养四个维度来设计教学目标，教学设计环节完整，重视实验设计。通过学生的间接经验和亲身体验，感受物理就在我们身边，体现了"从生活走向物理，从物理走向社会"的新课程教学理念，加强对学生安全教育设计。建议：教学过程设计缺少创新，建议充分利用多媒体辅助教学，积极构建高效课堂，精简板书。

——李艳

［正高级教师，山东省特级教师，全国优秀教师，齐鲁名师，山东省教学能手，教育部新时代名师名校长培养人选（2022—2025）］

51

磁现象 *

| 课型 | 新授课 | 教材版本 | 鲁科版 |

课标要求

《义务教育物理课程标准（2022年版）》P18：

2.4.2　通过实验，认识磁场。知道地磁场。

例3　查阅资料，了解我国古代指南针的发明对人类社会发展的贡献。

学业要求

充分利用科学史料，培养学生的科学态度与社会责任感。建议将我国的相关科技成就引入课堂，如通过分析和讨论孔明灯、司南等与中华优秀传统文化有关的素材，培养学生的爱国情怀，提升学生的民族自豪感和实现中华民族伟大复兴的使命感。

知道物理学是对相关自然现象的描述与解释，物理学研究需要观察、实验和推理，体会物理学对人类生活和社会发展的影响；利用小磁针探究磁体，具有对电和磁知识的学习兴趣和严谨认真、实事求是的科学态度；关心我国古代和现代科技成就，为中华民族的科技成就感到自豪，逐步养成实现中华民族伟大复兴的责任感与使命感。

＊执教教师为崔永珍（济南市莱芜区莲河学校教师，曾获莱芜市德育优质课一等奖、莱芜市师德教育先进工作者，济南市莱芜区教学工作先进个人，济南市莱芜区班主任工作先进个人等）。

渗透科学研究方法，培养学生的科学思维。例如，通过实验引导学生认识磁感线等物理模型，体会物理模型的重要作用。引导学生通过实验寻找证据，归纳总结出一般性的规律，鼓励学生勇于质疑，敢于表达自己的观点。

教材分析

本节是《义务教育教科书（五·四学制）物理九年级下册》（鲁科版）第十六章第一节《磁现象》。

本节分为两部分内容：一部分是磁现象。磁现象是学生认识磁及理解电和磁关系的起始概念，是重要的物理概念之一。另一部分是磁场。磁场也是一个抽象的物理概念，看不见、摸不到，它也是重要的物理概念之一，对磁场这个抽象概念的理解，直接影响后面电和磁关系的学习。本节内容是学习电和磁现象的开端，需要在本节重点理解基本概念。

学情分析

学生已具备一定的动手实验能力和运用所学知识解决简单实际问题的能力，已基本能够运用观察、分析、归纳、比较等科学方法来探求新知识。日常生活中学生对磁现象已经有了丰富的感性认识，但对于抽象的磁场概念学生很难理解，需要用对比、转化的方法把看不见的概念转化成可以感知的现象，让学生理解看不见、摸不到的磁场。

教学目标

1. 物理观念：了解生活中常见磁现象，知道磁体周围存在磁场，知道磁场的基本特性，知道磁感线可以用来形象地描述磁场，培养学生的总结、归纳能力。

2. 科学思维：通过亲历"磁场"概念的建立过程，进一步明确"类比法""转换法""理想模型法"等科学思维方法，培养学生的科学思维素养。

3. 科学探究：利用磁体探究磁场的存在和方向，以及磁极间的相互作用规律，培养学生的科学探究素养。

4. 科学态度与责任：通过小组研讨，培养学生合作精神，树立学生学好物理的信心；通过知识的学习，培养学生热爱科学的情感，树立起事物之间存在普遍联系的观点。通过学习中国古代对磁的应用，提升爱国素养。

教学重点

理解磁场的概念。

教学难点

理解磁场和磁感线的概念。

教学流程

教学流程表

教学程序	教师活动	学生活动	设计意图
引入新课	传说秦始皇统一六国后，为了自己逍遥作乐，建造了一座富丽堂皇的阿房宫，由于秦始皇曾经有几次遇刺，虽都侥幸脱险，但仍使他整日提心吊胆，生怕再遇刺，因此在建造阿房宫时，他命令工匠在大门上安装"机关"，使得身披铁甲、怀揣利刃的刺客休想进入。你知道聪明的工匠们是怎样解决这一难题的吗？	学生思考回答：使用磁体。	通过一个故事引发学生的思考，激发学生的学习兴趣，从故事中继续学习物理知识。
探究新知	一、磁现象 探究活动1：磁体能够吸引什么物质呢？ 1. 磁性：物体能够吸引铁、钴、镍等物质的性质。 2. 磁体：具有磁性的物体。	探究操作：学生动手利用磁体去吸引准备好的硬币、铜柱、铝柱、学习用品等。 观察现象：磁体能吸引硬币、课桌金属部分等。	让学生通过探究活动，感知磁体的磁性，通过观察现象，自己归纳总结得出磁体的概念。

（续表）

教学程序	教师活动	学生活动	设计意图
探究新知	探究活动2：请利用所给的器材探究磁体上各个部分磁性的强弱？根据什么现象来判断磁性的强弱？ 3. 磁极 （1）磁体上磁性最强的部位，在磁体的两端。 （2）规定：能够自由转动的磁体静止时，指南的磁极叫南极（S极）；指北的磁极叫北极（N极）。 探究活动3：将两个条形磁体以不同方式靠近，观察两个条形磁体的运动情况。 4. 磁极间相互作用规律 同名磁极相互排斥；异名磁极相互吸引。 观看视频：磁环悬浮；磁悬浮模型。 5. 磁化 （1）磁化：使原来没有磁性的物体获得磁性的过程。 （2）磁化的方法 	操作：学生在磁体周围撒上铁粉。观察出现的现象，并进行总结。 交流思考：阅读教材，归纳总结磁极的概念。 操作：将两个条形磁体固定在两个小车上，分别同名和异名磁极相互靠近，观察现象，总结规律。 操作：对比将没有磁性的金属片和磁体摩擦前后靠近铁粉后出现的现象。交流思考。	学生通过观察和探究，培养观察和思考的能力。

（续表）

教学程序	教师活动	学生活动	设计意图
探究新知	（3）磁化的利与弊 磁现象的利用： 司南　　　　指南针 磁盘 磁现象的弊端： 机械手表磁化后　彩色电视机显像管 走时不准　　　　磁化后色彩失真 二、磁场 探究活动1： 讲桌上有一个小磁针，想让小磁针转动，有什么方法？小磁针为什么会转动？磁体之间没有接触，是怎样发生相互作用的？ 树叶摆而知风　　灯发光而知电流		"磁场"看不见、摸不到，十分抽象，难于理解。初中学生又是首次接触"场"这个概念，学习的难度较大。本节课的教学设计宗旨是要充分运用学生在生活中积累的实践经验，采用"类比"的方法，促使学生把生活实际中认识"风"的方法、手段"迁移"到物理课堂上，使学生认识磁场的存在，找到探究磁场的途径，最大限度地参与到探究过程中来。

（续表）

教学程序	教师活动	学生活动	设计意图
探究新知	问题：条形磁体周围的小磁针会发生偏转说明什么？ 1. 磁场：磁体周围存在的一种特殊物质，可以对放入其中的磁体有磁力的作用。 2. 磁体间的相互作用是通过磁场发生的。 探究活动2：观察磁场中不同位置的小磁针指向。指向不同，说明磁场中不同位置的磁场方向不同。 3. 规定：磁场中某点小磁针静止时N极指向为该点磁场方向。 	磁体周围存在一种特殊的物质，这种物质对小磁针施加了力的作用。 操作：将若干个小磁针摆到磁体周围，观察小磁针的偏转情况。 小组活动：交流出现这些现象的原因。	

（续表）

教学程序	教师活动	学生活动	设计意图
探究新知	探究活动3：用小磁针探究磁体周围的磁场。 4.磁感线 （1）沿磁场中小磁针N极所指的方向画出一条条带箭头的曲线，这样的曲线叫磁感线。 （2）几种磁体周围磁感线的形状 条形磁体 U形磁体 三、地磁场 问题1：周围没有磁体时，小磁针北极为什么总指北呢？指南针为什么永远指南呢？ 总结：（1）地球周围存在磁场，即地球是个大磁体。 （2）地磁场的形状与条形磁体的磁场相似。 问题2：为什么小磁针北极指向北呢？ 总结：（1）地磁南极在地理北极附近；地磁北极在地理南极附近。 （2）地磁场存在地磁偏角。	动手画出磁体周围磁场的样子。 小组活动：交流出现这些现象的原因，分析并找出磁体总是指南指北的原因。	让学生细心观察、大胆想象，通过观察思考，自己总结结论，培养学生的分析能力。

（续表）

教学程序	教师活动	学生活动	设计意图
课堂小结	一、基本知识 1.磁现象：磁体、磁极、磁极间相互作用、磁化。 2.磁场 3.地磁场 二、基本技能 会用小磁针判断磁场的方向。 三、基本方法：观察法、对比法、转换法。	思考回答交流。	
课后活动	建议： （1）利用磁体和缝衣针制作指南针，验证同名磁极相互排斥、异名磁极相互吸引。 （2）查阅资料，了解我国磁悬浮列车的发展状况，讨论电磁技术在其中的应用。	操作：使缝衣针与磁体摩擦，放到自制的泡沫支架上，转动并等其静置，观察现象。 上网查阅相关资料，了解我国相关科技成就与发展。	通过学生自制指南针让学生巩固本节所学习的磁化、磁极、磁场以及地磁场的相关知识，并通过成功制作指南针共鸣于我国发明指南针的伟大。通过查阅资料进一步了解我国科技成就的快速发展，进一步激发科学探究意识和培养爱国情怀。

板书设计

磁现象

一、磁现象

1.磁性：物体能够吸引铁、钴、镍等物质的性质。

2.磁体：具有磁性的物体。

3. 磁极：磁体上磁性最强的部位，在磁体两端。规定：能够自由转动的磁体静止时，指南的磁极叫S极；指北的磁极叫N极。

4. 磁极间的相互作用规律：同名磁极相互排斥，异名磁极相互吸引。

5. 磁化：使原来没有磁性的物体获得磁性的过程。

二、磁场

1. 磁体周围存在的一种特殊物质，可以对放入其中的磁体有磁力的作用。

2. 磁体间的相互作用是通过磁场发生的。

3. 磁感线：沿磁场中小磁针N极所指的方向画出一条条带箭头的曲线，这样的曲线叫磁感线。

4. 几种磁体周围磁感线的形状。

三、地磁场

1. 地球周围存在磁场，即地球是个大磁体。

2. 地磁场的形状与条形磁体的磁场相似。

3. 地磁南极在地理北极附近，地磁北极在地理南极附近。

◦ **点评**

本课从核心素养四个维度来设计教学目标，运用"类比"的方法，加强对"磁场"的认识。通过学生观察与亲身体验，积极构建磁感线物理模型，加强对我国科技成就设计，增强民族自豪感，逐步养成实现中华民族伟大复兴的责任感与使命感。建议加深对磁化的处理，精简板书。

——李艳

［正高级教师，山东省特级教师，全国优秀教师，齐鲁名师，山东省教学能手，教育部新时代名师名校长培养人选（2022—2025）］

52

磁现象　磁场 *

课型	新授课	教材版本	人教版

课标要求

《义务教育物理课程标准（2022年版）》P18：

2.4.2　通过实验，认识磁场。知道地磁场。

例3　查阅资料，了解我国古代指南针的发明对人类社会发展的贡献。

教材分析

本节是《义务教育教科书（六·三学制）物理九年级全一册》（人教版）第二十章第1节《磁现象　磁场》。

本节内容是整章知识的基础，是学生建立模型，理解"场"的概念的重要一课，因此本节课要充分调动学生学习的积极性，借助演示实验和学生探究实验增强学生学习的效果和扩充教学容量。通过参与科学的自主、合作、探究活动，观察分析磁性、磁极、磁极间的相互作用规律，从而感知磁场的存在，为后面的教学打下基础。

学情分析

在日常生活中，学生已经接触到了磁体，并且对磁极间相互作用的规律

---

* 本课被评为2020年度青岛市"一师一优课、一课一名师"活动"优课"。执教教师为赵洁（青岛西海岸新区育才初级中学教师）。

有所了解，但是对于本版块知识的掌握缺乏系统化，掌握的深度也还不够。因此，做好学生实验及演示实验，通过实验概括出来物理概念或规律，是本节的主要特点。

　　九年级的学生已经具备了一定的逻辑思维能力和动手操作能力，但是缺乏计划性和有目的的观察探究，概括能力欠缺。对于"磁场"这种看不见、摸不着的东西，学习难度较大。因此教学中多从感性认识出发，透过现象思考本质，引导学生上升到理性认识，同时从生活出发，让学生自己去探索发现，从而更有利于知识的巩固。

教学目标

　　1. 知道磁性、磁体、磁极、磁极间的相互作用规律；认识磁场及其性质、方向，磁场的形状。

　　2. 通过实验认识磁场，知道磁感线是形象表示磁场的一种方法，会画磁感线。

　　3. 通过感知磁场的存在，提高学生分析问题的能力和抽象思维能力，使学生认识磁场的存在，渗透科学的思维方法——转换法、模型法。

　　4. 通过了解磁体在实际生活中的应用和我国古代在磁学方面的伟大成就，体会物理知识的重要作用，培养学生对科学的兴趣，增强学生的民族自豪感和振兴中华的责任感。

教学重点

磁体周围存在磁场，认识磁场，理解磁感线。

教学难点

感知磁场，建立磁场模型并探究磁感线的形状。

教学流程

教学流程表

教学程序		教师活动	学生活动	设计意图及教学评价
新课引入		【活动】同学们玩过飞镖吗？我们来个比赛，请两位同学上前面来，看看谁射得更准？ 【设疑】老师带来的这个飞镖与正式比赛用的飞镖有什么不同？圆形镖头怎么能射中？ 磁在生活中有很多应用，想一想，生活中什么地方用到了磁？ ［学生说出指南针时，简要说明指南针是我国古代的四大发明之一，促进了人类文明的进步；说到磁悬浮列车时，告诉学生世界上最早投入商业运行的磁悬浮列车，在我国上海建成通车。］	学生参与射飞镖活动。 学生思考并回答问题。	通过分析飞镖镖头圆形的设计，引出磁在生活中的应用，使学生体会物理来源于生活，渗透我国科技的发展，激发爱国热情。
新课学习模块一：磁现象	概念讲解	1. 磁性 【做一做】尝试用你手中的磁铁吸引桌面上的下列物体，看看有什么现象。 人们在长期的实践探索中发现，磁铁除了能够吸引铁之外，还能够吸引钴、镍等物质，我们把这种性质叫磁性。 具有磁性的物体就是磁体。	让学生在组内把各种物体都尝试吸一吸，感知并不是所有的金属都能够被磁铁吸引。	培养学生自主发现和自主探索的精神。

（续表）

教学程序		教师活动	学生活动	设计意图及教学评价
模块一：磁现象	概念讲解	【展示图片】形形色色的磁体 2. 磁极 【提问】磁体各部分的磁性是一样的吗？怎样证明你的猜想？ <u>就条形磁体而言，两端的磁性最强，我们把磁体上磁性最强的两个部位叫磁极。</u> 引导学生观察磁极的颜色和标记，并理解N极和S极的命名规则。 3. 磁极间的相互作用 【小组实验】两个磁体相互靠近，你能看到什么现象？ 结论：<u>同名磁极相互排斥，异名磁极相互吸引。</u> 4. 磁化 【小魔术】铁棒变磁体 铁棒原来没有磁性，不吸引大头针，有没有办法让它获得磁性？ 【演示】先验证学生的猜想，学生猜不到时，再引出通电使铁钉磁化。 <u>磁化：一些物体在磁体或电流作用下获得磁性的现象。</u> （1）磁化的危害 ①机械手表被磁化后，走时不准； ②彩色电视机的显像管被磁化后，色彩失真。 （2）磁现象的应用 核磁共振、录像带、电脑硬盘等。	了解磁性和磁体的概念，认识实验室常见的磁体。 学生通过演示实验验证自己的猜想。 学生以小组为单位，合作探究，并上台展示，从而总结出磁极间相互作用的规律。 学生先根据已有知识进行猜想。 课前查阅相关资料，课上交流展示。	 学生虽然能够认识到磁极间相互作用的规律，但不会证明，设计此环节是为了培养学生分析、解决问题的能力。 培养学生的发散思维。 重视知识与生活的联系，关注科学技术发展。

（续表）

教学程序		教师活动	学生活动	设计意图及教学评价
模块一：磁现象	反馈练习	1. 下列说法错误的是（　　） A. 磁体能够吸引铁、钴、镍等物质 B. 具有磁性的物体叫磁体 C. 条形磁体两端磁性最弱，中间磁性最强 D. 一些物体在磁体或电流的作用下会获得磁性的现象叫磁化。 2. 如图所示，磁悬浮地球仪应用了_____规律。 		
模块二：磁场	认识磁场	1. 定义 【做一做】怎样让静止的小磁针转起来？ 用手拨时，手给小磁针一个力使其转动，那用嘴吹和用磁体靠近时都没有相互接触，是谁给小磁针的力？ 学生容易想到用嘴吹是因为有空气，从而引导学生思考磁体周围也存在一种类似于空气的看不见、摸不着的物质。 磁体周围存在的这种看不见、摸不着的物质叫磁场。 2. 性质 【提问】磁场是什么？存在于什么地方？我们是怎么发现的？ 磁场对放入其中的磁体有力的作用。 在物理学中，许多看不见、摸不着的物质，都可以通过它对其他物体的作用来认识。这种研究问题的方法叫转换法。	学生举手发言：用手拨、用嘴吹、用磁体去靠近等。	运用类比的方法，为磁场的学习做好铺垫。

（续表）

教学程序		教师活动	学生活动	设计意图及教学评价
模块二：磁场	动手探究	【提问】既然磁场看不见、摸不着，我们该如何来研究呢？存在于我们周围看不见、摸不着的物质，比如说空气，我们是怎么认识的？ 【演示】将风扇打开，问：是否看到风？风往哪吹？ 引导学生通过彩旗飘动的方向判断风的方向。 类比认识风的过程，引导学生思考可以通过小磁针的指向来判断磁场方向。 具体应该怎么做呢？ 【实物展播】将两个小磁针分别置于磁场中同一点A，小磁针的指向相同，从而说明两个小磁针在该点的受力情况相同。因此小磁针静止时的指向能够反映该点的磁场方向。 规定小磁针静止时N极所指的方向为该点磁场的方向。 【提问】其他点的方向是否和A点一致？ 【小组活动】利用老师课前下发的白纸，按照图示要求放置条形磁体，画出上面标记点小磁针N极的指向。 展示学生所画的磁场方向，同时引导学生理解在条形磁体的不同位置，磁场的方向不同。 【提问】怎样才能知道更多点的磁场方向呢？ 引导学生观察小磁针的排列分布，总结得出在磁体外部，磁场方向都是从N极指向S极。	学生思考判断风向的方法，同时理解磁场也有方向，磁场的方向可以用小磁针静止时N极所指方向来表示。 学生自己动手画出小磁针的指向。	让学生通过现象看本质，养成独立思考的习惯。 让学生经历画小磁针指向的过程，为后面学习画磁感线做铺垫。

(续表)

教学程序		教师活动	学生活动	设计意图及教学评价
模块二：磁场	动手探究	【提问】我现在还想知道每一点的磁场方向？小磁针还能不能放得下？那该怎么办？ 【演示】将一些铁屑直接撒在条形磁体周围。 【提问】能不能想个办法将铁屑和磁体分隔开？ 在这个过程中，适当引导学生利用老师提供的实验器材进行探究。 【分组实验】探究条形磁体周围的磁场分布 （1）把磁体放在一块玻璃板上面，玻璃板上均匀地撒一些铁屑。 （2）轻轻敲击玻璃，观察铁屑分布。 教师巡视指导实验过程。 拍照分享小组实验结果。指导学生画出条形磁体周围磁感线的分布。 <u>我们把小磁针（铁屑）在磁场中的排列情况，用一些带箭头的曲线画出来，可以方便、形象地描述磁场，这样的曲线叫磁感线。</u> 【提问】磁感线是真实存在的吗？ 磁感线是我们为了研究方便画出来的，这种研究问题的方法，是我们常用的模型法。	学生在观察的过程中，不难发现，铁屑被吸到磁体上，无法观察周围磁场分布情况。 学生分组实验。	让学生亲身感知磁感线的分布规律，同时经历画磁感线的过程，建立磁感线模型。 注重科学探究过程，培养学生动手操作、观察体验和归纳分析的能力。
	归纳总结	【提问】观察条形磁体周围磁感线的分布，你有哪些发现？ （1）在磁体外部，磁感线由N极到S极； （2）磁感线的疏密表示磁场的强弱，越密表示该点磁场越强。 （3）磁体周围磁感线的分布是立体的。 【展示常见磁场的分布】 蹄形磁体　异名磁极　同名磁极	学生观察条形磁体周围磁感线的分布，举手回答。 观察磁场分布图，会判断磁极。	通过归纳总结与交流评估，让学生明确磁场的分布，能够准确判断不同磁极。

教学程序		教师活动	学生活动	设计意图及教学评价
模块二：磁场	实践应用	1. 下图中磁体两极间磁感线的画法正确的是（　　） A　　　　　　　B C　　　　　　　D 2. 标出磁极的名称和A、B两点的磁场方向。 A　　　　　　　B·		
模块三：地磁场		【提问】为什么指南针在世界各地都能够指南北呢？ 【微课】地磁场。 总结：地球周围存在的磁场叫地磁场，地磁场的形状与条形磁体的磁场很相似，地磁的南极在地理的北极附近，地磁的北极在地理的南极附近，它们之间的夹角叫磁偏角。我国科学家沈括是最早记述这一现象的人。	学生学习微课。	通过了解我国古代在磁学方面的伟大成就，提升学生的学科素养，增强学生的民族自豪感和振兴中华的责任感。
联系生活		【提问】有哪些动物是依靠地磁场来导航的？ 世界之大，无奇不有。在我们这个丰富多彩的世界里有各种有趣的磁现象，海洋深处有需要借助显微镜才能看到的趋磁细菌，某些湖泊里有肉眼清晰可见的顺着磁感线游走的鲑鱼，太空深处有像山峰般巨大的磁星。	举例说明自然界中磁现象，课下收集资料并相互交流。	培养学生关注人与自然、热爱生活、热爱大自然的意识。

（续表）

教学程序	教师活动	学生活动	设计意图及教学评价
课堂小结	请同学们总结一下：通过本节课的学习，你都有什么收获？（知识和方法两个方面） 	在交流分享中巩固所学知识与方法。	构建知识体系，形成知识结构，进一步提升学生归纳总结的能力。
课堂达标	1. 磁体周围存在_____，磁场是有方向的，物理学上把小磁针静止时_____极的指向规定为该点的磁场方向。为了方便形象地描述磁场，物理学上引入_____，这种研究物理问题的方法叫_____。 2. 关于磁场和磁感线的说法，正确的是（　　） A. 磁场是人们假想的，磁感线是客观存在的 B. 指南针静止时，北极指向地磁场北极 C. 磁场中某点的磁场方向与该点小磁针静止时南极所指的方向相同 D. 沈括首先发现地理两极与地磁两极并不完全重合 3. 如图所示是小磁针的一端靠近条形磁体S极静止时的情境，请在图中的括号内标出小磁针的N、S极，并用箭头标出条形磁体外部磁感线的方向。 	独立思考完成。	检验学习效果。
作业布置	A层作业：学案能力提升1—5题。 B层作业：学案基础巩固1—3题。	独立思考完成。	巩固知识，加深理解。

○ **板书设计** ○

20.1 磁现场 磁场

一、磁现象

    磁性→磁极→同斥异吸→磁化

          N极

          S极

二、磁场

1. 定义

2. 性质

3. 方向 { 小磁针静止时N极指向

          磁感线方向

○ **点评** ○

本节依据课标、教材及学生实际情况确立教学目标，加强了"教—学—评"一致性教学设计，运用"类比"的方法，通过学生实验，积极构建磁感线物理模型，提升了学生的科学思维能力，了解我国科技成就，增强民族自豪感。对学生作业进行分层设计，使不同程度的学生得到发展，充分利用多媒体辅助教学，积极构建高效课堂。

——李艳

［正高级教师，山东省特级教师，全国优秀教师，齐鲁名师，山东省教学能手，教育部新时代名师名校长培养人选（2022—2025）］

53

磁是什么 *

| 课型 | 新授课 | 教材版本 | 沪科版 |

课标要求

《义务教育物理课程标准（2022年版）》P18：

2.4.2 通过实验，认识磁场。知道地磁场。

例3 查阅资料，了解我国古代指南针的发明对人类社会发展的贡献。

学业要求

了解磁现象的有关知识，能用磁现象知识解释自然界的有关现象，解决日常生活中的有关问题，形成初步的运动和相互作用观念。

了解磁感线物理模型；能在解释与磁有关自然现象和解决实际问题时引用证据，具有使用科学证据的意识。

能基于观察和实验，提出与磁现象有关的科学探究问题，并作出有依据的猜想与假设；在科学探究中，能制订初步的实验方案；能表述探究条形磁体周围磁场情况的实验过程和结果，撰写实验报告。

体会磁现象对人类生活和社会发展的影响；了解司南在人类历史上的重要作用和我国现代科技成就，为中华民族的科技成就感到自豪，逐步养成实现中华民族伟大复兴的责任感与使命感。

＊ 本课为济宁市公开展示课课例。执教教师为李金玉［青岛西海岸新区第六初级中学东校区（两河初中）教师，曾获评齐鲁名师建设工程人选，济宁市杏坛名师、特级教师、教学能手、"四有"好老师］。

教材分析

本节是《义务教育教科书物理九年级全一册》（沪科版）第十七章第一节《磁是什么》。

作为本章的第一节内容，本节有较多的物理概念，它也是后续电磁知识学习的基础。本节内容和素材对培养学生的观察能力、抽象思维能力、空间想象能力、分析问题和解决问题的能力有着重要的推动作用。本节内容由"认识磁现象""磁体的周围有什么""磁感线""地磁场"四部分构成。

学情分析

学生在小学科学课已学过永磁体的磁现象，很多学生也使用过吸铁石，但是学生对磁的认识还仅仅表现在生活经验方面。生活中学生仍然有着很大兴趣去再次接触磁石、铁钉等，期待再次去感受体验，使对磁的认识由生活经验上升为准确的物理概念，以逐渐形成物理观念。

教学目标

1.认识磁体的性质和磁极间的作用规律。

2.知道磁体周围有磁场，知道地球周围存在磁场。

3. 在探究磁场的过程中，学习用小磁针描述磁场的转换法思想，经历建构磁感线模型的过程，学习用磁感线模型描述磁场。

4.认识磁现象在生产生活中的作用，激发将科技服务于人类的责任感和使命感。

教学重点

认识磁现象，用磁感线描述磁体周围的磁场。

教学难点

1.通过磁现象认识磁场，发展分析、推理等科学思维能力。

2. 通过动手实验操作认识磁感线及其分布，培养分析、综合、归纳、概括等科学思维能力，学习用建构模型描述问题的方法。

教学流程

教学流程表

教学程序	教师活动	学生活动	设计意图及教学评价
一、创设情境，激趣导入	演示：装有磁铁的小车靠近磁铁就会运动起来（创设悬念：不让学生看到磁铁）。 提问：小车为什么会运动？	学生观察，迅速融入课堂，体验"惊奇""神奇"和"视觉"刺激，产生疑问，引发思考。	激发学生学习兴趣和探求新知的欲望。 设置悬疑，引入新课。
二、进行新课 （一）磁现象	1. 引领学生回顾小学学习过的关于磁的知识。 2. 关于磁铁，你了解它的哪些特点？请通过实验来进一步探究磁铁的性质、特点。 3. 引领归纳出磁性、磁极和磁化的概念，进一步认识磁极间的作用规律，认识磁体具有指向性。	实验探究磁铁的性质： （1）思考并探究：磁铁能吸引哪些物质？ 归纳： ① 磁性：物体能吸引铁、钴、镍等物质的性质（吸铁性）； ② 磁体：具有磁性的物体，磁体分为天然磁体、人造磁体。 （2）思考并探究：磁体上各处磁性强弱一样吗？ 归纳：磁体上磁性最强的部分叫作磁极。磁体两端磁性最强，中间最弱。磁体都有两个磁极，分别叫作南极和北极。 （3）思考并探究：磁极之间的相互作用有什么特点？ 归纳：磁极间的作用规律为同名磁极相互排斥，异名磁极相互吸引。 （4）设法让铁钉吸引回形针。 （5）磁体能自由地指示南北方向吗？	让学生经历体验活动，并在体验活动中感受磁场性质，通过活动置学生于主体地位。 侧重评价学生是否能够积极动手、参与体验活动，是否积极思考，是否能够进行归纳、概括有关磁现象的特点。 培养学生归纳、概括的科学思维能力。 同时回扣课前小游戏，用所学知识解释自然现象，体现学以致用。

（续表）

教学程序	教师活动	学生活动	设计意图及教学评价
（二）磁场 1.感受磁场	展示并提问： 指南针为什么可以指南北？ 用木棍和气流来影响指南针，指南针受到外界干扰后不能指南北。	1.思考为什么指南针能指南北。 2.感悟条件：不受到别的外界因素的干扰。 3.推理认知：磁铁周围存在着某种物质干扰小磁针，这种物质叫作磁场。	借助创设的情境，培养学生假设、推理的思维意识和能力。
2.描述磁场	展示研究风的方法，引领学习用纸条研究风，从而让学生感悟到用小磁针研究磁场的方法。 （类比思想）	观察、思考，认识到风作用在纸条上引发纸条的变化，认识到通过纸条的变化情况认识风。 磁场对小磁针有力的作用，领悟：可以用小磁针被作用的情况认识看不见的磁场。	创设情境，引领学生认识并学习运用类比和转换研究磁场的方法。 对学生进行科学方法教育，发展学生类比思维能力。
3.实验探究：条形磁体周围的磁场	引领学生进行实验探究： （1）确定研究对象——通过小磁针的情况研究磁场。 （2）引领学生借助小磁针确定磁场方向。 （3）提供帮助，解决实验操作中的注意事项和问题。	学习实验操作技巧，认识实验探究注意事项；观察实验现象，发现磁场是有方向的，说出磁场方向的规定。 进行实验探究，合作交流，分析现象，尝试画出磁感线——用磁感线描述看不见的磁场——进一步感悟模型法。	经历类比小磁针显示磁场的方法，借助铁屑的分布引导学生尝试画出磁感线，引领学生经历模型建构的过程，学习利用物理模型描述抽象物理问题。培养学生分析、综合、归纳、概括等科学思维能力，学习用建构模型描述问题的方法。
4.磁感线的特点	引导学生对比条形磁体和U形磁体的磁感线。你有什么发现？	对比发现： （1）磁感线是为了描述磁场而假想的物理模型，实际并不存在；在磁体外部，磁感线从N极出发，回到S极。 （2）可以用磁感线疏密程度表示磁性的强弱。	经历对比不同磁体磁感线分布特点的过程，分析、概括磁感线描述磁场的"巧妙"之处；同时，提升学生运用物理模型法解决实际问题的能力。

（续表）

教学程序	教师活动	学生活动	设计意图及教学评价
（三）地磁场 1.感知地磁场	拿出小磁针，其静止时指示南北方向。 明确：在不同地方，小磁针均可指示南北。 思考：是不是存在某个磁场对小磁针有力的作用？	思考：分析、讨论，推知地磁场的存在。	通过创设情境，引发学生思考；置学生于学习的主体地位；进一步引发学生思考，激发学生运用推理思维，主动"发现"地磁场。
2.了解地磁场	展示思考问题： （1）地磁场的南北极在哪里？指南针为什么可以指南北方向呢？地磁场的形状和哪种磁体的磁场很相似？地磁场的北极在地理的什么极附近？地磁场的南极在地理的什么极附近？ （2）地磁场南北极轴线和地理南北极轴线重合吗？磁偏角：首先由谁发现的？ （3）地磁场的存在对人们有何意义？	观看教师制作的微课《地磁场》，观看视频的同时，思考问题。 总结得出： （1）地磁场的形状和条形磁体的磁场很相似。 （2）地磁场的北极在地理的南极附近，地磁场的南极在地理的北极附近。 （3）磁偏角首先由我国宋代学者沈括发现。 （4）认识地磁场，感受地磁场对人类的重要意义。	引领学生养成良好的学习习惯：带着问题观看视频，提升学习的针对性和效率。 进一步激发学习兴趣，感受地磁场对地球的"呵护"，培育学生感恩自然、与自然和谐相处的意识。
三、课堂小结	回顾本节学习，有哪些收获？还有哪些疑惑？	回顾总结，构建知识结构，建立知识系统。	引领学生学会并养成总结和归纳、将知识系统化的习惯。养成反思的良好习惯。归纳物理科学方法，升华学习情感。
四、当堂检测	完成本节《同步学习》的内容。	利用所学知识，解决实际问题——小试牛刀！巩固所学知识。	回扣课前问题，引领学生提升"前后呼应"的意识和习惯，培育学生将教师的教法转换为学法的意识。

（续表）

教学程序	教师活动	学生活动	设计意图及教学评价
五、布置作业	1.完成课后习题。 2.课外阅读：《神奇的磁》。	学生记录作业；建立课后问题解决小组，合作学习，解决课后问题。	把课堂延伸到课下，培育学生实践能力，拓宽知识视野。

板书设计

磁是什么

一、磁现象

1.磁性：磁体能吸引铁、钴、镍等物质的性质。

2.磁化：使物体获得磁性的过程。

3.磁极：磁体上磁性最强的部分。

4.磁极间作用规律：同名磁极相互排斥，异名磁极相互吸引。

5.磁体具有指向性。

二、磁场

1.磁场：磁体周围能让小磁针发生偏转的物质。

风 ←——→ 纸条

磁场 ←——→ 小磁针

2.磁场方向：小磁针自由静止时N极所指方向。

3.磁感线：用来描绘磁场的曲线，磁体外N出S入。

三、地磁场

1.地磁场的北极在地理南极附近，地磁场的南极在地理北极附近。

2.磁偏角

点评

本节课依据课标、教材、学生实际确立了教学目标，运用"类比"的方法，加强对"磁场"的认识。通过学生实验，积极构建磁感线物理模型。体现了"以学生为主体、以教师为主导"的教学设计，突出学生的主体地位，在提升学生思维力的同时培养了良好的学习习惯。加强了对我国科技成就的了解，增强民族自豪感。充分利用多媒体辅助教学，积极构建高效课堂。

——李艳

[正高级教师，山东省特级教师，全国优秀教师，齐鲁名师，山东省教学能手，教育部新时代名师名校长培养人选（2022—2025）]

54

密度 *

| 课型 | 新授课 | 教材版本 | 人教版 |

课标要求

《义务教育物理课程标准（2022 年版）》P10：

1.2.3　通过实验，理解密度。

要求学生通过实验探究"同种物质的质量与体积的关系"建立密度概念。例如，通过测量不同质量和体积的铝块和铁块，通过计算直观地发现虽然质量和体积不同但铝块质量与体积的比是定值，铁同样也是这样，便于建立密度概念。

教材分析

本节是《义务教育教科书（六·三学制）物理八年级上册》（人教版）第六章第二节《密度》。

本节内容是学生在学习质量这个基本概念后又接触的另一个反映物质性质的新的物理量，密度是物质本身的一种性质，既是质量的深化和延伸，同时也为后面的液体压强、阿基米德原理以及浮沉条件的学习奠定基础。学生对同种物质的质量与体积的关系的探究过程，完整地体现科学探究的七要素，是提升初中学生科学探究能力的典型素材。有关密度的知识与日常生活、自然现象及科技发展前沿密切相关。此外，密度知识是学生体会物质思想的生动载体，使学生形成学生辩证唯物主义世界观。

---

* 本课获2019年枣庄市优质课一等奖。执教教师为代丽丽（枣庄市第十五中学教师）。

学情分析

本节课的教学对象是八年级学生，他们能够根据生活经验判断同种物质的体积越大，质量越大，能利用托盘天平测量物体的质量，大多数学生已具备初步探究能力，能与小组成员交流提出自己的见解。多数学生虽然能简单记录所测量的物理量但分析数据的能力还比较弱，很难从现象看到本质，还不能完整的进行探究总结，这就需要教师加以引导。

教学目标

1. 经历同种物质的质量与体积的关系的探究过程，体验密度概念的建立过程，形成严谨的科学态度和协作精神，理解密度的概念。

2. 通过解决问题得出密度的公式和单位，能正确说出密度的物理意义。

3. 能熟练运用密度公式进行计算，体会物理学与生活的联系。

4. 通过对我国科技发展的了解，增强民族自豪感。

教学重点

通过实验探究，学会用比值的方法定义密度的概念。理解密度的概念、公式及其应用。

教学难点

在实验探究的基础上，利用"比值"定义密度概念，理解密度是物质的一种特性。

教学流程

教学流程表

教学程序		教师活动	学生活动	设计意图及教学评价
新课引入		请两位同学参举哑铃加比赛 提问：外形完全的两个哑铃差距为什么会这么大呢？	观看比赛并思考为什么外形完全的两个哑铃差距会这么大呢？	激发学生好奇心，点燃学习热情，课堂气氛活跃。
新课学习：模块一：探究同种物质的质量与体积的关系	启发猜想	两个不同级别的哑铃环，材料相同，体积越大，质量越大。 提问：同种物质的质量与它的体积成正比吗？ 首先请同学们根据刚才的实验观察结合已有的生活经验进行猜想。 猜想归类： 一类是成正比； 一类是不成正比；	积极思考、大胆猜想，交流展示。 尝试将同学们的猜想进行归类、交流。	培养学生敢于猜想、理性分析、探究的意识与能力。 从猜想的科学性、可操作性进行评价，引导改进。
	动手探究	提出探究要求： 下面请同学们参考学案中的实验导航来进行探究。注意及时记录实验数据，并根据数据及观察到的现象，归纳得出实验结论，并反思实验中的不足提出改进意见。做完实验后，小组讨论做好全班展示交流的准备。	分组探究：实验一：铝的质量与体积的关系 实验二：铁的质量与体积的关系	培养学生动手操作、获取与处理信息、得出结论，进行交流、评估、反思能力。 侧重于科学探究过程中操作的规范性、结论的严谨性、交流的条理性、评估反思的科学性进行评价。
	归纳总结	组织交流、引导归纳： 请同学们交流一下你们的实验结果及发现，归纳的实验结论以及对实验的改进意见。	全班展示交流。	

（续表）

教学程序	教师活动	学生活动	设计意图及教学评价
实验报告（硫酸纸）			
新课学习：模块二：密度	同种物质的质量与体积的比值是一定的，不同种物质质量与体积的比值一般不同，这比值反映了不同物质的不同性质。它像颜色、气味、软硬度一样可以用来鉴别物质的种类，物理学中将它定义为密度。	阅读课本第114页，完成学案内容。	让学生自主完成密度的定义、公式、单位及不同单位间的换算。侧重于密度的基础知识准确度描述进行评价。

452

（续表）

教学程序	教师活动	学生活动	设计意图及教学评价
能力提升	观察密度表，了解一些物质的密度，并从密度表获取信息。纯水的密度是多少？它表示的物理意义是？ 对比水和冰的密度，你能获取什么信息？ 对比冰和蜡及植物油或煤油和酒精的密度，你能获取什么信息？还有没有其他的发现？ 总结：密度是物质的一种性质；同种物质状态不同时，密度不同；不同物质密度一般不同。	自主阅读后小组讨论，归纳总结。	培养学生的自主阅读和收集信息，归纳总结的能力。
学以致用	学习了密度知识，它能帮助我们在生活中解决什么问题？展示图片，同学们知道图片里的建筑吗？对，人民英雄纪念碑，它象征着我们伟大的民族精神，无数英雄不惧牺牲才有了我们现在的美好生活，读题目信息，问同学们用称量工具方便直接称出来吗？那能不能通过今天学习的密度知识把它推算出来呢？	认真分析问题，思考如何利用密度知识解决，规范做题步骤。	培养学生学以致用的能力。
联系生活	 播放视频介绍有关密度方面科技的发展	观看视频，了解有关密度的应用及科技前沿发展。	增强民族自豪感，并致敬为祖国发展做出贡献的科学家们。
课堂小结	请同学们总结一下：通过本节课的学习，你都有什么收获？ （知识和能力两个方面）	从知识和能力两个方面的收获进行小结、交流。	培养学生的梳理反思能力。 从交流的条理性、知识的严谨性进行评价。

（续表）

教学程序	教师活动	学生活动	设计意图及教学评价
学以致用	学案：1、2、3。	独立思考完成。	检验学习效果。
作业布置	温馨提示：必做题：A组和B组　选做题：C组 A组：夯实基础题 1. 关于物质密度的计算公式，下列说法正确的是（　） A. 物质的密度ρ和物体的质量m成正比 B. 物质的密度ρ和物体的体积V成反比 C. 物质的密度ρ和物体的质量m成正比，和物体的体积V成反比 D. 由同一种物质组成的物体的质量和物体的体积成正比 2. 一支蜡烛燃烧一段时间后剩下半支，则（　） A. 质量减半，密度减半 B. 体积减半，密度加倍 C. 质量减半，密度不变 D. 质量、体积、密度都减半 B组：巩固提高题 3. 若一个瓶子最多能装下500 g水，则这个瓶子能装下500 g的下列哪种物质（　） A. 浓硫酸 B. 酒精 C. 煤油 D. 汽油 4. 甲、乙两种物质的质量与体积的关系图像如图所示，由图可知，其中密度较大的是 _____。（填"甲"或"乙"），甲的密度是_____ g/cm³。	独立思考完成。	巩固知识，加深理解。

（续表）

教学程序	教师活动	学生活动	设计意图及教学评价
作业布置	C组：应用扩展题 5.一个空杯子装满水，水的总质量为1千克；用它装另一种液体能装1.2 kg，这种液体的密度为多少？ （一）课后实践： 请你调查密度与生产生活的联系	 课后调查，形成报告。	 培养学生理论联系实际的能力，增强学习科学技术、立志造福人类的责任感与使命感。

板书设计

第二节　密度

1.定义：某种物质组成的物体的质量与它的体积之比

2.公式：$\rho = \dfrac{m}{V}$

3.单位：千克每立方米（kg/m³）

克每立方厘米（g/cm³）

$1\ g/cm^3 = 10^3\ kg/m^3$

4.例题：

点评

　　教师能够清晰地讲解密度的概念，通过具体的实例和演示实验，帮助学生直观地理解密度所表示的物理意义，使抽象的概念变得具体化、形象化。教学过程中注重引导学生参与思考和讨论，例如让学生通过观察、测量不同物体的体积和质量关系来推测密度的特点，培养了学生的思维能力和探究精神。实验设计合理且有效，学生能够亲自操作测量物体的质量和体积，并计算密度，从而加深对密度概念的理解和掌握，也提高了学生的动手能力和科学素养。然而，也有一些可以改进的地方。例如，对密度公式的处理上，若采用推导和应用模式，通过多种题型的分析和练习，让学生较好地掌握了密度计算的方法和技巧。在教学资源的利用上，可以更加多样化，引入一些生活中的实际案例，增强知识与实际的联系，如为了减轻飞机质量而采用强度相同密度小的铝合金、碳纤维材料。

　　总体而言，密度教学在传授知识、培养能力方面取得了较好的效果，但仍有提升和完善的空间，以更好地满足学生的学习需求和发展。

——郭宝江

（正高级教师，山东省特级教师，全国优秀教师）

55

杠杆 *

| 课型 | 新授课 | 教材版本 | 人教版 |

课标要求

《义务教育物理课程标准（2022年版）》P15：

2.2.6　知道简单机械。探究并了解杠杆的平衡条件。P23:3.2.4 能说出人类使用的一些机械。了解机械的使用对社会发展的作用。

要求：

能用杠杆知识解释生活中的有关现象，解决日常生活中的有关问题，形成初步的运动和相互作用观念。

知道杠杆物理模型，能运用杠杆的有关规律分析简单问题，并获得结论，能在解释自然现象和解决实际问题时引用证据，具有使用科学证据的意识。

在关于杠杆科学探究中，能制订初步的实验方案，能通过数据的比较与分析，发现数据的特点，进行初步的因果判断，得出实验结论，能表述实验过程和结果，撰写实验报告。

体会杠杆对人类生活和社会发展的影响，关心我国古代和现代科技成就，为中华民族的科技成就感到自豪，逐步养成实现中华民族伟大复兴的责任感与使命感。

---

* 本课获山东省中小学实验教学说课活动比赛一等奖。执教教师为李金玉〔青岛西海岸新区第六初级中学东校区（两河初中）教师，曾获评齐鲁名师建设工程人选，济宁市杏坛名师、特级教师、教学能手、"四有"好老师〕。

教材分析

本节是《义务教育教科书（六·三学制）物理八年级下册》（人教版）第十二章第一节《杠杆》。

杠杆的知识是前几章力学知识的延续，也是学习滑轮和轮轴等简单机械的基础。本节内容由"杠杆""杠杆的平衡条件""生活中的杠杆"三部分构成。引领学生归纳概括认识杠杆模型非常有助于学生的科学思维的培养；让学生经历对杠杆平衡条件的认识，有助于培养学生的科学探究能力。本节内容，有物理概念的建构学习，有物理规律的探究，本节教学素材非常有助于学生核心素养的培养。

学情分析

八年级下学期的学生，经历了近一年时间的物理学习，已经具备了一定的科学思维能力、科学探究能力，但思维的发展更多还需要直接、感性实验的支持。他们对新事物有着很强的好奇心和求知欲。

教学目标

1. 联系实际，通过归纳分析认识什么是杠杆这一物理模型，知道杠杆的五要素并会画力臂。

2. 通过实验探究，能得出杠杆的平衡条件，并能利用杠杆的平衡条件进行相关计算。

3. 能对杠杆进行分类，并能根据实际需要选择合适的杠杆，体会物理学对人类生活和社会发展的影响。

4. 关心我国古代和现代有关杠杆的科技成就，为中华民族的科技成就感到自豪，逐步养成实现中华民族伟大复兴的责任感与使命感。

教学重点

认识杠杆，探究杠杆的平衡条件。

教学难点

理解力臂概念并画出杠杆的力臂。

教学流程

教学流程表

教学程序	教师活动	学生活动	设计意图及教学评价
一、创设情境，激趣导入	出示"大杠杆"，引领学生用不同的方式提升水桶，引入新课。	利用硬棒，两次提升同一重物（第一次省力，第二次费力）。	激发兴趣和热情，引发悬疑和思考，引入新课。注意观察学生是否积极参与活动，其他同学是否积极观察，产生"共情"并生成新的感悟。
二、进行新课（一）认识杠杆 1.杠杆定义：	（1）引导学生使用生活中常见的工具，完成体验活动；（2）大屏幕展示工具动态工作过程；（3）进一步展示自制教具"大杠杆"的工作特点；（4）引领学生观察各种不同杠杆，找杠杆共同特征并尝试定义杠杆。	（1）完成体验活动：用剪子剪绳子、用镊子夹物品、用起子起瓶盖；（2）独立思考所使用工具的共同特征，进行对比、分析、抽象、概括杠杆的特征，与同伴交流，尝试定义杠杆：一根硬棒在力的作用下能绕着固定点转动，这根硬棒就是杠杆；（3）感悟杠杆模型；（4）感受认识杠杆的必要性！	经历使用杠杆过程；寻找杠杆的共同特征；建立杠杆的概念；提升学生归纳、概括能力。感悟杠杆的"常见"及其"有用"。从学生的认知规律出发，依据所创设的情景，让学生在体验中感悟概念的含义。展现学生对杠杆的"原始认知"。观察学生是否积极参与到体验活动中，是否能进行对比分析抽象概括的思维过程，是否能表达出对杠杆的"原始认知"，是否能口头表达出什么是杠杆。

（续表）

教学程序	教师活动	学生活动	设计意图及教学评价
2.杠杆的有关名词（先认识三个）	以自制教具"大杠杆"为"载体"，引领学生在动手活动中认识杠杆的有关名词：支点、动力、阻力。	借助实物——"大杠杆"认识杠杆有关名称： *支点：杠杆绕转动的固定点 *动力：使杠杆转动的力 *阻力：阻碍杠杆转动的力	从学生的认知规律出发，依据所创设的情景，让学生在体验中感悟概念的含义。 展现学生对杠杆的原始认知。 强调在实际情景中学习物理知识。
3.杠杆的平衡	（1）借助"大杠杆"引领认知什么是杠杆平衡； （2）出示装有沙子的2个小桶，挂在大杠杆两端，介绍动力、阻力作用点； （3）平衡游戏：引领学生让杠杆在挂上小沙桶后在水平位置平衡。	（1）认识杠杆在动力和阻力作用下处于静止或匀速转动时，杠杆平衡； （2）认识动力作用点，阻力作用点； （3）尝试让大杠杆在挂上小桶后在水平位置平衡；其他同学观察并思考：影响杠杆平衡的因素有哪些？	创设活动，为学生提出影响杠杆平衡的因素提供猜想依据，明确科学猜想需要有依据、有认知基础、有动脑思考的经历。 同时为下一步全体同学的初步探究铺垫操作方法。
（二）杠杆的平衡条件	根据游戏和经验，你发现哪些因素会影响杠杆平衡？ 杠杆平衡时，需要满足怎样的条件呢？	提出猜想：动力、阻力、距离$_1$、距离$_2$。 （学生原始认知是：支点到力的作用点的距离） 尝试猜想杠杆平衡时，各因素可能存在的关系，提出猜想假设。	展示出学生对杠杆平衡的"原本认知"； 从学生的"原认知"（前概念）出发，开启新的学习征程。

教学程序	教师活动	学生活动	设计意图及教学评价
1.初步探究：	引领学生利用"直杠杆"进行初步探究。 强调小组合作和记录数据；巡回指导…… 引领分析数据，得出初步结论。	在前面认知基础上，并在教师的引领下，组装器材，利用"直杠杆"进行初步探究，分工协作，合作探究。将得到的数据填写到黑板上的表格中。 分析数据，得出杠杆平衡的初步结论：动力×距离$_1$=阻力×距离$_2$	在前面必要的铺垫基础上，顺应学生的认知规律，展现原本认知。 培养学生分工协作、合作探究、讨论交流的意识和能力，提升学生物理核心素养。
2.二次探究：	引领反思：弯曲的杠杆在平衡的时候，上面得到的结论是不是也是适用的呢？ 教师巡回指导…… 将两次探究进行对比，引导学生发现之前对"距离"的描述不准确。 引导学生自主发现，影响杠杆平衡的真正距离。 引导学生修正杠杆的平衡条件。	利用弯曲的杠杆进行实验探究，并将测得的实验数据填到黑板的表格中。分析数据，发现：动力×距离$_1$不等于阻力×距离$_2$时，杠杆也能平衡。 对比两次探究，发现对距离$_2$的科学描述：支点到拉力所在的"那条线"的距离。——建构出力臂概念！	凸显学生的主观能动性，强调发现的历程。教学中，不直接告诉学生力臂概念，而是通过两次探究的对比，引发认知冲突，从而建构出力臂概念。

教学程序	教师活动	学生活动	设计意图及教学评价
3.再次探究	明确前两次探究，都是让杠杆在水平位置平衡，而且动力和阻力都是竖着方向上的； 利用大杠杆展示"新情况"："倾斜平衡""拉力倾斜"。 提问：这种情况，我们得到的平衡条件还适用吗？如何判断？	修正结论，得出杠杆平衡条件：$F_1l_1=F_2l_2$ 讨论并提出判断方法：测出此时动力、阻力、动力臂、阻力臂，并进行判断。 一组同学到讲台前进行测量，其他同学观察并协助，得到数据进行验证，进一步论证杠杆平衡条件：$F_1l_1=F_2l_2$ 培养并逐步形成善于"评估"的科学素养。	三次探究的过程，更符合学生的认知规律； 学生对杠杆，经历了一个由特殊到一般的认知过程，弥补了仅以直杆以偏概全得到结论带来的缺憾。 强调了学生思维的发展过程，体现出了培养学生科学素养的教学目的。
（三）生活中的杠杆	借助flash动画，引领分析。 借助"钓鱼竿"力臂的绘制过程，强调力臂的绘制方法和步骤。 回扣课前提重物游戏，引领学生答疑解惑。 播放课件，展示我国古代劳动人民对杠杆的使用； 期待同学们的小发明、小创造！ 展示校园内的杠杆及现代科技中对杠杆的使用。	运用杠杆平衡条件，分析"起子"省力和"钓鱼竿"费力的原因，领悟省力、费力杠杆的各自的优点。 落实力臂的画法； 让参与活动的同学（亲历者）运用杠杆平衡条件，解释省力和费力的原因。	让学生在活动中自主领悟杠杆的分类及杠杆在生产生活中的应用。 教学设计前后呼应，体现课堂的完整性和严谨性，同时体现了"从物理走向生活"的课程理念。

（续表）

教学程序	教师活动	学生活动	设计意图及教学评价
（三）生活中的杠杆		结合 $F_1l_1=F_2l_2$，归纳出杠杆的分类： 省力杠杆：$l_1>l_2$ 费力杠杆：$l_1<l_2$ 等臂杠杆：$l_1=l_2$ 观看视频，感悟劳动人民的智慧； 体验到物理就在身边，感悟物理知识在生产生活中的应用。	领略物理学的价值，深刻体会物理就在身边。培养学生的创新能力。
（四）课堂小结	回顾本节学习，有哪些收获？还有哪些疑惑？	认识了杠杆，知道了杠杆的平衡条件，并了解了杠杆的应用	整理收获，形成认知结构，升华学习认知。
（五）当堂检测	出示课堂练习	学生进行当堂反馈检测。 思考，领悟，修正认知。	深化对学习的认知，巩固新认知，追求新探索。
（六）布置作业	1.完成课后习题； 2.尝试制作杆秤，测量身边物体质量（如铅笔盒）。	学生记录作业，并思考实践作业完成的方案。	把课堂延伸到课下，培养动手实践能力。
（七）结束语	1.展示杆平衡条件的对称、和谐，引出"杠杆之歌"； 2.结束语： 生活适用杠杆，扬长避短！——做事亦如此。	观看、收听老师制作的"杠杆之歌"，领略多样的"课堂总结"，进一步领略美丽的杠杆！ 聆听与思考，在思考中结束本节学习。	激发学生学习物理的兴趣和热情。 激励学生，用己所长，强大自己！

板书设计

第十二章 简单机械
第1节 杠杆

一、认识杠杆

1.杠杆定义：在力的作用下能绕固定点转动的硬棒。

2.关于杠杆的几个名词：

支点O 动力F_1 阻力F_2 动力臂l_1 阻力臂l_2

二、杠杆的平衡条件：$F_1l_1=F_2l_2$

三、杠杆的分类

1.省力杠杆（$l_1>l_2$）

2.等臂杠杆（$l_1=l_2$）

3.费力杠杆（$l_1<l_2$）

点评

教学设计环节完整，注重教与学的过程设计，做到前后呼应，体现课堂的完整性和严谨性。学生对杠杆平衡的探究，经历了由特殊到一般的归纳推理的科学认知过程，最终形成物理规律，培养和提升学生的科学探究能力与思维力。通过创设物理情景，激发学生的求知欲，引导学生关注科技成就，增强学生的民族自豪，逐步养成实现中华民族伟大复兴的责任感与使命感。建议站在学生的角度叙写教学目标，针对学习目标进行教学评价设计，真正体现"教—学—评"的一致性。

——李艳

[正高级教师，山东省特级教师，全国优秀教师，齐鲁名师，山东省教学能手，教育部新时代名师名校长培养人选（2022—2025）]

56

功 *

| 课型 | 新授课 | 教材版本 | 人教版 |

课标要求

《义务教育物理课程标准（2022年版）》P22：3.1.3 结合实例，认识功的概念。P23：3.2.2 知道机械功。用生活中的实例说明机械功的含义。

教材分析

本节是《义务教育教科书（六·三学制）物理八年级下册》（人教版）第十一章第一节《功》。

解决力学问题时，如果从能量角度研究，有时会更简便。研究功的重要意义在于，可以通过做功研究能量的变化，为研究能量转化过程奠定定量分析的基础。对功的概念的认识水平直接影响能的概念的形成和功能关系的建立。

本节内容由"力学中的功"和"功的计算"两部分构成。其中，"力学中的功"通过研究工作是否有成效使学生认识到做功包含的两个必要因素，为功的计算打好基础。"功的计算"明确了功的计算方法，从定量的角度研究功。

---

* 执教教师为王秋华（山东聊城冠县实验中学教师，聊城市教学能手、聊城市骨干教师、聊城市实验教学先进个人，曾获评聊城市优质课一等奖、聊城市说课一等奖、聊城市微课一等奖、聊城市实验指导一等奖等），执教的《电阻的测量》被评为山东省2016年度"一师一优课、一课一名师"活动优课；《串、并联电路中电压的规律》被评为聊城市2022年基础教育精品课。

学情分析

学生已学习了力、重力及力的作用效果等知识基础，在这些基础知识上来进一步学习"功"，但对于什么是做功还没有直观的认识。本节课从具体的生活实例对物体进行受力分析，引出物理学中功的含义。接着把学生对日常生活常见的一系列生活实例对比分析，让学生分析力作用在物体上后产生的不同效果，让学生知道力做功的两个必要因素，进而对力不做功的情况进行突破。

对于"功的大小的计算"公式的得出，采用生活实例分析，让学生在直观观察、思考中使学生总结得出来，避免生硬的教学，让学生充分融入学习中来学习知识，接着通过例题练习由浅入深巩固加深学生对功的大小计算的掌握。

教学目标

1. 知道力学中做功的含义。能说出做功包含的两个必要因素，并能判断出力是否对物体做功。能列举出生活中关于做功的实例。

2. 明确计算功的大小的表达式，以及表达式中每个物理量的物理意义和单位。

3. 能应用公式 $W=Fs$ 进行简单的计算。养成良好的理性思维习惯，乐于思考和实践，体验战胜困难、解决问题的喜悦。

教学重点

明确力学中功的含义。

教学难点

判断力是否对物体做功，会用公式 $W=Fs$ 进行简单的计算。

教学建议

解决力学问题时，如果从能量角度研究，有时会更简便。研究功的重要意义在于，可以通过做功研究能量的变化，为研究能量转化过程奠定定量分析的基础。

本节内容由"力学中的功"和"功的计算"两部分构成。其中，"力学中的功"通过研究工作是否有成效使学生认识到做功包含的两个必要因素，为功的计算打好基础。"功的计算"明确了功的计算方法，从定量的角度研究功。

教学流程

教学流程表

教学程序	教师活动	学生活动	设计意图及教学评价
情景导入	情景导入 19世纪，蒸汽机的发明大大提高了生产能力。为了比较蒸汽机的工作能力，法国科学家科里奥利引入了"功"这个概念。为了纪念他，人们把他的名字雕刻在埃菲尔铁塔上。 有力却没改变运动状态 有力运动状态发生改变 显然，用"力"一个因素无法描述这种效果。	学生观看图片，进行思考，进入功的世界。	使学生体验功的产生。

(续表)

教学程序	教师活动	学生活动	设计意图及教学评价
情景导入	学习目标： 1. 知道力学中做功的含义。能说出做功包含的两个必要因素，并能判断出力是否对物体做功。能列举出生活中关于做功的实例。 2. 明确计算功的大小的表达式，以及表达式中每个物理量的物理意义和单位。 3. 能应用公式$W=Fs$进行简单的计算。养成良好的理性思维习惯，乐于思考和实践，体验战胜困难、解决问题的喜悦。	学生齐读学习目标。	让学生带着目的去学习，知道这节课应该学会哪些内容。
	请同学们自学课本P62—P64，完成预习	同学们完成预习，小组检查	使学生学会学习
一、	用叉车搬运货物时，叉车把货物从地面提升到一定高度。 叉车用力托起货物，哪个力做了功？ 	以小组为单位进行讨论，做功的两个必要条件。	合作探究，总结出做功的必要条件和三种不做功的情况。
1. 功的含义	1. 功的含义 起重机把货物提高的过程中，货物受到哪些力的作用？ 货物受到的力有：重力G、钢丝绳竖直向上的拉力F。 哪个力对物体的向上移动有贡献？ 拉力F对物体的向上移动有贡献。钢丝绳在物理上就叫拉力F对物体做了功 总结：物理学中的功的含义：如果一个力作用在物体上，物体在这个力的方向上移动了一段距离，在物理学中就说这个力对物体做了功。	以小组为单位进行汇报。	明确功的定义。

（续表）

教学程序	教师活动	学生活动	设计意图及教学评价
1. 功的含义	物理学中的功包含一种"贡献"和"成效"的含义，如果某个力对物体的移动做出了贡献，就说这个力对物体做了功。 让学生背着书包在教室走动，和背书包上楼，分析对书包有没有做功？ 4. 力学中的功包括两个必要因素 如图所示是力对物体做功的两个实例。 小车在推力的作用下 物体在绳子拉力的作用下升高了一段距离 向前移动了一段距离	进一步理解功的概念。	学生体验力不做功和做功
2. 做功的两个因素	这些做功的实例有什么共同点？ 这些做功的实例共同点： 物体受到了力；在力的方向上移动了距离。 如图所示是力对物体没有做功的两个实例。 提着滑板在水平 人搬而未起 路面上前行 想一想：力对物体为什么没有做功？ 这些力不做功的原因： 物体受到了力，但是没有在力的方向上移动距离。	通过实例判断物体是否做功，展讲不做功的情况	知道在什么情况下做功。

（续表）

教学程序	教师活动	学生活动	设计意图及教学评价
3. 不做功的三种情况	总结： 力学中的功包括两个必要因素： 一是作用在物体上的力，二是物体在力的方向上移动了距离 3. 力不做功的三种情况 ① 有力无距离 人搬石头而未起，力做功吗？ $F \neq 0$ $s=0$ 人举着杠铃坚持不动，举力做功吗？ 没有做功（劳而无功） 上述事例中，人用了力，但是物体没有移动，力不做功。 ② 有距离无力 冰壶在平滑的冰面上滑行、球在空中飞行时，脚的踢力做功了吗 冰壶在平滑的冰面上滑行、球在空中飞行，是由于惯性，没有力做功。 $F=0$ $s \neq 0$ 没有做功（不劳无功） ③ 力与运动距离的方向垂直 提着滑板在水平路面上前行，提力是否做功？	以小组为单位进行讨论，做功的两个必要条件和三种不做功的情况。	合作探究，总结出做功的必要条件和三种不做功的情况。
二、功的计算	服务员托着食品盘送菜，托力是否做功 这两种情况，物体并没有沿着力的方向移动，所以力不做功。 力的方向与运动方向垂直 $F \perp S$ 力没有做功（劳而无功） 总结：力不做功的三种情况 ① 有力无距离　② 有距离无力　③ 力与距离垂直 视频欣赏——《不做功的三种情况》 【例题1】下列关于功的各种说法中，正确的是（　D　） A. 只要有力作用在物体上，就一定做了功 B. 只要物体移动了距离，就一定做了功 C. 只要有力作用在物体上，物体又移动了距离，就一定做了功	以小组为单位进行汇报。 观看视频。	进一步理解力不做功的情况。

（续表）

教学程序	教师活动	学生活动	设计意图及教学评价
二、功的计算	D. 只要有力作用在物体上，物体又在该力的方向上移动了距离，就一定做了功 【解析】 如果一个物体在力的作用下，并且在这个力的方向上移动了距离，力对物体才能做功。A、B、C选项中都不符合做功的两个必要因素，所以是错误的。 D选项中，有力作用在物体上，物体又在该力的方向上移动了距离，所以该力就一定做功。 D选项正确。 【例题2】起重机的把地面上的货物提起： ① 在竖直向上提起货物的过程中，哪些力在做功？ ② 当提起货物悬挂在空中时，哪些力在做功？ ③ 当货物水平匀速运动时，哪些力在做功？ 【解析】① 起重机将货物竖直提起时，货物受到向上的拉力，并向上移动了一段距离，所以拉力做功； ② 在货物被提起悬挂在空中静止时，货物受到重力与拉力的作用，但是货物在力的方向上没有移动一段距离，所以没有力做功； ③ 当货物水平匀速运动时，物体在水平方向上不受力，没有力做功。 二、功的计算 甲与乙都在做功，怎样比较他们做功的大小呢？ ① 探究影响功的大小的因素 如图所示，是起重机把每一个重力都相同的货物提高的情景，请你仔细观察，思考下面的问题。	功的计算让学生在黑板板书，下面的同学完成后采用同位互批互评，全班同学共同批改板书。	理论运用到实际。

（续表）

教学程序	教师活动	学生活动	设计意图及教学评价
二、功的计算	甲与乙两次，哪一次做功多？你判断的理由是什么？ 甲与丙两次，哪一次做功多？你判断的理由是什么？ 甲与乙两次，乙做功多。因为力相等，乙通过的距离大。甲与丙两次，丙做功多。因为通过的距离相等，丙用的力大。 ② 功的大小： 力学中规定：功等于力与物体在力的方向上移动的距离的乘积。 ③ 公式 功＝力×距离　$W=Fs$ ④ 功的单位 焦耳（J）　牛（N）　米（m） 在国际单位制中，力的单位是牛，距离的单位是米，则功的单位是牛·米，它有一个专门的名称叫作焦耳，简称焦，符号是J。 1 J＝1 N·m ⑤ 力与距离的计算 $W=Fs$ 已知做功多少和物体在力的方向上移动的距离，可求出力的大小。 已知做功多少和力的大小，可求出物体在力的方向上移动的距离。 注意： 式中物理量全部用国际单位制。 力 F 与距离 s 具有对应性：即距离 s 是物体沿受力的方向移动的距离，F 与 s 在同一直线上； F 与 s 具有同体性：即 F 与 s 对应同一个物体。 人物介绍：物理学家詹姆斯·普雷斯科特·焦耳		功的计算部分，掌握功的大小等于什么、功的符号及单位、功的计算公式。

（续表）

教学程序	教师活动	学生活动	设计意图及教学评价
例题	（1818年12月24日—1889年10月11日），出生于曼彻斯特近郊的沙弗特，英国物理学家，英国皇家学会会员。焦耳从小体弱不能上学，在家跟父亲学酿酒，并利用空闲时间自学化学、物理。 视频讲解——《功的计算》 【例题3】质量为50 kg的雪橇上装满了350 kg的原木，一匹马拉着雪橇沿着平直的雪地中匀速前行，将原木运到了500 m外的货场。如果雪橇行进中受到的摩擦力是800 N，求马的水平拉力做的功？ 【解析】雪橇在平直的雪地匀速前行，则马的水平拉力 $F_拉=F_摩=800$ N 雪橇沿水平拉力的方向移动的距离 $s=3\ 000$ m 所以马的水平拉力做的功 $W=Fs=800$ N$\times 500$ m$=4\times 10^5$ J 注意：雪橇受到的重力G与雪地的支持力F都不做功。 如果物体移动的方向与一个力（阻力）的方向相反，我们就说物体克服这个力做功。例如，在水平面上推动物体前进时，要克服摩擦力做功；提高物体时要克服重力做功。 人在爬楼梯时，要克服自己的重力做功，计算做功的大小时，应该用人的重力G乘以楼梯的竖直高度h。 $W=Gh$ 【例题4】小兰的质量为45 kg，书包的质量为5 kg，沿着楼梯登上三楼教室，若每层楼梯有15级台阶，每级台阶高20 cm，问小兰从地面登上三楼需做多少功？		掌握功的大小等于什么、功的符号及计算公式。

（续表）

教学程序	教师活动	学生活动	设计意图及教学评价
例题	（g=10 N/kg） 【解析】由题意知： 小兰与包的总重力 G=（$m_人$+$m_包$）g=50 kg×10 N/kg=500 N 从地面登上三楼升高的高度 S=15×2×20 cm=600 cm=6 m 则需做功W=FS=GS=500 N×6 m=3 000 J 三、动手动脑学物理 1. 在水平地面上，用50 N的力沿水平方向拉着重为100 N的小车前进5 m，拉力做的功等于250 J，重力做的功等于0 J。 【解析】 ① 拉力所做的功W=FS=50 N×5 m=250 J ② 因为小车水平运动，没有沿着重力的方向向下运动，所以重力不做功，即重力做的功等于0。 2. 马拉着质量是2 000 kg的车在水平路上前进400 m，马的水平拉力做了$3×10^5$ J的功，马的水平拉力是多大？ 【解析】 根据功的计算公式W=FS得出 注意：重力的方向与运动方向垂直，对车不做功，所以车的质量这个条件无用。 3. 2008年8月11日在北京奥运会上，中国选手张湘祥在男子举重62 kg级的决赛中摘得金牌，挺举成绩是176 kg。估算一下，他在挺举过程中对杠铃大约做了多少功？ 【解析】 挺起杠铃的高度大约为2米，因此有 F=G=mg=176 kg×10 N/kg=1 760 N W=FS=Gh=1 760 N×2 m=3 520 J 对杠铃大约做了3 520 J的功 4.小华的家住在5楼。一天，他把装有		进一步掌握功的计算。 功的计算让学生在黑板板书，下面的同学完成后采用同位互批互评，全班同学共同批改板书。

（续表）

教学程序	教师活动	学生活动	设计意图及教学评价
课堂练习	30个鸡蛋的塑料袋从1楼提到家里，提鸡蛋的力大约做了多少功？说出你是怎么估算的。 30个鸡蛋重约15 N，5楼高约12 m，则 $W=FS=Gh=15\ N×12\ m=180\ J$ 同学们要多关注生活，会估测生活中的物理量，体会物理与生活的联系。 四、课堂总结 做功的两个必要因素： 一个是作用在物体上的力F 物体在力的方向上移动的距离S 功的计算公式：$W=Fs$ 功的单位：焦耳 1 J＝1 N·m 视频总结——《功》 五、课堂练习 1. 下列情况下，小明对物理课本做了功的是（　D　） A. 阅读静止在桌面上的物理课本 B. 水平推物理课本，但未推动 C. 物理课本自由下落的过程 D. 将物理课本从地面捡起的过程 【解析】 A. 阅读静止在桌面上的课本，人没有施加力，课本也没有移动距离，所以小明对课本没有做功，故A不符合题意； B. 水平推课本，课本没有移动距离，所以对课本没有做功，故B不符合题意； C. 物理课本自由下落的过程中，受到重力的作用，课本在重力的方向上通过了距离，因此重力对课本做了功，但小明对课本没有做功，故C不符合题意； D. 将物理课本从地面捡起的过程中，人对课本有力的作用，课本在力的方向上移动了距离，所以小明对课本做了功。故D符合题意。		理论运用到实际。 培养综合归纳能力。 梳理知识。 理论运用到实际。

（续表）

教学程序	教师活动	学生活动	设计意图及教学评价
课堂练习	2. 如图所示是台球比赛中的情景，白球和黑球静止在水平球台上，运动员手推球杆撞击白球，白球运动后再撞击黑球。下列说法正确的是（　D　） A. 击球后，白球离开球杆向前滚动时，球杆对白球做了功 B. 白球在水平球台上滚动时，白球的重力对它做了功 C. 白球撞击黑球后，黑球滚动时，白球对黑球做了功 D. 运动员手推动球杆前进时，手对球杆做了功 【解析】 A. 击球后，白球离开球杆向前滚动时，不受 B. 白球在水平球台上滚动时，白球的重力对它做了功 C. 白球撞击黑球后，黑球滚动时，白球对黑球做了功 D. 运动员手推动球杆前进时，手对球杆做了功 A. 球杆的推力，球杆对白球没有做功，故A错误； B. 白球在水平台上滚动时，没有在重力的方向上通过距离，白球的重力没有做功，故B错误； C. 白球撞击黑球后，黑球滚动时，白球对黑球没有力的作用，白球对黑球没有做功，故C错误； D. 运动员手推球杆前进时，手对球杆有力的作用，球杆在力的方向上也通过了距离，手对球杆做了功，故D正确。		

教学程序	教师活动	学生活动	设计意图及教学评价
课堂练习	3. 如图所示，小明同学的质量约50 kg，从一楼走到三楼他上楼过程中克服重力所做的功可能为（　C　） A. 30 J　B. 300 J　C. 3 000 J　D. 10 000 J 小明的重力 $G=mg=50\ \text{kg}\times10\ \text{N/kg}=500\ \text{N}$ 从地面登上三楼升高的高度 $S=6\ \text{m}$ 则克服重力所做的功 $W=FS=GS=500\ \text{N}\times6\ \text{m}=3\ 000\ \text{J}$ 4. 小明同学用40 N的水平推力推着重100 N的小车在水平地面上前进了2 m，松开手后，小车仍向前滑行了1 m，整个过程中小明做功80 J，小车的重力做功0 J。 小明所做的功 $W=FS=GS=40\ \text{N}\times2\ \text{m}=80\ \text{J}$ 小车由于惯性仍向前滑行了1 m，没有力做功；重力的方向与运动方向垂直，重力不做功。 在运用功的公式 $W=Fs$ 进行有关计算时，要特别注意"F"和"S"的对应关系，即"S"是在力"F"作用下沿力"F"方向移动的距离。 5. 一个人先后用同样大小的力 F 将不同质量的物体分别在光滑水平面、粗糙水平面和粗糙斜面上沿力的方向移动相同的距离 S（如图所示），该力在这三个过程中所做的功分别为 W_1、W_2、W_3，关于它们之间的大小关系说法正确的是（　C　） 		理论运用到实际。

（续表）

教学程序	教师活动	学生活动	设计意图及教学评价
课堂小结	A. $W_1 < W_2 < W_3$　　B. $W_1 < W_2 = W_3$ C. $W_1 = W_2 = W_3$　　D. $W_1 = W_2 < W_3$ 在这三个过程中，人先后用的力F大小相等，沿力的方向移动相同的距离也相等，根据$W = FS$可知：在这三个过程中力所做的功相等。这三个过程中所做的功与物体的运动状态、受力情况都无关。所以选C。		
作业布置	求物理书从桌面落到地面重力做的功规范学生的书写步骤。	学生根据公式和估测的书的重力和桌面高度求解。	培养学生的估测能力和运用公式的计算能力。

板书设计

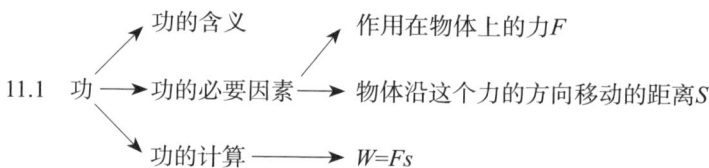

教学反思

功这节课对学生抽象思维能力要求高，针对学生思维活跃而思维深度不够这一特点，我将抽象的物理规律赋予形象直观的物理实验中，学生通过观看视频，小组比赛，小组讨论等多种形式，培养了学生观察，分析，归纳，总结物理规律的能力，为学生的思维开拓了空间，激发了学生学习兴趣。

点评

本节设计在多个教学环节都注重让学生运用对比的方法进行学习，力求凸显学生的主体作用；本节教学注重创设情境，力求引领学生明确怎样才算做功；让学生明确情景中的理想条件，更有利于培育学生严谨的学习态度。

——李金玉

［高级教师，齐鲁名师建设工程（2022—2025）人选，济宁市杏坛名师，济宁市特级教师］

57

电功率 *

课型	新授课	教材版本	人教版

课标要求

义务教育物理课程标准（2022年版）P24：3.4.5结合实例，了解电功率，知道用电器的额定功率和实际功率。例2：调查常见用电器的铭牌，比较他们的电功率。要求学生通过解决生产生活中的具体问题，了解电功率，形成将物理知识与生产生活相联系的意识。

教材分析

本节是《义务教育教科书（六·三学制）物理九年级全一册》（人教版）第十八章第二节《电功率》。

本节是学生继电流、电压、电阻、电能的学习后接触的内容，电功率是学生在八年级功率的基础上结合电学新形成的一个电学基本概念，也是生活中用电器铭牌上一个重要的指标。本节内容，既是对功、功率以及电能知识的深化，又为本章第三节"测量小灯泡的功率"的学习做理论上的准备。

---

* 本课被评为山东省"一师一优课、一课一名师"活动"优课"；《电功率》在枣庄市优质课评选中荣获一等奖。执教教师为袁文锋（枣庄市滕州市荆河街道滕南中学教师、枣庄市初中物理兼职教研员，曾获评枣庄市教学能手、滕州市学科带头人、滕州市优秀教师、滕州市十佳班主任等）。

本节课的学习，我们依次研究3个问题：认识电功率→说出"千瓦时"的来历→认识额定电压、额定功率。可以通过任务1、2、3的学习逐步达成学习目标，通过"评价任务""检测与作业"的完成情况来判断自己对标学习目标的达成度。学习过程中主要利用阅读法、观察法、讨论法和分析归纳法。

学情分析

心理方面：

九年级学生思维活跃，求知欲强，已经掌握了一定的科学思维能力、空间想象能力，掌握了基本的物理研究方法，对物理实验现象也很感兴趣。但遇到实际问题仍然不知从何下手，缺乏理性思维能力，分析解决问题能力也有待提高，尤其面临中考升学压力很大，往往急于练习，对物理深层次研究欲望不强。

知识能力方面：

通过前面章节的学习，学生已经掌握了欧姆定律相关知识，在知识技能方面打下了坚实的基础；再通过本章第一节的学习，学生对电功、电能的知识有了一定的了解，对它们之间的关系也有了初步的认识。公式推导、公式应用和物理量关系的转化等方面的问题，对学生来讲不是难点。

学生经历从感性认识到理性认识、从生活到物理的思维蜕变过程，贯彻"从生活走向物理，从物理走向社会"的新课程教学理念。

教学目标

1. 通过观察电路板、自主学习，能说出电功率的概念、单位，能利用电功率的公式进行相关计算。

2. 结合生活实际、简单计算，能说出"千瓦时"的来历，准确进行"千瓦时"与"焦耳"之间的换算。

3. 能通过观察实验、结合生活实际，认识额定电压、额定电功率，能正确区分额定电压与实际电压，额定电功率与实际电功率，提高安全用电意识，提升环保意识，增加社会责任感。

任务1：认识电功率—学习目标1

任务2：说出"千瓦时"的来历—学习目标2

任务3：认识额定电压、额定电功率—学习目标3

教学流程

教学流程表

教学程序	教师活动	学生活动	设计意图及教学评价
新课引入	展示自制电路板：观察灯泡及 电吹风机在单独工作时电能表表盘转动情况。 提问： 1. 哪一个工作时电能表表盘转动块？ 2. 哪一个消耗电能快？ 3. 我们用什么来表示电流做功快慢？ 相同的时间内电能表铝盘转动的转数多，把电能转化成其他形式能转化的快，即电流做功快。	认真观察实验，想一想：电灯与电热水壶二者工作时的不同，回答问题。	创设情境，观察事物回顾旧知，联系学生的生活实际通过观察实物提升观察能力。同时开阔学生眼界、激发学习兴趣。
自主学习	八年级学过，在力学中表示机械做功快慢的物理量——功率。通过刚才的实验我们发现，电流做功不仅有多有少，也有快慢之分。那么用什么物理量来描述电流做功快慢呢？（电功率）这节课我们一起学习这部分内容。		

（续表）

教学程序	教师活动	学生活动	设计意图及教学评价
新课学习 任务1： 认识电功率	18.2　电功率（板书课题） 【学一学　填一填】（时间：3分钟） 阅读课本p91—92页电功率部分，完成以下任务： 1.电功率表示电流功_____，用字母_____来表示，它的单位是_____，简称_____，符号是_____。 2. 1 kW=_____W 1 W=_____mW 3.电功　W=_____ 电功率　P=_____ 　　　　=_____	自主学习课本，完成任务，全面认识电功率。	以学生水平完全能够自主阅读完成概念学习，教师只需要在其后检查掌握程度即可，做到能自学即自主原则，提升自主学习能力。
检测提升	【评价任务1—检测学习目标1】（时间：4分钟）（共7分） 1.家用空调电功率 P=1 000 W=_____kW。 2.电吹风机电功率 P=500 W=_____kW。 3.手电筒电功率 P=0.5 W=_____mW。 4.小华在用伏安法测电阻时测得一只小灯泡工作时，电压为6 V，电流为1 A，则它正常工作时，电阻是多少，电功率是多少？（4分） 任务2：说出"千瓦时"的来历——指向学习目标2 【想一想　说一说】	自评1：_____ 自主完成评价任务，检测学习目标达成度。小组间相互批阅点评讲解。注意解题格式的规范性，实物投影。	检测学生目标达成度，调整教学。查找学生薄弱环节，进一步强化。着重突出几个特殊电器的电功率大小，既练习单位换算又强化了部分电器电功率的记忆。新知旧知同时练习。
自主完成 温故知新	上节课我们学习了电能表，电能表是测_____的仪器，测得的单位是_____。 【算一算】（时间：3分钟） 某台空调的电功率是1 000 W，使用1 h，共消耗多少电能？	积极思考、交流展示。	复习回顾电能知识，练习以培养规范的意识与能力。

（续表）

教学程序	教师活动	学生活动	设计意图及教学评价
任务2： 说出"千瓦时"的来历	【说一说】 1 kW·h物理意义：可以看作电功率为_____的用电器使用_____所消耗的_____。 1 kW·h=_____ J 【议一议】 阅读课本P93的"想想议议"，相互讨论一下，该记者犯了什么错误？ 【评价任务2—检测学习目标2】（时间：2分钟）（共4分）	尝试将同学们的讨论进行归类、交流。	强化kW·h的物理意义，从根源上理解物理。
检测提升	教室内，一盏电灯25 h耗电1 kW·h，这盏电灯的电功率是多少？ 任务3：认识额定电压、额定功率 【看一看 想一想】（时间：3分钟） 经过学习，大家知道不同用电器的电功率一般不同，那么同一个用电器的电功率是否在任何情况下都相同呢？说出你的猜想。	自评2：_____ 独立思考完成，规范过程。 针对老师提出问题，结合所学知识思考，提出自己猜想。	巩固知识，加深理解。从生活走向物理，从物理走向生活。
实验展示 归纳总结 任务3： 认识额定电压、额定功率	闭合开关，仔细观察灯泡亮度，然后增加电池，重新实验，想一想： 1. 泡两端电压不同，则亮度_____（相同，不同）；电压越高，则小灯泡越_____。 2. 灯泡亮度随着它两端的_____而改变。 3. 用电器实际电功率随着它两端的_____而改变。	认真观察演示实验，总结规律。	实验展示灯泡两端电压不同，亮度不同。增加电池后，两灯泡两端电压均增加，而亮度也都同时变亮，直观体现亮度随着灯泡两端电压变化而变化，进而引出电功率随电压变化。

（续表）

教学程序	教师活动	学生活动	设计意图及教学评价
难点突破	【学一学　填一填】（时间：5分钟） 阅读课本p94页额定电压、额定功率部分，完成以下任务： 1. 用电器正常工作时的电压叫_____。 2. 用电器在额定电压下工作时的电功率叫_____。 3. 小灯泡铭牌上标着"4V　4W"的字样，4 V表示_____，4W表示_____，小灯泡的电阻为_____；当小灯泡两端电压为2 V时，小灯泡的电阻为_____，通过小灯泡的电流为_____，小灯泡的实际电功率为_____；当小灯泡两端电压为20 V时，通过小灯泡的电流为_____，小灯泡的实际电功率为_____（灯丝电阻不随温度改变）。 PPT展示总结： $\quad U_实=U_额，P_实=P_额$，正常 $\quad U_实<U_额，P_实<P_额$，较暗 $\quad U_实>U_额，P_实>P_额$，较亮 小灯泡的亮度取决于实际电功率。	交流铭牌的含义，认真学习，抓住要领，理解本质。	培养认真观察实验、获取与处理信息、得出结论，进行交流、评估、反思的能力。 学生交流铭牌含义，体现从生活走向物理的理念从现象上升到理论，从思路的逻辑性进行评价。
检测提升	【评价任务3—检测学习目标3】（时间：4分钟）（共4分）	自评3：_____	培养动手实验解决实际问题的能力。
归纳总结	想想议议：一种彩色灯泡的额定电压是36 V，要接在220 V的电路中，要串联多少个这种小灯泡才行？通过本节课的学习，对照学习目标，我是否全部达成？ 我的收获是：（知识和能力两个方面）	从知识和能力两个方面的收获进行小结、交流。	培养梳理反思能力。从交流的条理性、知识的严谨性进行评价。

（续表）

教学程序	教师活动	学生活动	设计意图及教学评价
分层达标检测（时间：6分钟）（共12分）	纸笔性评价标准：能正确完成必做题，能独立对各题进行解释。 分层评价： 每组①②③号：能正确完成必答题，并能流利的解释（每题+2分） 每组④⑤⑥号：能正确完成必答题（每题+2分） 温馨提示：必做题：A组和B组 选做题：C组 A组：夯实基础题 1. 下列单位中，哪个不是电功单位：（　　）。（检测学习目标1、2） A. 焦　　　　　B. 伏·安·秒 C. 伏·安　　　D. 千瓦·时 2. 下列关于电功率的说法正确的是（　　）。（检测学习目标1） A. 用电器的电功率越大，它消耗的电能越多 B. 用电器的电功率越大，它消耗电能越快 C. 用电器工作时间越长，它的电功率越大 D. 用电器的电能与其功率无关，只与通电时间有关 3. 有两个额定电压相同的电热水壶甲和乙，甲的额定功率为1 800 W，乙的额定功率为1 200 W。两个电热水壶都正常工作时，下列说法中正确的是（　　）。（检测学习目标3） A. 甲电热水壶两端的电压较高 B. 电流通过甲电热水壶做功较快 C. 通过两个电热水壶的电流相等 D. 相同时间内，两个电热水壶消耗的电能一样多	自评4：＿＿＿＿＿ 独立思考完成，及时核对答案，交流讨论，落实到位。	对所学知识进行及时巩固及反馈，检验学习效果。

（续表）

教学程序	教师活动	学生活动	设计意图及教学评价
分层达标检测（时间：6分钟）（共12分）	B组：巩固技能题 4. 将一个标有"36 V 50 W"的灯泡接入电路时，通过它的实际电流是1A，则它的实际功率（　　）（灯丝电阻不随温度改变）。（检测学习目标3） A. 大于50 W　　　　B. 等于50 W C. 小于50 W　　　　D. 等于36 W C组：拓展创新题 5. 一盏标有"10 V, 10 W"的电灯，正常工作时，流过它的电流是＿＿＿A，此时的电阻是＿＿＿Ω，如果将它接到某电路中，通过它的电流0.8 A，时它的功率是＿＿＿W（灯丝 电阻不随温度改变）。（检测学习目标3）		

学习评价与反思	1. 个人总评			
	总分	优秀（23分以上）	良好（17—23分）	潜能（17分以下）
	我的得分			
	分层作业	完成《同步练习册》本节1—13题	完成《同步练习册》本节1—8题	完善学历案，巩固基础知识

2. 评选优胜小组
3. 学后反思：
（1）完善思维导图，梳理本节课学习的知识内容。
（2）梳理本节课的物理思想和方法。
（3）针对本节课的表现，在以后的物理学习中我还能怎样改进？

⊙ 板书设计 ⊙

18.2　电功率

一、电功率

1. 物理意义：表示电流做功快慢的物理量。

2. 定义：电功与时间之比

3.公式：$P=\dfrac{W}{t}$ 　　　国际单位：W　　　　1 W=1 J/s

推导公式：$P=UI$ 　　常用单位：kW

4.换算单位：1 kW=10^3 W　　　　1 W=10^3 mW

二、千瓦时的来历

1 kW·h=1 kW×1 h

三、额定电压额定电功率

额定电压：用电器正常工作的电压（唯一）

额定电功率：用电器在额定电压下（正常）工作时的功率（唯一）

点评

教学设计环节完整，依据课标、教材和学生实际设计教学目标，能从学生的视角叙写教学目标，并做到了目标具体、可操作、可测量、可评价，符合新课标要求。教学设计结合生活实际，提升学生理性思维能力，激发学生深层次探究的欲望。针对教学目标设计教学评价，对不同程度的同学进行了分层作业设计，很好地体现"教——学——评"一致性，贯彻"以教师为主导、以学生为主体"的教学理念。建议充分利用多媒体辅助教学，将现代教育技术与教学深度融合，积极构建高效课堂。

——李艳

[正高级教师，山东省特级教师，全国优秀教师，齐鲁名师，山东省教学能手，教育部新时代名师名校长培养人选（2022—2025）]